中国职业经理人年度报告 2023

职业经理研究中心　编著

中国财富出版社有限公司

图书在版编目（CIP）数据

中国职业经理人年度报告. 2023 / 职业经理研究中心编著. — 北京：中国财富出版社有限公司，2023.8

ISBN 978-7-5047-7967-0

Ⅰ. ①中… Ⅱ. ①职… Ⅲ. ①企业管理–研究报告–中国– 2023 Ⅳ. ① F279.23

中国国家版本馆 CIP 数据核字（2023）第 152060 号

策划编辑 张天穹　**责任编辑** 邢有涛　张天穹　汪晨曦　**版权编辑** 李　洋
责任印制 尚立业　**责任校对** 庞冰心　**责任发行** 黄旭亮

出版发行 中国财富出版社有限公司
社　　址 北京市丰台区南四环西路 188 号 5 区 20 楼　**邮政编码** 100070
电　　话 010–52227588 转 2098（发行部）　010–52227588 转 321（总编室）
010–52227566（24 小时读者服务）　010–52227588 转 305（质检部）
网　　址 http：//www.cfpress.com.cn　**排　　版** 宝蕾元
经　　销 新华书店　**印　　刷** 宝蕾元仁浩（天津）印刷有限公司
书　　号 ISBN 978-7-5047-7967-0/F・3602
开　　本 787mm × 1092mm　1/16　**版　　次** 2024 年 1 月第 1 版
印　　张 17.5　**印　　次** 2024 年 1 月第 1 次印刷
字　　数 218 千字　**定　　价** 128.00 元

编委会

前　言

中国职业经理人年度报告的编撰，已经第七个年头。以2017年为始，编委会一直坚持政策引领、数据扎实、分析有据、读者受益的写作初心。报告历经沉淀凝练，从2020年公开出版发行，以更加审慎严谨的态度，以提高参考价值为使命，严把信息来源关、数据审核关，年年成为从事中国职业经理人事业的相关人士和企事业单位的良伴益友。愿望既此，抱朴守拙，进德修业，唯聆读者之馈。

新成立一个企业，一般第一件想到的事，就是谁来当经理；一个遇到困难的企业，一般第一件想到的事，也是换谁来当经理能走出困境。可见，无论新老企业，经理人于企业而言都是至关重要的。无论哪类企业组织形式、哪种所有制，甚至任何行业，经理人都是决定企业兴衰的关键。因此，研究经理人的职业道德、职业素养、职业知识和职业能力，对于企业这一市场经济的微观主体，具有特别重要的社会意义。一个经理人的职业化程度和水平，造就出其在行业中的声誉，也决定着其作为职业经理人职业生涯中的价值体现，即职业经理人的身价。

在中国式现代化推进过程中，通过国企改革三年行动，国企公司制改革全面完成，中国特色国有企业现代公司治理日益完善，企业更加需要具有企业家精神和职业经理人品质的高级经营管理人员，为加快建设世界一流企业，实现高质量发展提供人才保障。因此，职业经理研究中心作为国务院国有资产监督管理委员会所属、中央机构编制委员会办公室批准的唯一一家专门从事职业经理人研究的中央事业单位，倍感职业经理人事业使命重大，中国职业经理人年度报告编撰工作的意义重大。

《中国职业经理人年度报告2023》分为综合篇、高管人才市场数据篇、上市公司高管薪酬篇、企业实践篇、专题研究篇。综合篇第一章介绍2022年度国企改革三年行动成效、国有企业职业经理人制度建设进展、民营企业职业经理人动态、2022年度职业经理人相关标准制修订工作情况等，由赵长清负责编写。第二章职业经理人相关文献综述，由张红涛负责编写。高管人才市场数据篇通过获取合作单位基础数据，统计市场供给和需求数据，分析高管人才供需情况、薪酬水平、性别差异、行业分布、区域发展以及流动情况等热点问题，由王浩如负责编写。上市公司高管薪酬篇通过获取上交所和深交所上市公司基础数据，统计和分析高管薪酬相关问题，由张红涛负责编写。企业实践篇征集了代表性国有企业在三项制度改革、经理层管理的体制机制上的创新做法，在加强党的领导、坚持党管干部原则、推行职业经理人制度建设实践等方面的经验介绍，由王冠宇负责编写。专题研究篇第十一章国有企业职业经理人制度建设历程回顾，由赵长清供稿。第十二章关于国有资本运营公司推行职业经理人制度的思考，由亢钧铭供稿。第十三章提升职业经理人创新能力的意义和思路，由刘新明供稿。

为了使《中国职业经理人年度报告2023》的内容更加鲜活地反映企业实践，在本期年度报告的编撰过程中，编委会对国资监管部门和企业进行了大量调研。感谢北京市国资委、上海市国资委、天津市国资委和武汉市国资委的大力支持，感谢北京能源集团有限责任公司、北京能源国际控股有限公司、北京电子控股有限责任公司、北方华创科技集团股份有限公司、北京一轻控股有限责任公司、北京红星股份有限公司、百联集团有限公司、中国太平洋保险（集团）股份有限公司、长江养老保险股份有限公司、上海船舶研究设计院、天津港（集团）有限公司、天津长芦海晶集团有限公司、武汉农业集团、武汉建工集团、武汉产业投资控股集团等企业的支持与配合。感谢江苏省股份制企业协会、苏州市经理人协会、招商局南京油运股份有限公司、中安建设安装集团有限公司、江苏太湖雪丝绸股份有限公司、亨通集团有限公司的大力支持。

由于资料来源和客观条件的限制，本报告会存在很多疏漏和需要指正之处，敬请同行和读者提出宝贵的批评意见，让我们为中国的职业经理人事业共同作出努力，为中国式现代化建设作出更大的贡献。

中国职业经理人年度报告2023编委会

2023年8月30日

目 录

综合篇

第一章 企业改革与职业经理人动态······3

一、国有企业改革继续深化······3

二、地方国资国企职业经理人制度实践······8

三、民营企业职业经理人动态······17

四、2022年度职业经理人标准制修订工作情况······23

第二章 2022年企业职业经理人国内相关文献综述······26

一、国有企业职业经理人制度相关文献综述······27

二、家族企业职业经理人相关文献综述······39

高管人才市场数据篇

第三章 高管人才市场供需情况······45

一、高管人才市场基本情况······46

二、行业供需情况······57

三、城市供需情况······69

第四章　高管人才市场薪酬水平……74
一、整体薪酬水平及性别差异……74
二、行业薪酬水平及性别差异……78
第五章　高管人才市场区域研究……89
一、京津冀协同发展区域……90
二、粤港澳大湾区……98
三、长江三角洲区域……107
第六章　高管人才市场数字化相关行业研究……118
一、数字化相关行业基本情况……119
二、数字化相关行业薪酬水平……123
三、数字化相关行业高管人才流动意向……129

上市公司高管薪酬篇

第七章　高管薪酬数据行业分布情况……139
一、高管薪酬前百名行业分布情况……140
二、高管薪酬行业分布情况……152
第八章　高管薪酬数据地区分布情况……156
一、高管薪酬在省、自治区和直辖市的分布情况……156
二、高管薪酬在部分城市分布情况……160

企业实践篇

第九章　全面加强党的领导，实体经济企业实行职业经理人制度实践……167
一、中国中车集团有限公司……168
二、百联集团有限公司……175
三、天津港（集团）有限公司……181
四、陕西钢铁集团有限公司……186

五、北京红星股份有限公司……191
六、北方华创科技集团股份有限公司……195
七、天津长芦海晶集团有限公司……198
八、武汉林业集团有限公司……203
第十章 坚持党管干部原则，资本投资公司职业经理人制度实践……208
一、华润（集团）有限公司……208
二、国家开发投资集团有限公司……215
三、云南省能源投资集团有限公司……222
四、武汉产业投资控股集团有限公司……226
五、北京能源国际控股有限公司……230

专题研究篇

第十一章 国有企业职业经理人制度建设历程回顾……237
一、我国现代企业制度的建立……238
二、职业经理人概念的产生……240
三、国有企业建立职业经理人制度的政策演进……243
四、国有企业推行职业经理人制度的成就……246
第十二章 关于国有资本运营公司推行职业经理人制度的几点思考……250
一、建立市场化的职业经理人选聘机制……251
二、探索差异化的职业经理人激励模式……253
三、实施针对性的监督管理机制……255
第十三章 提升职业经理人创新能力的意义和思路……257
一、提升职业经理人创新能力的意义……258
二、提升职业经理人创新能力的路径……260
三、几个需要注意的问题……262
参考文献……264

综合篇

本篇主要介绍2022年度国有企业改革三年行动成效、“科改行动”“双百行动”扩围行动、部分地方省市职业经理人制度建设进展、民营企业对职业经理人的认识问题，以及2022年开展的职业经理人评选活动等情况；全国职业经理人考试测评标准化技术委员会秘书处提供的2022年职业经理人相关标准的制修订情况；2022年职业经理人相关文献综述等。

第一章　企业改革与职业经理人动态

一、国有企业改革继续深化

（一）国有企业改革三年行动完成主要目标

2020年6月30日，中央深改委第十四次会议审议通过了《国有企业改革三年行动方案（2020—2022年）》，发出了深化国企改革的动员令。国有企业改革（以下简称国企改革）三年行动开始于2020年，是落实国有企业改革“1+N”政策体系和顶层设计的具体施工图。按照设计目标，国企改革三年行动聚焦八个方面的重点任务，致力于达成如下三大目标，即在形成更加成熟定型的中国特色现代企业制度和以管资本为主的国资监管体制上取得明显成效；在推动国有经济布局优化和结构调整上取得明显成效；在提高国有企业活力和效率上取得明显成效，切实增强国有经济竞争力、创新力、控制力、影响力、抗风险能力。三年行动启动以来，各部门、各地区、各国有企业坚持“可衡量、可考核、可检验、要办事”，推动各项举措精准落地，形成新一轮国企改革热潮，完成了行动的主要目标任务。根据2023年1月31日召开的全国国有企业改革三年行动总结电视电话会议，国企改革三年行动主要目标任务已经完成。

国企改革三年行动开展以来，各方面共同努力，有力推动国企党的领导与公司治理相统一，更加突出强调市场主体地位，三项制度改革更大范围落地见效，“瘦身健体”有序推进，中央企业存量法人户数大幅压减，“两非”“两资”清退任务基本完成，企业办社会和历史遗留问题全面解决，鼓励科技创新的体制机制不断完善，国资监管的专业化、体系化、法治化水平不断提高。国有企业公司制改制全面完成，从法律上、制度上进一步厘清了政府与企业的职责边界，企业独立市场主体地位从根本上得以确立。

来自国务院国有企业改革领导小组办公室的数据显示，截至2022年年底，已有1.3万户中央企业子企业和2.5万户地方各级国有企业子企业建立了董事会，实现了董事会应建尽建，其中外部董事占多数的比例达到99.9%。

在国企改革三年行动中，加快完善中国特色现代企业制度，推进党的领导和公司治理有机融合，排在重点任务的首位，央企集团层面及重要子企业、地方一级企业及重要子企业全面制定党组织前置研究事项清单，党组织与其他治理主体的权责边界更加清晰。国务院国资委党委积极探索扎根中国土壤、彰显中国智慧、体现中国风格的国有企业治理机制，为企业高质量发展提供坚实保障。全面贯彻“两个一以贯之”，落实《关于中央企业在完善公司治理中加强党的领导的意见》，出台董事会工作规则、董事会和董事评价、董事会报告重大情况等制度，中央企业及其重要子企业、地方一级企业及其重要子企业全部制定前置研究清单，各级国有企业基本实现董事会应建尽建、外部董事原则上占多数。国资监管效能切实增强，全面履行出资人职责、国有资产监管职责和负责企业党的建设工作职责，加快监管理念、重点、方式、导向等全方位转变，深化国有资本投资、运营公司改革，专业化、体系化、法治化“三化”监管优势更加彰显，形成与党集中统一领导优势相适应、与社会主义市场经济体制相协调的国有资产监管新模式。

三年行动开始以来，经理层成员任期制和契约化管理在各级国有企业全面推开，覆盖全国超8万户企业共22万人。通过经理层成员任期制和契约化管理，签订并严格履行聘任协议和业绩合同等契约，明确国有企业经理层成员的责任、权利和义务。中国特色现代企业制度下的新型经营责任制，有效激发了企业内生动力。

通过实施三年行动，央企和地方国企管理人员竞争上岗比例分别上升至57%、56.3%，末等调整和不胜任退出比例分别增至5.7%、4.5%；中长期激励“工具箱”更丰富，多种激励措施惠及49.1万名骨干员工。2022年，中央企业累计实现营业收入39.4万亿元、净利润1.9万亿元，较三年行动启动的2020年分别增长30.03%、35.71%，入围2022年《财富》世界500强排行榜的国有企业增至99家。[①]

（二）“科改行动”“双百行动”双双扩围

提升价值创造能力是企业真正按市场化机制运营效果的综合体现，

① 国企改革三年行动观察[EB/OL]. [2023-02-09]. http://www.xinhuanet.com.

而一些国有企业资产回报率不高等问题比较突出。2022年进入《财富》杂志世界500强榜单99家国有企业中的86家国资系统监管企业，平均利润只有“财富500强”平均值的1/3左右，平均营业收入利润率仅为2.6%。[①]因此，做强做优做大国有资本和国有企业，首先要在做强上下功夫。应牢固树立价值创造理念，强化考核引导作用，更加注重投入产出效率，切实提高资本回报水平。

在2023年新一轮国企改革深化提升行动即将启动之际，国企改革两大专项工程——“科改行动”“双百行动”双双扩围。“科改企业”数量扩至672户，“双百企业”数量扩至580户。专项工程作为国企改革的重要抓手，具有改革风向标意义。在更大范围以更高标准打造国企改革“排头兵”，将进一步发挥引领示范带动作用，推动国企改革迈上新台阶。

3年来，“科改企业”研发投入强度均超过14%，2022年达到17.7%。89%的“科改企业”面向关键岗位核心骨干人才，灵活开展多种方式的中长期激励，覆盖11.6万人次。2022年“科改企业”营业收入、净利润较2020年分别增长33.6%、40.9%，全员劳动生产率较2020年增长30.1%。[②]

2018年8月启动的国企改革“双百行动”，选取百余户中央企业子企业和百余户地方国有骨干企业，主动探索创新推进综合改革，取得了明显成效。“双百企业”聚焦改革目标任务，着力提升国有资产运营效率和效益，企业核心竞争力显著增强。

2022年“双百企业”分别实现营业收入、净利润为14.3万亿元、

① 周雷，张建军. 国企改革向纵深挺进“科改行动”“双百行动”双双扩围[N]，经济日报，2023-05-23.

② 周雷，张建军. 国企改革向纵深挺进“科改行动”“双百行动”双双扩围[N]，经济日报，2023-05-23.

6732.7亿元，较2020年分别增长29.7%、35.6%；全员劳动生产率达到105.2万元/人。95%的“双百企业”集中于实体经济，76.5%处于制造业、科学研究和技术服务业、建筑业等国民经济支柱产业和关系国计民生的重要行业，为壮大实体经济、建设现代化产业体系作出了贡献。“双百企业”积极破解机制障碍，各项市场化改革指标均大幅优于国有企业平均水平。近3年来，“双百企业”管理人员占比均保持在5.5%以下，远低于中央企业平均水平。2022年“双百企业”管理人员竞争上岗比例平均达69.6%，部分企业管理人员100%实现竞争上岗；管理人员末等调整和不胜任退出比例平均达到7.7%，员工市场化退出率平均达到3.3%。①

“科改企业”很多都处在战略性新兴产业，应锚定未来技术发展方向，建立完善创新资源整合机制，加大产业资源、科研资源的专业化整合和一体化配置力度，统筹国家所需、行业所趋、企业所能，积极开辟产业新赛道、增强产业引领力。具备条件的“科改企业”要更加突出原创性引领性科技攻关，着力打造原创技术策源地。

“双百企业”应聚焦重点、发力攻坚，在优化公司治理、真正按市场化机制运营上取得更大突破。落实机制类改革任务是企业真正按市场化机制运营的关键，按照部署，要全面构建中国特色现代企业制度下的新型经营责任制，“双百企业”及其子企业原则上要实现管理人员竞争上岗、末等调整和不胜任退出全覆盖。

做强做优做大国有资本和国有企业，首先要在做强上下功夫。2023年，国务院国资委提出“一利五率”经营指标体系，“一利”指利

① 周雷，张建军.国企改革向纵深挺进“科改行动”“双百行动”双双扩围[N]，经济日报，2023-5-23.

润总额，“五率”指净资产收益率、营业现金比率、资产负债率、研发经费投入强度、全员劳动生产率。“双百企业”应高度关注这些企业高质量发展的核心指标。

二、地方国资国企职业经理人制度实践

近年来，在加速推进职业经理人市场化选聘和职业经理人制度建设的大背景下，地方国资管理部门结合国企改革三年行动，积极跟进深化和加速推进国企改革的进程，出台系列政策指导意见，引领和推进国企职业经理人制度建设和人才队伍建设工作。

（一）北京市持续推进职业经理人制度

早在2017年，北京市国资委就在《关于进一步完善国有企业法人治理结构的指导意见》的主要目标中提到：到2020年造就一批善于经营、充满活力的董事长和职业经理人；在进一步规范主体权责中明确：有序推进职业经理人制度建设，畅通现有经营管理者与职业经理人身份转换通道。北京市委组织部2018年修订市管国有企业领导人员管理暂行规定，出台《北京市市管企业选聘职业经理人工作办法（试行）》（京组通〔2018〕38号）等职业经理人相关政策。推动市管国有企业以及下属二、三级企业，从职业经理人制度试点到大力推行实施。2021年《北京市国企改革三年行动实施方案（2020—2022年）》提出“加快推行职业经理人制度，按职业经理人管理的经理班子成员达到一定

数量”，还将支持混改企业全面建立灵活高效的市场化经营机制，在劳动、人事、分配三项制度改革上率先取得突破，企业管理人员将大力推行竞争上岗、末等调整和不胜任退出，以激发人才活力。

为建立完善市场化选人用人机制，激发企业领导人员创新活力，推动市属国有文化企业做强做优做大，北京市在推动深化市属国有文化企业改革的进程中，由北京市国有文化资产管理中心在2022年1月发布了《市属国有文化企业选聘职业经理人工作办法》。①

2022年12月，北京市延庆区政府网站发布《2022年公开招聘区属国有企业职业经理人公告》②。为进一步提升延庆区区属国有企业核心竞争力和可持续发展能力，为区域经济发展提供一支懂经营、善管理的人才队伍，延庆区决定面向社会公开招聘4名区属国有企业职业经理人：北京世园投资发展有限责任公司副总经理1名、北京八达岭文旅集团有限公司副总经理1名、北京庆隆建设管理有限公司副总经理1名、北京绿富隆农业科技发展有限公司副总经理1名。

从2014年在个别困难企业开始探索试点职业经理人制度，到在北京市大部分企业中的持续推进，国有企业在实行职业经理人制度中尝到了甜头。本书编委会在调研中发现，北京市市管国有企业及其下属公司通过实行职业经理人制度，经历一个或两个任期后，有的引进了市场化、国际化的经营机制，改变了传统企业的面貌；有的扭亏为盈，彻底改变了企业的命运；有的通过让职业经理人走上企业经营的关键岗位，提高了企业的经营效率，创造出良好的业绩。

---

① 市属国有文化企业选聘职业经理人工作办法[EB/OL]. [2022-01-06]. http://www.beijing.gov.cn.

② 北京市延庆区2022年公开招聘区属国有企业职业经理人公告[EB/OL]. [2022-12-20]. http://yqb.bjyq.gov.cn/html/2022-12/19/content_16272_15623944.htm.

（二）上海市探索职业经理人薪酬制度改革

上海市国资委深化国资国企改革，积极推进企业领导人员能上能下、员工能进能出、收入能增能减的“三能机制”改革专项行动，取得明显成效。

在顶层设计上，上海市国资委研究制定《关于推进本市市管国有企业“三能机制”改革的指导意见》《关于进一步加强和改进市管国有企业优秀年轻领导人员发现培养选拔工作的意见》《关于本市市管国有企业推行经理层成员任期制契约化管理的指导意见》等文件，统筹推进人才队伍建设、优秀年轻干部培养、市场化选人用人机制、任期制契约化管理、中长期激励机制建设等关键任务落实。上海市国资委将“三能机制”建设情况纳入国有企业干部人才队伍建设专项评价，评价结果与企业法定代表人的任期考核激励相挂钩，以制度刚性保障改革力度，强化了责任传导。

上海市职业经理人薪酬制度改革始于2017年，首批选择浦发银行、太平洋保险、海通证券、国泰君安证券、上汽集团、上港集团、上海建工和华建集团8家企业开展职业经理人薪酬机制改革。选择的标准是：企业改革意愿强烈，公司治理结构完善，市场占有率高等。到2022年9月，19家市管企业已聘用职业经理人115名，按照“一人一约”方式约定权利义务、明确业绩目标。同时，市场化选人用人制度在各级企业深入推行，1.34万名各级企业部门管理人员（不含领导班子成员）实行竞争上岗。在优化工资总额与效益联动机制上，上海市国资委根据企业功能性质进行分类管理，实行有差别的联动，建立收入分配专项督查机制，完善事中事后监管，推动企业建立中长期激励机制。从2019年开始，16户上市公司实施股权激励，12户科技型企业实施非上市公司股权或分红激励，一批企业实行超额利润分享等激励机制，已实施中长期激励的各级企业415户，占具备条件企业户数的近80%。①

（三）天津市在市管企业中推行职业经理人制度

天津是老工业城市，国有经济占比大，国有企业曾经创造了辉煌业绩，为天津发展作出了巨大贡献。随着改革开放和社会主义市场经济不断深入，天津市国有企业改革严重滞后，大而不强、全而不优、活力不足等问题突出。2019年起，天津市在市管企业中推行职业经理人制度、经理层契约化和聘任制改革，搬走铁交椅、打破铁饭碗，破解了制约企业改革发展的瓶颈。天津市不拘一格选人才，坚决不搞平衡照顾，实行职业经理人制度的市管企业，原有经理层领导人员“全体起立”，与社会应聘人员同等对待、同台竞争、择优选用，不搞“简单翻牌”。

经理层成员薪酬与企业经营业绩指标紧密挂钩，实现“业绩升、薪酬升，业绩降、薪酬降”，考核不合格的职业经理人实行市场化退出，聘任制经理层成员考核不合格则明确按普通员工标准安排工作。目前，各市管国有企业也纷纷在所属二、三级公司推行经理层聘任制改革，增强了企业市场化经营意识。

2020年3月12日，《天津日报》披露了涉及当地市管企业经理层

① 上海国企普遍建立三能机制，其中19家企业聘用职业经理人115名[EB/OL]. [2022-09-28]. http://baijiahao.baidu.com.

选人用人体制机制改革的一组数据。报道称，12家市管企业原36名经理层成员中，仅有6人聘任为职业经理人，未报名或未被聘用的其他30人均免去现职，统筹安排工作。同时，发挥市场机制在人才资源配置中的重要作用，打破企业领导人员“不犯错误不下、不到年龄不退”的传统观念，彻底去除“官本位”思想，实现按约聘用、能上能下、自由流动。对于报名应聘的人员，不受企业内外、级别高低、资历深浅限制，本着人岗相适原则，对于表现突出的不拘一格、大胆选用。天津纺织集团1名中层干部被直接聘任为集团职业经理人总经理。①

进入2022年后，2019年开始的职业经理人制度试点企业的职业经理人的第一个三年聘期已到，如何引导企业董事会续聘或重新聘任职业经理人，摆在了天津市国资委面前。在头一个三年聘期中，天津市市管企业聘请的职业经理人参照国企领导人员由市组织部统一管理，薪酬和退出都是市场化的，请休假制度、出境等日常管理与国企领导人员基本相同。在新一届的聘期里，会作出哪些调整，也是企业普遍关心的问题。

（四）江苏省在全省推行职业经理人制度

江苏省结合国企改革三年行动，在加强完善企业法人治理的基础上，积极推行职业经理人制度。2019年9月，江苏省国资委印发《关于推动省属企业落实三项重点改革工作的通知》（以下简称《通知》），

① 天津改革：12家市管企业原经理层仅1/6聘任为职业经理人[EB/OL]. [2020-03-12]. http://baijiahao.baidu. com.

瞄准国企改革痛点难点“动真碰硬”，在三个方面加大改革力度，打通国企改革政策落地的“最后一公里”。《通知》明确，江苏省将在省属企业推动企业经理层成员任期制和契约化管理制度。在省属“双百企业”全面推行集团本部经理层成员任期制和契约化管理，力争2020年年底前全面实行；支持鼓励“双百企业”按照“市场化选聘、契约化管理、差异化薪酬、市场化退出”原则，加快建立职业经理人制度；支持鼓励省属企业在商业一类二级子企业中加快推行职业经理人制度。此外，江苏省还将在推动省属企业所控股上市公司实施股权激励计划，推动改革意愿强、基础好的省属企业子企业参照“双百企业”做法实施综合改革这两个方面加大改革力度，坚定市场导向、持续释放国企潜能。①

2022年2月，江苏省国资委印发了《江苏省省属企业深化三项制度改革评估办法（试行）》，进一步激发省属企业市场主体活力，推进劳动、人事、分配三项制度改革在各层级企业落深落实，三项制度改革评估将坚持市场导向，聚焦省属企业市场化经营机制的建设和运行，着力解决管理人员下不来、员工出不去、薪酬差距拉不开等难点问题；强化激励约束，制定完善配套奖惩措施，有效传导改革压力动力，压实企业主体责任。

华泰证券股份有限公司聚焦打造一流国际投行战略目标，全面推进市场化选人用人，用好能上能下机制激发经营活力。全面实施职业经理人制度，实行任期制契约化管理。强化考核管理，让有为者有位，能干者能上，2020年以来141名员工脱颖而出得到提拔，36名管理人

① 江苏省将在省属企业推动企业经理层成员任期制和契约化管理制度[EB/OL]. [2019-09-10]. https://www.sohu.com/a/339940054_100137388.

员被末等调整，一支充满活力的高素质专业化职业经理人队伍带领公司高质量发展迈上新台阶。①

镇江市国资委深入实施国企改革三年行动，牢牢抓住三项制度改革“牛鼻子”，坚持选贤任能，实现干部能上能下。一是以激发经营层活力为核心，推动任期制和契约化管理。商业类竞争子公司100%实行任期制和契约化管理，同时出台制度“立规矩”，经理层成员每届任期三年，任期期满后开展任期考核，以工作成效决定是否续聘。市交通集团全面推行任期制和契约化管理，推动企业发展，13个子公司全部实现盈利。二是以建立高效运营机制为目标，推行职业经理人制度。8家竞争类子公司开展了职业经理人试点，25名职业经理人薪酬由“基本年薪+绩效年薪+任期激励”构成，分台阶设置绩效年薪超额利润奖励，充分调动职业经理人工作积极性。三是以完善员工职业发展为重点，畅通职工晋升通道。江苏索普集团试行优秀中青年管理人才晋升新通道，设置了技术系列、管理系列等五通道，创新设置企业非领导职务，已有17人从原有领导岗位转为专务、专办等非领导职务，为优秀中青年管理人才晋升腾出岗位。②

南京安居建设集团不断推动“三项制度”改革，优化组织管控体系，打造竞争性组织环境，明确管理人员“上”和“下”、员工“进”和“出”的标准和流程，出台《管理人员选拔聘任管理办法》和《员工退出管理办法》，明确考评考核退出、能岗不匹配退出、转岗培训不合格退出、自愿退出、协商一致退出等8种“下”的形式。实施员

① 我省7个案例入选国企改革三年行动典型[EB/OL]. [2023-03-27]. http://www. hangxunbao. com.

② 镇江市国资委：聚焦重点任务改出活力、效率、竞争力[EB/OL]. [2022-12-23]. http://jsgzw.jiangsu.gov. cn.

工考核“四关”制。建立招录考核关、试用期考核关、年度和任期考核关、合同到期考核关等覆盖人才全生命周期考核制，并强化考核结果的刚性应用。在完善员工管理体系上，一是全面推行经理层成员任期制和契约化管理，试点职业经理人制度。所属45户企业经理层成员（含职业经理人）“一人一岗”签订“两协议一合同”，做到100%全覆盖，其中22户企业的24名经理层成员实行职业经理人制度。二是发挥人才竞争“鲶鱼”效应，市场化选聘行业翘楚企业优秀管理人才24名，形成职业经理人团队3个。三是打通系统内与系统外、现有经营管理者与职业经理人之间的身份转换通道，151名参选的内部职工中有70人选择转变身份，走上“新的岗位”。四是根据业绩考核决定去留，全面落实管理人员末等调整和不胜任退出机制，2021年以来，市场化招聘员工退出率15%，其中管理人员末等调整或不胜任退出人数占比达11.97%，实施企业户数占比60%。通过“三项制度”改革，逐步实现人力资源管理向精益化效能管理的转变，以业绩为核心的管理导向更加凸显，为企业高质量发展提供了人力资源支撑和保障。人员“上、下”实现常态。严格落实考核结果的应用，重点解决能下的问题，运用岗位调整、改任非领导职务、免职、降职等方式，促使人员结构更加合理。①

（五）国有企业推行职业经理人制度易于出现的问题与对策

在以市场化选聘方式产生的职业经理人的日常管理中，多数在请休假制度、个人事项申报等方面参照组织部门的企业领导干部管理办

① 南京安居建设集团：构建新型人力资源管理体系 赋能企业高质量发展[EB/OL]. [2023-02-01]. http://jsgzw. jiangsu. gov. cn.

法，有些来自外资、合资及民营企业通过市场化选聘进入国有企业的职业经理人，缺少在国有企业工作的经验和对国有企业特有文化及政治责任、社会责任的了解，习惯了以往企业利润考核体系，出现价值观和文化背离等现象。

在部分推行职业经理人制度的国有企业经理层成员中既有职业经理人也有非职业经理人，职业经理人的薪酬虽然低于完全市场化的薪酬水平，但是一般都高于其他非职业经理人的薪酬水平，这使经理层成员之间产生隔阂，经理层团队在合作时产生掣肘现象。

市场化经营程度不高的国有企业，员工层面对推行职业经理人制度的必要性没有充分的认识，对职业经理人的管理方法和经营能力，尤其是带领企业走出困境、实现利润增长的能力表示怀疑。这往往会使他们产生一种置身事外看笑话的心态，使得职业经理人工作的氛围异化，严重影响推行职业经理人制度应有的效果。

针对这些易于出现的问题，国有企业党组织应充分发挥“把方向、管大局、保落实”的领导保障作用。在制度改革开始阶段，做好企业全员动员宣讲等思想工作，讲清改革对于改变企业现状的实际意义，不改革难以扭转局面的必然性；在制度实施阶段，结合企业现状讨论并拟定好实施方案，保障改革措施的顺利实施，对于职业经理人的任期目标责任书和年度目标责任书，应提醒董事会在合约中，清楚地规定应该承担的社会责任和其他相关要求；对于职业经理人任期中出现的问题，要在全面调查掌握情况后，与董事会及时作出处理，保障职业经理人顺利行使职权和维护企业的利益；在任期届满考核阶段，把任期中发现的重大问题及时向董事会考核委员会提供和通报，做到全方位考核与评价。

三、民营企业职业经理人动态

（一）民营企业转型升级需要职业经理人

随着市场和外部制度环境的完善，民营企业在发展中需要的管理投入越来越大，尤其是家族企业，随着发展规模的不断扩大，家族管理的封闭性给企业发展带来一些挑战。西方家族企业的去家族化治理主要通过引入职业经理人来实现。引入职业经理人对企业进行管理常常被认为是企业管理逐渐走向专业化与规范化的重要表现，职业经理人拥有较为专业的管理技能和丰富的管理经验，也更加熟悉市场规律，因而向职业经理人让渡管理权更利于提高企业决策质量和资源配置效率。企业治理模式也逐渐从家族治理走向规则治理。然而，在中国的家族企业中，合作关系主要是基于血缘、地缘等关系的信任模式，这会促使企业主更多地采用内部人员治理方式。

完善的职业经理人制度与法治环境是约束委托代理关系所产生负面效应的制度前提，在所有权与管理权分离的情况下，能否有效地保证家族成员的所有权，从而使他们能放心地交出企业管理权，才是家族企业能否引入专门管理团队和职业经理人的关键。而职业经理人能够获得多大的企业经营管理权，也影响着职业经理人运用管理权力对企业的经营决策、组织控制与经营管理发挥多大的作用。

一家企业要实现基业长青，在创始人卸任后，选用适合的职业经理人至关重要。比如，库克接任乔布斯的职位后，能够带领苹果不断创新，频出新品，股价也不断攀升新高；微软创始人比尔·盖茨退休后，鲍尔默、纳德拉先后执掌帅印，微软顺利进入正常的CEO轮替阶段。

因此，民营企业要想实现转型升级，就要进一步完善公司法人治理结构，建立股东会、董事会或监事会，构建较为完善的职业经理人制度基础，逐步降低家族治理或关系治理程度。尤其是对于面临代际传承问题的民营企业来说，如何构建完善的职业经理人制度更是企业生存与发展的重要问题。管理学大师彼得·德鲁克在《大变革时代的管理》一书中提出，家族企业要保持持续生存和有效运作，无论家族成员占多少，无论他们能力多么突出，在企业的高管中，也需要至少一位非家族成员。当然“子承父业”或者从家族成员中挑选接班人，可以有效地避免委托职业经理人管理企业所带来的风险，但是，企业也可能面临子女或者家族成员不愿意接班或者没有合适的人选的困境。这时，选择职业经理人接班就成为不二的选择。

（二）南京市、苏州市部分民营企业职业经理人情况

编委会在南京和苏州调研部分民营企业时感受到，部分民营企业在发展中面临很多的问题和困难，其中人才成为民营企业良性发展的关键要素，尤其是职业经理人在为民营企业赋能的过程中起到了关键的作用。

1.优惠的人才政策助力企业引入职业经理人

编委会在调研中发现，民营企业所在地区的政策对企业引入职业经理人起到非常重要的作用。以苏州为例，苏州市从市级到区级制定了许多引进和奖励人才的办法，如近期出台的《关于深入实施“海鸥计划”柔性引进海外人才智力的实施办法》《苏州市社会化引才奖励办

法（试行）》《苏州高新区科技创新创业领军人才计划实施办法》《苏州高新区“狮山产业紧缺人才计划”实施细则》等，为企业引才助力。[①]同时，苏州市建立了人才库和人才池，尽力解决企业选才来源和渠道问题。苏州市人才办、组织部还有科技、工信等几个部门经常去企业调研，了解企业对人才的诉求，为企业解决选才难、留才难等问题。这些举措使苏州的企业获得了人才支持，也使苏州市外来的职业经理人获得对城市的融入感。如苏州太湖雪丝绸股份有限公司的职业经理人切实享受到了苏州市在买房、子女上学等方面的优惠政策，能够更好地融入企业、融入当地社会。

2.包容的企业文化助力职业经理人长久发展

编委会在苏州和南京的调研中了解到开放包容的企业文化有助于民营企业吸引到人才，同时也有助于这些职业经理人在企业长久发展。

比如苏州太湖雪丝绸股份有限公司认为企业对包括新型组织在内的职业经理人都要更加包容和理解。公司对不同事业部采取不同的管理方式，针对抖音事业部、直播电商事业部这些新兴的事业部，会进行一些组织隔离使这些事业部的职业经理人不受过多的干扰，独立做决策，快速对市场作出反应，尽量满足他们在工作上的自由和时间上的弹性等需求，进而促进这些新型组织快速发展。

中安建设安装集团注重对职业经理人和其他员工的人文关怀，注重在日常生活中对团队氛围的营造和团队协作能力的培养。公司每一季度都会有相关的团建，加深员工之间互相的联系，也加深了职业经理人对企业的认同感和融入感。

① 政策引用自 www.rcsz.gov.cn。

亨通集团有限公司（以下简称“亨通集团”）在企业文化建设上秉承“智纳百川，才用八方”的理念，认为：“用多大范围的人才成就多大范围的企业”。早期，创始人刚开始创办企业的时候，这样的人才观就助力了事业的成功。亨通光缆项目起步时，一位国内知名的光纤光缆专家当时在山西某国企工作，创始人亲自从西安去请他。专家说：“让我回去考虑考虑，你们什么时候走？”创始人回答：“看你什么时候走，我们就什么时候走。”言下之意是，你不走我就不走。这句话感动了专家，让他下定了来亨通工作的决心。如今，这位专家已是亨通光电公司首席资深技术专家、国家级企业技术中心副主任。从引进第一位本科生，第一位研究生，第一位总工，到引进第一位教授级高工，第一位MBA，第一位海归，亨通集团已经拥有一支结构合理的人才队伍，汇聚了行业内诸多的重量级人物。亨通集团发展战略委员会，则聚集了国内技术、管理、战略等多个领域的10多名知名专家学者，其中包括4名通信领域两院院士，亨通集团已成为行业内引才揽才的强磁场。①

3.良好的管理机制助力职业经理人发挥价值

编委会在苏州和南京的调研中了解到，随着民营企业良好的文化和管理机制的确立、企业活力的提升，职业经理人也在企业发挥出了更大的作用。

苏州太湖雪丝绸股份有限公司实行扁平化管理，采取事业部制。事业部负责人直接对老板负责，事业部员工的选、留、用都由事业部的负责人说了算。事业部费用的产生、毛利的核算、利润的产出也由

① 崔根良的家国情怀 [EB/OL]. [2016-04-26]. http://www.xinhuanet.com.

事业部来核算，自负盈亏。事业部负责人将决策事项直接向老板汇报，做到快速有效。事业部制形成了“赛马机制”，激发了企业活力，也使优秀的管理人才得到晋升。公司在跨境体系里聘用的都是职业经理人，在关键的位置请到最优质的人才加入团队来打造强有力的专业人才队伍场。这样，当行业景气度下滑的时候，做到了销量增长，这就是让专业的人来操盘起到的至关重要的作用。

亨通集团通过建立内部人才评价机制和职业发展通道为人才的提升和发展提供了空间。比如，企业对领军人才评价依托政府的一些重大的领军人才项目申报和评价。同时，亨通集团是省内首个获工程技术系列正高级职称资质评审资格的民营企业。集团成立评审委员会，制定发布自主评审管理办法，为内部人才的提升和发展提供了通道。亨通集团也正在探索一般机制和特殊机制相结合，使作出特殊贡献的人才能通过快速职业发展通道晋升。通过建立人才评价机制和职业发展通道等探索，亨通集团增加了对人才的吸引力，吸引了来自五湖四海、世界各地的职业经理人。职业经理人也在企业发挥了自身的价值。

（三）民营企业职业经理人新流向

在20世纪90年代我国市场经济体制的建立过程中，大量的体制内干部下海创办民营企业、加入合资企业、流向外资企业，造就出一批具有商业思路、敢闯敢试的经营管理人才。其中，不乏很多具备专业化技能的市场化的职业经理人。这是市场经济体制的需要，是商业利益的吸引共同造就的历史洪流。

随着国有企业混合所有制改革日渐深入，国有控股公司为应对新的市场环境，在公司治理中面临着专业性焦虑，渴求专业性技术人才的同时，更希望本领域的职业经理人能够为企业带来专业化引领。这就产生出国有企业，尤其是混合所有制的国有控股公司对职业经理人的迫切需求。市场化的薪资待遇吸引着一批在外企、合资企业或民营企业的职业经理人向国有企业的回流。

处于充分竞争领域的国有企业对职业经理人的渴求，是激烈市场竞争的形势所迫，是挽救竞争颓势的有力举措，是稳就业、稳增长的大势所驱。国企改革三年行动进行的完善中国特色现代企业制度公司治理，建立职业经理人制度，“双百行动”的示范效应等，都极大地推动了这个新流向的形成。

（四）上市公司年度职业经理人评选活动

2022年6月24日，界面新闻发布“2022中国上市公司年度职业经理人榜单”，这是界面新闻第四次发布此榜单。随着企业所有权和经营权的分离，中国民营企业的管理渐渐地由家长式、家族式管理向科学化管理过渡，职业经理人在现代企业管理制度中的作用越来越重要，卓越的职业经理人带领家族企业实现基业长青。面对国际、国内经济环境复杂多变，“黑天鹅”“灰犀牛”事件多发，内忧外患的经济环境，上榜的中国上市公司职业经理人仍然带领公司取得了傲人的业绩。

作为中国第一份评价职业经理人业绩的榜单，“中国上市公司年度职业经理人榜单”覆盖了在中国内地、中国香港及美国上市、主营业务在中国内地且管理人为职业经理人的中资上市公司。该榜单通过上市公司的财务表现（包括企业成长性、盈利能力及股东回报）以及其管理的企业规模来衡量职业经理人的管理能力。数据截止时间为2022年5月31日。

此次上榜的腾讯控股总裁刘炽平、宁德时代总经理周佳、江特电机总裁梁云、天华超净总经理陆建平、万泰生物董事长兼总经理邱子欣、中环股份总经理沈浩平、华峰化学董事长杨从登、特变电工总经理黄汉杰、扬杰科技总经理陈润生、横店东磁董事长兼总经理任海亮、拓普集团总经理王斌、协鑫能科总经理费智、兆易创新代总经理何卫、爱美客总经理石毅峰等50位职业经理人管理的公司均有着不俗的业绩表现，平均市值1927亿元。50位年度职业经理人平均年龄为53岁。其中，最年轻的职业经理人38岁。受教育程度上，硕士及以上学历为29人，达到了58%。在性别方面，男性46人，女性4人。50位上榜职业经理人中，49位披露了2021财年的薪酬，其平均薪酬1451万元，有37位职业经理人在其公司持股。①

四、2022年度职业经理人标准制修订工作情况

（一）职业经理人相关国家标准立项情况

根据行业发展需要，全国职业经理人考试测评标准化技术委员会（以下简称“职标委”）联合有关行业协会和企业等共同开展陶瓷行业职业经理人标准的研发制订工作，组织起草完成了《陶瓷行业职业经理人考评要素》草案及项目建议书等相关文件。按照要求，2022年，

① 界面新闻发布2022中国上市公司年度职业经理人榜单：腾讯控股刘炽平再次夺得榜首 [EB/OL]. [2022-06-24]. https://baijiahao. baidu. com.

职标委将该标准分别向全国工业陶瓷标准化技术委员会、全国建筑卫生陶瓷标准化技术委员会、全国日用陶瓷标准化技术委员会征询意见。这三家标准化技术委员会除对该标准具体内容和格式等提出一些修改意见和建议，对该标准申请国家标准立项没有意见。职标委已将该标准报上级主管部门申请立项。

（二）职业经理人相关国家标准制修订进展情况

职标委按照国家标准制订程序的有关要求，组织开展《职业经理人市场化选聘指南》标准审查工作，采取函审的形式，将审查材料及函审单发给全体委员审查，并汇总和处理函审意见，形成函审结论。职标委根据审查所提出的意见，组织修改完善标准草案，完成标准报批稿及委员电子投票表决等文件和程序。目前，该标准已报上级主管部门审批。

2021年12月底，国标委批准了《职业经理人通用考评要素》的国家标准修订立项。2022年，职标委成立起草工作组，制订起草工作计划，组织开展调查研究，广泛收集与起草标准有关的资料，组织召开专题研讨会，解决起草标准工作中涉及的问题，撰写完成标准草案征求意见稿及编制说明。职标委通过国家标准委“全国标准信息公共服务平台系统”及职业经理研究中心官网面向社会公开征集意见，并根据意见建议对标准及有关文件进行修改完善，完成标准送审稿、编制说明及有关附件。职标委将《职业经理人通用考评要素》标准的送审稿及编制说明以函审的形式报全体委员进行审查，并组织进行了电子投票表决。

（三）其他职业经理人相关标准研发情况

为贯彻党和国家有关乡村振兴的政策文件精神，职标委协同中国教育发展战略学会、中国农业科学院培训中心等，共同完成《乡村振兴职业经理人资质标准》研究制订工作，为推进乡村振兴领域职业经理人队伍建设等工作打下良好基础。

职标委协同中国对外承包工程商会，共同完成《优秀国际工程项目经理人资质评价标准》的修订工作，对国际工程项目经理人才队伍建设和促进中国企业更好地走向国际起到了积极作用。

职标委积极组织开展新标准《职业经理人变革创新能力评价指标》的研究制订工作，完成了标准初稿。接下来将在进一步研究的基础上，报上级主管部门申请国家标准制定立项。

第二章　2022年企业职业经理人国内相关文献综述

2020年到2022年国企改革三年行动后，中央企业和地方国有企业在职业经理人制度建设方面取得了一定的成效，有一些新的思路值得总结和研究，但也存在一些新的问题值得深入研究探讨。民营企业也在不断发展壮大，家族企业代际传承问题越来越引起广泛的关注，而职业经理人是否能在家族企业传承中起到正向作用，在哪些方面可以起到积极作用，这些问题也非常值得进一步研究和探讨。

为了更好地促进国有企业、家族企业职业经理人队伍建设和制度的发展，本章通过收集分析2022年国内期刊关于职业经理人的相关文献，力求探讨2022年职业经理人制度建设重点关注的问题，总结相关研究意见和建议，供国有企业和家族企业借鉴和参考。

本章的主要研究文献来源于知网等获取的期刊内容。鉴于目前研究职业经理人的相关机构较多，本章研究内容受资料收集范围所限，故不能全部覆盖职业经理人所有的研究观点和内容。

一、国有企业职业经理人制度相关文献综述

（一）国有企业职业经理人制度推行中的问题总结

职业经理人制度在国有企业的实践经历了探索期，也经历了国企改革三年行动的落地期，目前基本上有了一套比较成熟的章程和实践经验。但是在具体的实践中，尤其是在国有企业改革进一步深化的过程中，还是有一些新的问题要继续探索和研究。

1.国有企业职业经理人履职环境方面的问题

国有企业职业经理人制度落地实施过程中，面临的首要问题是职业经理人履职环境不清晰、身份定位模糊，因此造成在目前阶段“双轨制”依然存在，国企经理层成员内部转身为职业经理人的动力不足。黄晖皓认为部分国有企业法人治理体系的职能边界不清晰，在职业经理人的选人用人、监督管理和约束问责机制设计上不完善，针对党管干部原则与职业经理人制度关系的理解较为模糊，同时，对职业经理人的培养发展不够重视。[①]禹超平认为我国国企管理者一直按照党政领导干部模式管理企业，提升晋级为主要机制。这个机制对于那些无法进行晋升以及选拔的国企管理者，在能上而不能下的大背景下，会形成激励失效。[②]石颖认为国有企业混合所有制改革有存量改革和增量改革两种方式。增量改革模式会使国有企业经理层薪酬呈现“双轨制”的特点，即职业经理人对标市场上同行业同规模企业高管的薪酬水平，而组织任命的体制内企业领导人员薪酬受到管控，只能享有远低于市

① 黄晖皓.竞争类国有企业职业经理人制度建设浅析[J].中小企业管理与科技，2022（8）:16-18.

② 禹超平.在国企建立职业经理人制度的思考:从身份到契约[J].现代企业文化，2022（9）:131-133.

场化的薪酬待遇，导致职业经理人薪资待遇明显高于党委和董事会成员。这种既有职业经理人又有非职业经理人的“双轨制”，会出现“一企两制”的薪酬考核体系，进而引发“水土不服”问题。[①]刘新明认为很多企业存在着各层治理主体权力边界不清晰的问题，经理层没有获得足够的授权，很难体现其作为专业经营管理人员的作用。[②]

2.国有企业职业经理人考评体系方面的问题

职业经理人考核体系问题集中在考核指标和考核内容不明确上。黄晖皓认为部分企业欠缺严谨的考核评价体系，考核标准及中长期目标不清晰。[③]禹超平认为许多国有企业对总裁级别高管的经营目标都缺乏确立的标准和严格考查。对国有企业总裁级别高管的考评经常会出现“双轨运行”的情况：一是国有资本监管机关单位或国资公司的经营监管机关单位对下一层企业执行经营业绩考核考评；二是上级人事部门对总裁级别高管执行年终考评，经营业绩考核考评与企业考评的有机结合不足。组织部门人事机构考评采取述职、民主测评；面谈等党政干部考评模式，基本上是定性考评，结论差别不大。[④]刘新明认为考核指标设置不够科学合理。目前对职业经理人的考核普遍注重当期利益，核心是利润指标。这样的考核导向使职业经理人疲于应对当期考核，无暇顾及企业长远发展，甚至出现短期行为，最终给企业造成损失。考核目标难以实现有效的激励作用，这是企业考核过程中普遍存在的难点。目标值过高或过低都不利于激发职业经理人的积极性。很多企业在确定目标值的时候主要基于历史业绩，提出的是绝对值

① 石颖.国有企业职业经理人差异化薪酬实践[J].中国人力资源社会保障，2022（2）:43-45.

② 刘新明.国有企业市场化选聘职业经理人“留用难”问题研究[J].中国市场，2022（20）:113-115.

③ 黄晖皓.竞争类国有企业职业经理人制度建设浅析[J].中小企业管理与科技，2022（8）:16-18.

④ 禹超平.在国企建立职业经理人制度的思考:从身份到契约[J].现代企业文化，2022（9）:131-133.

（如投资收益率10%），这样的考核目标在市场波动大的时候容易出现较大偏差。还有些企业，由地方政府根据地区整体发展目标向下分配考核目标，与企业实际经营状况关联程度很低。[①]

3.国有企业职业经理人薪酬激励方面的问题

职业经理人薪酬激励机制问题聚焦于以下两个方面：一是突破工资总额解决职业经理人占用较多薪酬分配问题；二是职业经理人的中长期激励措施还是不到位问题。关于职业经理人薪酬能否突破工资总额问题，石颖认为当前国有企业职业经理人薪酬工资总额管理机制不够灵活。多元化经营企业的子公司工资总额分配不平衡。集团内部行业跨度较大，各企业市场化程度差异较大，导致子公司工资总额差异较大，市场化程度高的子公司抢占了更多母公司工资总额。关于中长期激励措施还是不到位问题，石颖认为职业经理人中长期激励机制不完善主要有两个方面的原因：一方面，受到持股比例、行权条件等限制，现有中长期激励工具激励力度不足；另一方面，中长期激励审批过程复杂、要求严格，沟通和实施难度大，降低了申报公司的积极性[②]。在激励机制问题具体执行中，石颖认为有关中长期激励机制设计方案不够精准。一是激励目标设定不准确。部分国有企业在中长期激励方案制订过程中，目标设定过低或者过高，考核条件过于严厉或者过于宽松，造成方案难以贯彻落实。二是激励方案缺乏针对性。部分国有企业跟风套用中长期激励政策工具，没有根据所属行业特点、企业特征，分层、分类细化制度，降低了激励机制的适用性。三是对非

---

① 刘新明.国有企业市场化选聘职业经理人“留用难”问题研究[J].中国市场，2022（20）:113-115.

② 石颖.国有企业职业经理人差异化薪酬实践[J].中国人力资源社会保障，2022（2）:43-45.

物质激励措施关注不足。[①]黄晖皓认为部分国有企业存在薪酬固浮比偏高、中长期激励占比小的问题，未能将持续性企业价值增长与经理人的长期报酬挂钩，容易存在功利化、短期化的经营行为隐患。此外，对于职业经理人的非物质性激励也缺乏多元化的手段。[②]刘新明认为国有企业的职业经理人薪酬虽然相对内部高管算是高薪酬，但相对民企和外企，薪酬水平整体仍然偏低，也就是说激励水平是不足的。如果再加上企业环境对职业经理人的履职不利，极易造成人才流失。除了薪酬激励水平方面的问题外，还普遍存在薪酬结构单一、缺乏中长期激励的状况。[③]

4. 国有企业职业经理人退出方面的问题

职业经理人退出机制上，刚性兑现、差别对待是目前实施职业经理人退出制度存在主要问题。黄晖皓认为任期制与契约化执行不够严格，考核退出机制和转换保障机制缺乏刚性和可操作性，导致职业经理人存在“能上难下”“能进难出”的问题。胡润波，葛晶晶认为市场化退出不甚彻底，还未形成有效机制执行职业经理人退出机制，内外部选聘职业经理人退出方式不一致。内部选聘的职业经理人在退出时多数会采取“可双向选择集团其他职业经理人岗位”办法，而外部选聘的职业经理人更多是会“直接解聘并解除劳动合同”。[④]

---

① 石颖.以中长期激励为抓手激发国有企业职业经理人活力[J].国有资产管理，2022（7）:8–11.

② 黄晖皓.竞争类国有企业职业经理人制度建设浅析[J].中小企业管理与科技，2022（8）:16–18.

③ 刘新明.国有企业市场化选聘职业经理人“留用难”问题研究[J].中国市场，2022（20）:113–115.

④ 胡润波，葛晶晶.国有企业职业经理人中长期激励机制建设研究[J].国有资产管理，2022（6）:23–27.

（二）国有企业职业经理人制度进一步完善方面的建议总结

1.国有企业职业经理人履职环境方面的建议

企业的内部治理结构由股东大会、董事会、监事会及经理层在内的“三会一层”构成，国有企业的治理结构一大特点是国有企业的大股东、出资人一般是国资委，董事会是公司的经营决策机构，监事会是监督机构，而职业经理人是委托代理关系的最后一环，国资监管的链条比较长，这就决定了公司治理的完善和成熟度直接影响着能否更好地使用职业经理人，规避经营风险。国有企业公司治理的另一个显著特点是要加强党的领导，充分体现党组织对国有企业选人用人的领导和把关作用。

在建立健全法人治理结构方面，黄晖皓等建议体现董事会在选聘过程中对职业经理人能力及市场价值的判断作用，真正站在出资人的立场上决策并监督经理层高效履职，能够及时依法依规执行退出机制。监事会负责监督职业经理人的薪酬分配等经济审计、履职尽职相关事项。[①]戴天婧认为董事会是职业经理人管理的决策机构，负责依法选聘和管理职业经理人，组织制订相关工作方案和管理制度、履行决策审批程序，组织开展选聘、参与考察、决定聘任或解聘、开展考核、兑现薪酬等工作。董事会提名、薪酬与考核委员会是职业经理人管理的组织机构，在公司董事会的领导下，负责组织开展职业经理人的选聘、业绩考核、薪酬分配等工作。[②]黄晖皓等建议完善“四会一层”治理结构保障竞争性国有企业建立有效运转和相互制衡的公司治理结构。党

---

① 黄晖皓.竞争类国有企业职业经理人制度建设浅析[J].中小企业管理与科技，2022（8）:16–18.

② 戴天婧.国有企业职业经理人的绩效管理制度探索[J].管理会计研究，2022（4）:77–84.

组织重点把控职业经理人选聘的原则与标准、聘任合同条款等拟定环节。王龙，张建明，张晋龙等建议细化《党委会工作规则》《董事会工作规则》《总经理工作规则》等制度，严格落实市场化经营主体责任，持续完善党组织、董事会、监事会、经理层治理结构及其议事规则、工作机制，清晰界定各治理主体职责界面，严格执行党委决策范围内“三重一大”前置研究讨论决策程序；从源头梳理经营管理各环节，列出权力和权限清单，形成公司治理各要素之间没有真空地带、没有重叠交叉。①

2.国有企业职业经理人选聘方面的建议

职业经理人选聘包括人才标准、渠道等诸多问题。黄晖皓认为建立基于战略实现的胜任力模型及标准通过对公司中长期战略目标的解码，以及当前组织和人才情况的盘点，充分了解并定位当下战略实现的人才缺口与短板，同时，结合战略业务及岗位需求、核心能力打造，构建出符合公司实际和具有特色的职业经理人胜任力模型，明确职业经理人的需求标准，以此可以大幅提升选聘效率和精准度。②王龙，张建明，张晋龙等提出通过市场化运作在企业内部和外部人才市场选择，在聘任方面采取增量引入模式和存量改革模式。增量改革模式即从市场上选聘经理人，必须坚持党管干部原则与董事会依法选聘经营管理者有机结合，必须程序合法合规，明确职业经理人选聘标准（任职资格），打通各类选聘渠道。存量改革模式指的是企业内部人员转换为职业经理人，在于打好“身份转换”、用工市场化、继任模式的组合拳。沈伟民认为成功选聘职业经理人董事会和主管单位一起努力。就选聘

① 王龙，张建明，张晋龙，等.市场化企业领导班子推行职业经理人制度的运行机制研究[J].企业改革与管理，2022（5）：69–71.

② 黄晖皓.竞争类国有企业职业经理人制度建设浅析[J].中小企业管理与科技，2022（8）:16–18.

方向和合规程序，董事会和主管单位一起进行讨论和研究。从招聘方案制定到公告发布，从人员筛选再到组织面谈等方面，做到细节落实。在实际招聘过程中，董事会负责组织实施市场化选聘工作，紧.1扣选聘规范化、科学化，坚持严把线上报名、资格审查、素质测评、两轮面谈、背景调查、拟聘人选确定和聘任等程序，落实选人用人权。[①]

3.国有企业职业经理人绩效考核方面的建议

国有企业职业经理人考核一直是职业经理人制度的重点难点问题，考核内容全面有效、团队绩效衡量，指标分解体系、指标挑战性、考核应用性等一系列问题都是职业经理人绩效考核制度的难点。

在解决职业经理人绩效考核问题时，要注重考核内容上与时俱进，满足新的要求。戴天婧认为为了推进高质量发展，企业必须构建一套与之匹配的分析评价体系。由于“高质量发展”内含多维度具体要求，应该根据这些要求重构企业的经营分析与评价体系。同时，构建年度与任期相结合的高质量发展考核指标体系，涵盖效益效率、科技创新、结构调整、国际化经营、保障任务、风险管控、节能环保等方面指标。另外，要特别突出企业科技创新的考核引导。既要鼓励企业加大研发投入，如在考评中将研发投入直接视同利润，还要构建与应用一些非财务指标，如专利数量、新产品营收比例等。[②]沈伟民认为考核职业经理人定量指标包括经济效益和重点工作两大类，经济效益类指标聚焦企业利润、净资产收益率，重点工作类指标聚焦集团改革发展等战略性任务。[③]刘新明认为在考核指标设定方面，不仅要看利润指标，

---

① 沈伟民.深振业A，高效经理人模式[J].经理人，2022（6）：35-37.

② 戴天婧.国有企业职业经理人的绩效管理制度探索[J].管理会计研究，2022（4）：77-84.

③ 沈伟民.深振业A，高效经理人模式[J].经理人，2022（6）：35-37.

还应将成长指标以及经营质量指标纳入考核体系，综合考察其经营业绩。除了财务指标，还应适度加大其产品质量、研发投入、创新、人才培养等方面的考核权重。在确定考核目标值时，既要考虑企业的发展状况、经营预算和历史业绩，也要考虑行业发展状况，将绝对目标值（具体数值）与相对指标（行业排名）相结合，使目标值科学合理。在行业普遍经营困难或者相反的情况下，相对指标可以在一定程度上排除行业状况的影响，相对客观地反映出职业经理人的实际贡献。①

在解决职业经理人绩效考核问题时，要注重考核目标的落实。王龙，张建明，张晋龙等认为推行“团队绩效”——团队包干、动态调整、综合评价可以有效解决职业经理人精准考核较难的问题，根据企业功能定位、发展目标和责任使命，并兼顾行业特点和企业经营性质，围绕上级单位要求指标，根据公司战略分解指标、岗位核心职责分解指标，形成“战略分解+上级任务+岗位职责”三挂钩的考核体系。②黄晖皓认为构建核心经营指标类、关键及创新事项类、日常管理类及红线类考核指标体系，在横向管理维度，以实现“突业绩、抓重点、重日常、控底线、全覆盖”为重点考核方针，针对考核主体不同（经济独立核算体、独立法人单位），不同业务单元设置不同类型细化的考核指标，体现差异化特征。在纵向时间维度，任期目标与年度目标相结合，将任期目标细化为年度目标，实现滚动考核。③

在为职业经理人制定绩效考核目标的过程中，要注意考核的目标值要有一定的挑战性。戴天婧认为业绩目标值纵向历史标准在操作上，

① 刘新明.国有企业市场化选聘职业经理人“留用难”问题研究[J].中国市场，2022（20）:113-115.

② 王龙，张建明，张晋龙，等.市场化企业领导班子推行职业经理人制度的运行机制研究[J].企业改革与管理，2022（5）: 69-71.

③ 黄晖皓.竞争类国有企业职业经理人制度建设浅析[J].中小企业管理与科技，2022（8）: 16-18.

可以采用持续改善法。行业标准或竞争对手标准标杆法采用设置两个业绩目标值的办法：既设置保底目标值（基本目标），也设置挑战目标值。对基于企业内部持续改进的纵向目标和外部标杆企业的横向对比目标分别赋权，并对标杆目标设置更大权重。①王龙，张建明，张晋龙等认为职业经理人考核体系要建立基准值、进取值、挑战值三级目标体系。结合战略目标、历史数据、行业对标和企业数据等，以下发的业绩目标为基准值，结合试点企业自身发展战略制定进取值，以行业增速结合标杆企业制定挑战值。②沈伟民认为职业经理人考核指标可按如下方式设置：经理层成员年度经济效益指标目标值按高于企业负责人目标值下达，重点工作指标体现较大难度，目标值明确具体成果及完成时限；计分规则明确，加分设上限、扣分不设限，经济类指标未达到目标值完成底线或任务性指标未达到目标值，直接为零分。设置关注类事项，激励经理层成员积极作为、敢于创新，作为董事会成员开展综合评议时的重要依据；约束性指标包括党建、廉政建设、安全生产与生产文明、国资监管要求落实等事项，未按要求执行或违反规定的，予以扣分处理。③

在解决职业经理人绩效考核问题时，要注重考核结果的应用。一是薪酬兑现方面的应用，黄晖皓认为在绩效考核兑现水平管控上，可参考一些学者的建议，在考虑设置绩效业绩兑现水平上，将“行业薪酬对标的分位值低于业绩对标分位值5～20个分位”作为绩效评价兑

① 戴天婧.国有企业职业经理人的绩效管理制度探索[J].管理会计研究，2022（4）:77-84.

② 王龙，张建明，张晋龙，等.市场化企业领导班子推行职业经理人制度的运行机制研究[J].企业改革与管理，2022（5）:69-71.

③ 沈伟民.深振业A，高效经理人模式[J].经理人，2022（6）:35-37.

现的合理区间设计要求。[①]石颖认为“行业业绩对标分位值高于行业薪酬对标分位值5~20个分位为合理区间”作为评价规则。对薪酬分位值高于业绩分位值20个分位以上的，总薪酬水平坚决下调；薪酬分位值低于合理区间20个分位以上的，通过浮动薪酬适度上调；未完成业绩合同目标值的，所在单位经理人奖金全部为零。[②]二是在利用考核结果进行提升和退出方面的应用。王龙，张建明，张晋龙等认为可对评价较好的经理人加强培训、培养和晋升，对评价靠后的经理人采取提醒谈话、重点关注、调整岗位、退出管理团队等措施。[③]沈伟民认为严格执行退出机制。董事会严格落实职务试用期考核、年度考核和任期考核，以考核业绩目标值完成情况为主，并辅以述职评议、考察谈话、民主测评等方式综合评价，确保考核不走过场、不走形式，各项考核工作落到实处，把考核结果作为决定管理人员能上能下、能进能出的基本依据。[④]

4.国有企业职业经理人薪酬激励方面的建议

在职业经理人薪酬制度设立的过程中，形成市场化薪酬定价机制、完善公司工资总额管理依然是重点。王龙，张建明，张晋龙等认为做好职业经理人薪酬激励时，要做深“市场化薪酬”——人工成本价值量化机制、工资总额备案制、授权绩效分配权、中长期激励机制。除了建立职业经理人自身的薪酬体系外，围绕企业整体情况，从人工成本、工资总额、绩效分配三个方面，给予职业经理人团队更大的自主

① 黄晖皓.竞争类国有企业职业经理人制度建设浅析[J].中小企业管理与科技，2022（8）:16-18.

② 石颖.国有企业职业经理人差异化薪酬实践[J].中国人力资源社会保障，2022（2）:43-45.

③ 王龙，张建明，张晋龙，等.市场化企业领导班子推行职业经理人制度的运行机制研究[J].企业改革与管理，2022（5）:69-71.

④ 沈伟民.深振业A，高效经理人模式[J].经理人，2022（6）:35-37.

权。石颖认为各地方可先行先试分类完善工资总额管理方式，对商业类国有企业探索采用工资总额与企业经济绩效相挂钩的改革方式。对于商业类国有企业，实行市场匹配型薪酬水平策略，建立企业职工工资增长与企业经济效益增长紧密挂钩的工资总额决定机制，采取备案制和周期工资总额预算管理方式，以出资人间接调控为主，逐步落实企业分配自主权。[①]黄晖皓认为固定薪酬总额与国资监管要求挂钩完成保值任务，浮动绩效类工资总额与企业经济效益增长紧密挂钩，同时，事前加强备案和周期工资总额预算管理，事中加强过程化的工资总额使用管控，事后建立工资总额使用的复盘反馈机制和制定修正举措，真正形成国企工资总额的PDCA闭环管理流程。[②]刘新明认为提升职业经理人的薪酬水平，在考核目标参照行业相对排名、实现行业对标的同时，将其薪酬与行业对标，真正体现市场化薪酬，增加国有企业对人才的吸引力，降低人才流失率。在提升薪酬水平的同时，可以增大职业经理人绩效薪酬的比例，并通过刚性兑现使其薪酬水平直接反映其对企业的贡献，以降低其他高管的不平衡感。建议对实行市场化选聘职业经理人的企业给予工资单列的政策，以免在工资总额受限的情况下，引入薪酬较高的职业经理人后，挤占其他高管的薪酬，加剧不平衡感。[③]

完善国有企业职业经理人中长期激励机制方面，胡润波，葛晶晶建议国有企业集团应加强统筹管理，平衡各子公司需求，构建“管控+赋能+共享+反馈”职业经理人中长期激励管理体系。提高中长期激励

---

① 石颖.国有企业职业经理人差异化薪酬实践[J].中国人力资源社会保障，2022（2）:43-45.

② 黄晖皓.竞争类国有企业职业经理人制度建设浅析[J].中小企业管理与科技，2022（8）:16-18.

③ 刘新明.国有企业市场化选聘职业经理人“留用难”问题研究[J].中国市场，2022（20）:113-115.

机制精准性。基于业务周期分类设计中长期激励机制。[①]石颖认为激励对象方面，传统行业坚持以岗定额，聚焦少数关键岗位，将激励人数控制在员工总人数3%以内，双百、科改试点企业，不设上限。稳慎开展混合所有制改革企业员工持股、拟上市公司鼓励员工参与战略配售，建立收益共享、风险共担的激励约束机制。进一步探索项目跟投、超额利润分享、虚拟股权等多样化的激励工具。通过项目跟投，抓住关键岗位人员激发创新活力；通过超额利润分享，提升团队对企业经营贡献能力；通过虚拟股权，增强核心团队凝聚力和战斗力。[②]石颖，胡晶晶认为引入期权激励需要与真实的业绩约束相结合，制定股票期权的约束条件。同时，实施股票期权需要考虑行业特点，在高成长性、高风险行业中的企业实行股票期权的激励作用通常更为显著。为了实现职业经理人和企业的风险共担，企业可以要求执行项目的职业经理人缴纳风险抵押金，这部分抵押金可以率先从其薪酬中扣除。如果项目执行完全，那么抵押金全数退回，否则依结果部分退回或者不退回。[③]

5. 国有企业职业经理人退出方面的建议

职业经理人退出制度的难点在于退出制度的落地机制的完备性和退出执行的刚性。黄晖皓提到在契约（聘任协议及其补充协议）中明晰退出机制及触发的条件，在聘任合同中进一步明确涉及绩效考核退出或惩戒退出的条款，明确约定职业经理人任期制和不再续聘的条件等；完善职业经理人退出保障机制，适当考虑内部竞聘和外部选聘等

---

① 胡润波，葛晶晶. 国有企业职业经理人中长期激励机制建设研究[J]. 国有资产管理，2022（6）:23–27.

② 石颖. 国有企业职业经理人差异化薪酬实践[J]. 中国人力资源社会保障，2022（2）:43–45.

③ 石颖，胡晶晶. 国有企业推行职业经理人制度的改革困境及对策建议[J]. 上海国资，2022（8）:89–92.

不同职业经理人的退出保障方式，打造职业经理人“能上能下、能进能出、能增能减”的常态化文化氛围，去除老国企原本“下来就是有问题”的单一行政思维，减轻内部转化职业经理人的心理负担；厘清聘任合同和劳动合同的关系、公司法与劳动合同法的法律适用范围，为退出路径的操作执行提供清晰的法理保障。①石颖，胡晶晶认为畅通国有企业职业经理人的退出通道方面要充分认识退出形式的多样性。退出包括提前退出、正常退出、强制退出等多种方式。对于考核不达标的职业经理人，应兑现职业经理人退出的程序化、规范化、制度化，以柔性化和人性化的实施方式保证职业经理人退出的良好成效。另外，严格执行市场化退出。在签订聘任协议时，对触发退出条件的信息和关于经济补偿的约定要具体准确。国企董事会的相关管理者应该及时完成对职业经理人的年度考核，当职业经理人触发离职条件的时候，需要及时反应、启动离职解聘程序。根据聘任协议履行约定的经济补偿，避免在职业经理人退出时出现争端。②

二、家族企业职业经理人相关文献综述

家族企业是人类商业史上最为古老且重要的组织形态，即使在当今社会，依然焕发着旺盛的生命力、发挥着巨大的影响力。我国大多数民营企业属于家族企业形式，作为世界范围内普遍存在的企业形式，家族企业在我国经济中地位举足轻重。

① 黄晖皓.竞争类国有企业职业经理人制度建设浅析[J].中小企业管理与科技，2022（8）:16–18.

② 石颖，胡晶晶.国有企业推行职业经理人制度的改革困境及对策建议[J].上海国资，2022（8）:89–92.

对于职业经理人在家族企业中的作用，陶璐璐认为引入职业经理人对家族企业财务绩效会产生正向影响。[①]郑文全，邸昂，刘赫弋认为家族企业聘用职业经理人，能够减弱家族所有权控制与企业国际化的负向关系，这主要归因于职业经理人拥有声望权力、专家权力、结构权力和所有者权力，进而影响家族企业的国际化决策。[②]宋新亮认为家族企业引入职业经理人可以有效缓解家族企业的融资约束程度，尤其在家族企业的衰退期，对于融资约束的缓解更加显著。家族企业引入职业经理人会向外界传递积极正面的企业形象，外界投资者会更加相信企业披露会计信息的真实性，进而对家族企业进行投资。在未持股的情况下，职业经理人会在一定程度上降低家族企业研发投入强度，但是在赋予职业经理人股权后，会显著促进其提升家族企业的研发投入强度。[③]曾煜焱认为去家族化措施及职业经理人激励措施使得企业绩效显著提升。盈利能力方面，去家族化搭配股权激励使业绩高于行业平均水平，但股权激励时应注意行权指标设置的合理性，否则会带来第一类代理问题；去家族化对企业研发投入、创新绩效具有显著的提升作用，但股权激励措施未见影响创新绩效的明显证据；去家族化后合理的激励措施会使代理问题大大减轻，企业利益一致性不断增强。[④]

对于职业经理人在家族企业中的问题，刘金龙，吕鹏认为职业经理人的治理地位影响企业家族化治理的程度。企业引入职业经理人可以降低家族化治理；但是在职业经理人强控制的企业，反而增强了家

① 陶璐璐．家族企业引入职业经理人对财务绩效影响研究[D].江苏：南京信息工程大学，2023.

② 郑文全，邸昂，刘赫弋．家族所有权控制与企业国际化——基于职业经理人和市场化程度的调节效应研究[J].财经问题研究，2022（2）:122-129.

③ 宋新亮．职业经理人、融资约束、研发投入之间的影响机制研究[D].广西：广西师范大学，2023.

④ 曾煜焱．去家族化与职业经理人激励对家族企业绩效的影响[D].北京：北京外国语大学，2023.

族化治理，这是由于缺乏有效的外界制度约束，企业主通过加大家族化涉入以逆向约束代理风险。[①]

对家族企业中选用职业经理人的建议，戴明禹，孙光国，滕曼茹认为家族企业所有者应转变思想，以合作的态度对待职业经理人，摒弃依据亲缘关系划分组织地位的传统思想，只有将信息权和决策权完整地赋予职业经理人，才能真正发挥职业经理人的优势，促使其发挥企业家精神，促进企业创新。家族企业主应规划和引领企业走向更符合经理人职业化发展的道路。[②]陶璐璐认为中国更多家族企业可着手引入职业经理人，并且引入职业经理人后需建立物质和精神方面的激励措施。家族企业在选择引入职业经理人这一过程中，需要结合自身实际情况，建立一套完善的职业经理人监督和激励机制，去更好地服务企业，这是家族企业发展壮大的关键所在。[③]

---

① 刘金龙，吕鹏.有条件的信任：引入职业经理人会影响企业家族化治理吗？[J].科学·经济·社会，2022，40（3）:83-96.

② 戴明禹，孙光国，滕曼茹.职业经理人、组织地位赋予与企业创新——来自家族企业的经验证据[J].科技进步与对策，2022，39（20）:63-71.

③ 陶璐璐.家族企业引入职业经理人对财务绩效影响研究[D].江苏：南京信息工程大学，2023.

高管人才市场数据篇

本篇内容基于猎聘注册用户、验证企业、认证猎头用户等数据，有针对性地筛选研究样本，采用聚类分析、案头调研等方法对2020—2022年国内高级经营管理人才供需情况、薪酬水平、性别差异、行业分布、区域发展以及流动等方面进行分析。旨在为政府、企业和个人提供宏观经济与产业发展背后的高管人才市场供需情况与薪酬水平变化等方面信息，从而为职业经理人政策制定、企业招聘、人才求职、区域招才引智培养提供决策参考。

第三章　高管人才市场供需情况

2022年，全球经济增速持续放缓，各国正缓步从疫情冲击中走出，地缘政治危机带来的地缘经济割裂更是成为世界经济复苏进程中的阻力。在旧矛盾与新风险叠加下，2023年1月世界银行发布的《全球经济展望》报告中，将2023年全球经济增长预期下调至1.7%，为数十年来预期增速最低的年份之一，预计中国经济增长为4.3%，高于美国、欧元区以及日本等发达经济体。①

面对前所未有的压力和挑战，中国经济负重前行，稳中有进，2022年全年经济总量突破120万亿元。随着疫情防控政策优化调整直至回归正常状态，市场需求稳步回升；随着内循环为主、外循环赋能的“双循环”战略全面铺开，经济发展的内生动力日益强劲。党的二十大明确指出构建新发展格局、培育新发展动能、建立新竞争优势离不开人才的支撑作用。与此同时，高水平对外开放要求中国进一步建设世界重要人才中心，形成人才国际竞争比较优势，助力经济高质量发展，服务国内产业转型升级。

① 世行上调今年全球和中国经济增长预期[EB/OL]. [2023-07-28]. https://www.gov.cn/yaowen/liebiao/202306/content_6885073.htm.

一、高管人才市场基本情况

本章分析猎聘数据中2020—2022年高管人才市场的供给需求情况，其中全国范围内高管职位求职人数反映高管人才市场的供给情况，全国范围内高管职位招聘需求人数反映高管人才市场的需求情况。本章所称高管是指企业总经理、副总经理和总监职位的人员。主要通过对比不同工作年限、学历、行业、地区及性别间的供需数量，呈现变化趋势与个中差异。其中，2020年研究样本包含高管人才市场的供给数量（投递简历数量）678169人次，高管人才市场的需求数量（招聘岗位数量）273645人次；2021年研究样本包含高管人才市场的供给数量716738人次、高管人才市场的需求数量318145人次；2022年研究样本包含高管人才市场的供给数据数量722942人次、高管人才市场的需求数量248414人次。围绕高管人才市场基本情况，从供给和需求两方面分析对比不同工作年限、学历和性别等维度的高管数量。

（一）不同工作年限供需情况

从2020—2022年高管人才市场供给不同工作年限统计结果（见图3–1）来看，2020—2022这三年间高管人才市场供给数量持续增长。工作年限在15年以上的高管供给数量呈逐年递增趋势，从325184人次增长到407444人次；工作年限在10~15年的高管供给数量小幅波动，维持在21万人次左右；工作年限在10年以下（含10年）的高管供给数量呈现递减趋势，从14万余人次跌至10万余人次。工作年限长的高管在数量上远远超过工作年限短的高管，2022年工作年限超过15年的高管高于工作年限短于5年的高管约23倍。

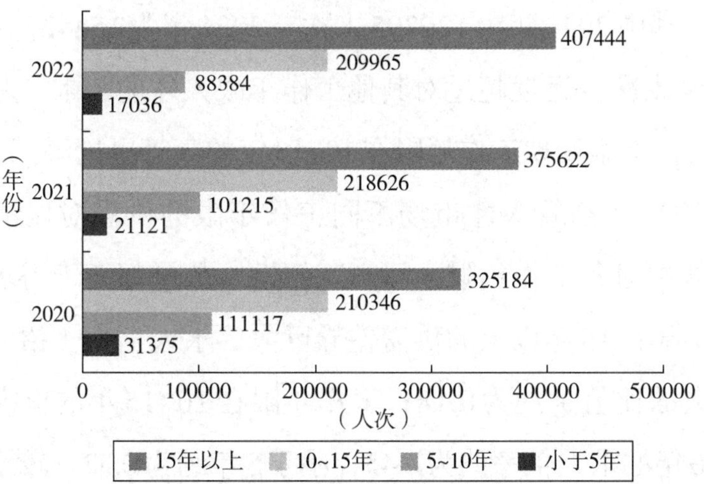

图3-1　2020—2022年高管人才市场供给不同工作年限统计

数据来源：猎聘人才与组织发展研究院。

从2020—2022年高管人才市场需求不同工作年限统计结果（见图3-2）来看，2021年需求总量最高，2022年需求总量最低。对工作年限在10年以下（含10年）高管的需求数量则呈现递减趋势，2022年下跌幅度尤为明显。

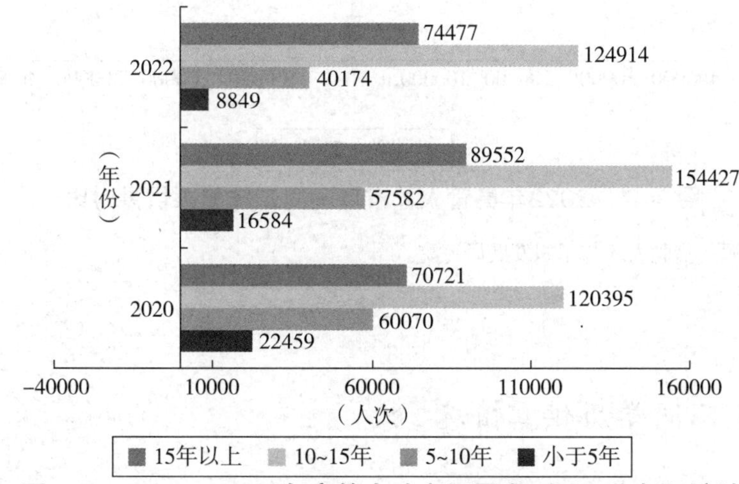

图3-2　2020—2022年高管人才市场需求不同工作年限统计

数据来源：猎聘人才与组织发展研究院。

横向比较中，高管人才市场中对工作年限在10~15年人才的需求数量最大，其中2020年为120395人次、2021年为154427人次、2022年为124914人次，远远超过对其他工作年限人才的需求。基于对样本数据的分析，不难发现工作年限在10~15年的高管更抢手。

聚焦2022年高管人才市场不同工作年限的供需对比情况（见图3-3），市场中对各工作年限区间高管的供给数量都高于需求数量。其中，工作年限在15年以上的供需差异巨大，求人倍率（招聘需求人数和求职人数的比值）约为0.18；工作年限在10~15年的求人倍率约为0.59；5~10年的求人倍率约为0.45；小于5年约为0.52，较小的求人倍率说明，相较其他区间，要求具备工作年限在15年以上的岗位明显供不应求。

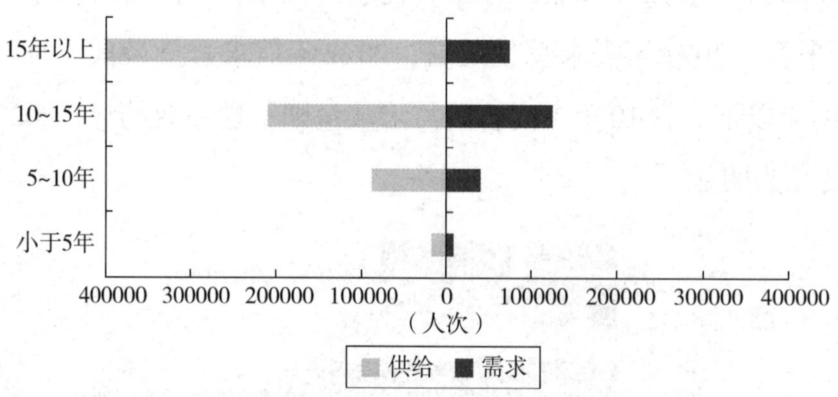

图3-3　2022年高管人才市场不同工作年限供需对比

数据来源：猎聘人才与组织发展研究院。

（二）不同学历供需情况

从2020—2022年高管人才市场供给不同学历统计结果（见图

3–4）来看，本科学历的高管在数量上仍然是市场供给的主力，超过市场供给总量的50%，且供给数量逐年递增；博士研究生及以上学历的高管人才市场供给中长期处于低位，2020—2022年，博士研究生及以上学历的高管供给数量占比分别为1.37%、1.41%和1.45%，呈现明显增长态势；硕士研究生学历的高管占比超过20%，略高于大专及以下学历，硕士研究生学历高管数量逐年递增，而2022年大专及以下学历高管人才数量较2021年相比出现下滑。

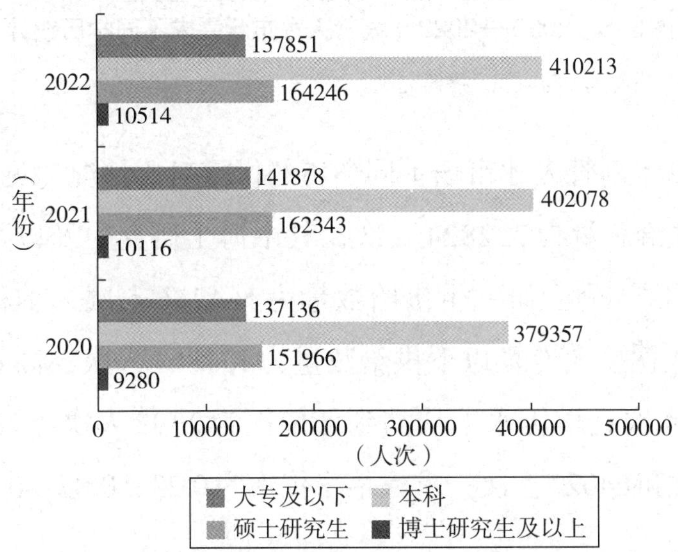

图3–4　2020—2022年高管人才市场供给不同学历统计

数据来源：猎聘人才与组织发展研究院。

从2020—2022年高管人才市场需求分学历统计结果（见图3–5）来看，2022年，对本科及以下学历的需求数量下滑明显，尤其是对大专及以下学历的需求数量与2021年相比下降约30%；相反，对硕士研究生及以上的高管的需求数量不降反升，其中博士研究生及以上的占比从2020年的0.44%、2021年的0.62%，增长为2022年的约1.00%。

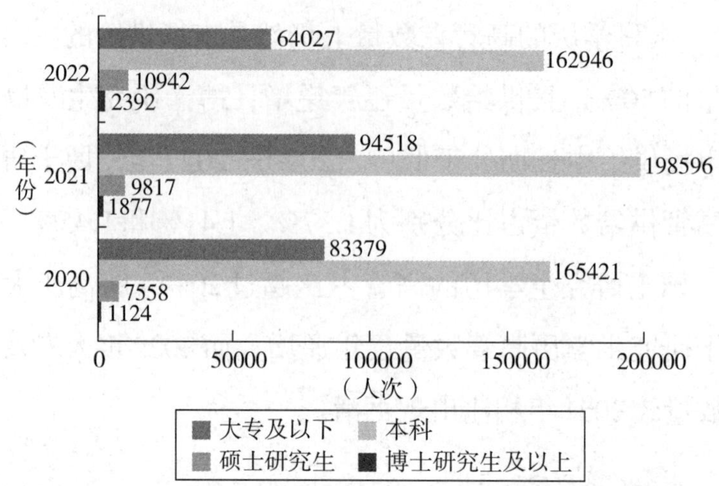

图3-5　2020—2022年高管人才市场需求不同学历统计

数据来源：猎聘人才与组织发展研究院。

从2022年高管人才市场不同学历的供需对比情况（见图3-6）来看，高管供给总量为722824人次，其中博士研究生及以上供给数量为10514人次、硕士研究生供给数量为164246人次、本科供给数量为410213人次、大专及以下供给数量为137851人次；高管需求总量为240307人次，学历水平从高到低依次为2392人次、10942人次、162946人次和64027人次；求人倍率依次为0.23、0.07、0.40和0.46。

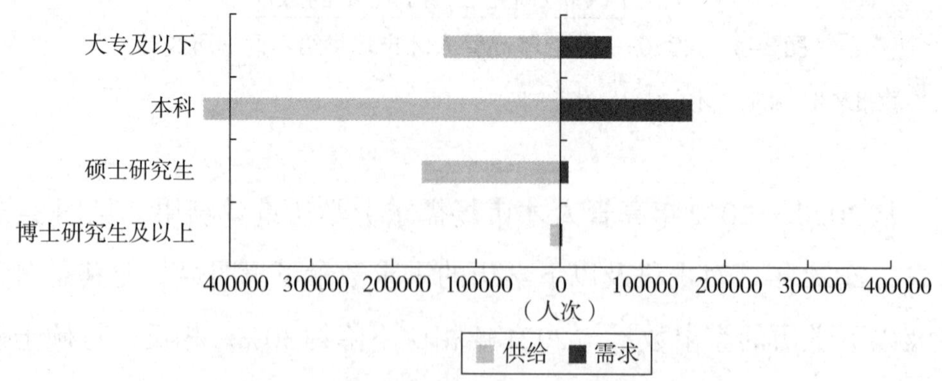

图3-6　2022年高管人才市场不同学历供需对比

数据来源：猎聘人才与组织发展研究院。

综合分析发现，尽管高管人才市场对博士研究生及以上与硕士研究生的需求数量在逐年上升，但是有这两类学历要求的职位仍然处于供不应求的状态。

（三）不同性别供需情况

2022年，国务院国资委印发《提高央企控股上市公司质量工作方案》（以下简称《工作方案》），提出贯彻落实新发展理念，探索建立健全ESG体系，推动中央企业控股上市公司披露ESG专项报告，力争到2023年相关专项报告披露“全覆盖”。中国企业改革与发展研究会发布的《企业ESG披露指南》，为企业开展ESG披露提供基础框架，促进企业实现经济价值与社会价值的统一。《中央企业上市公司环境、社会及治理（ESG）蓝皮书（2022）》的发布，进一步规范引导中央企业上市公司积极推动创造社会价值、防范社会环境风险、提升ESG治理能力方面的发展。ESG治理能力建设、ESG专项报告披露与ESG评级体系在国有企业中得到广泛认可和重视。其中，女性员工占比和女性高管占比在S（社会）评级体系中占据重要地位。因此，本节立足高管人才市场中女性高管情况，分析对比高管人才市场供给不同职位、不同工作年限、不同学历和不同年龄女性高管与男性高管的差异。

在中国，随着女性受教育程度和劳动参与率的不断提升，女性的职场地位也得到提高。研究显示，中国女性高管占比19%，仍低于美国（24%）、英国（26%）和澳大利亚（27%）。[①]从2020—2022年高管

① 贝恩公司，史宾沙. 女性领导力崛起：走近中国女性高管的职场现状白皮书：在中国仅有不到1/5的高管是女性[R/OL]. [2023-07-25]. http://www.bain.cn/news_info. phpid=1600.

人才市场供给性别差异情况（见图3–7）来看，高管人才市场供给总量中，男性高管长期占据主导地位，占比超过77%，女性高管占比约为23%，但女性高管占比呈现波动上升趋势，从2020年度的21.59%上涨到2022年的22.38%。

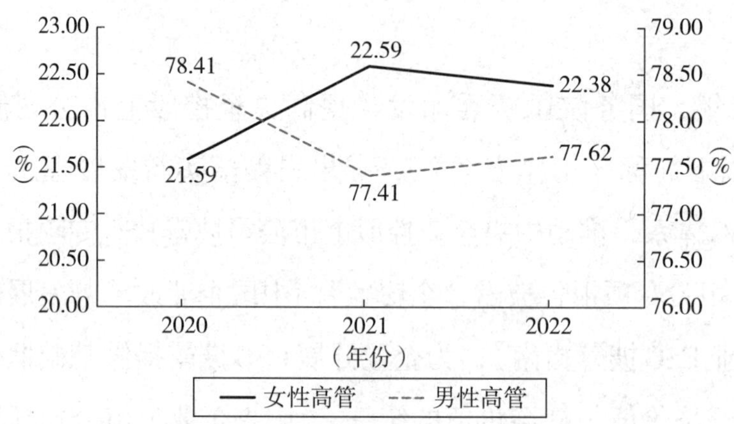

图3–7　2020—2022年高管人才市场供给性别差异

数据来源：猎聘人才与组织发展研究院。

通过2020—2022年高管人才市场供给看不同职位的性别分布情况（见表3–1、图3–8），总经理中女性占比最低，总监中女性占比最高。2022年高管人才市场供给中总经理职位女性占比14.26%，副总经理职位女性占比18.04%，总监职位女性占比26.35%、接近总经理职位女性占比的2倍。2022年高管人才市场供给中各个职位男性和女性比较（见图3–9），男性高管供给数量均超过女性高管供给数量的2倍。

从2020—2022年高管人才市场供给不同工作年限的性别差异情况来看（见表3–2），工作年限在20年以上的女性高管供给数量最少，最多仅占同区间高管的17.11%；其他工作年限区间的高管供给占比均超过21%，其中，2022年高管人才市场供给中工作年限在5~10年的高管中女性占比最高，为26.33%。纵向来看，女性高管占比在各个工作年限区间均呈现上升趋势。

表3-1　2020—2022年高管人才市场供给不同职位的性别差异情况

高管职位	性别	2020年		2021年		2022年	
总经理	男性	126984	86.00%	132056	85.46%	132500	85.74%
	女性	20666	14.00%	22470	14.54%	22038	14.26%
副总经理	男性	101056	82.72%	100440	81.90%	98700	81.96%
	女性	21110	17.28%	22192	18.10%	21730	18.04%
总监	男性	303731	74.38%	322337	73.33%	329918	73.65%
	女性	104610	25.62%	117229	26.67%	118035	26.35%

数据来源：猎聘人才与组织发展研究院。

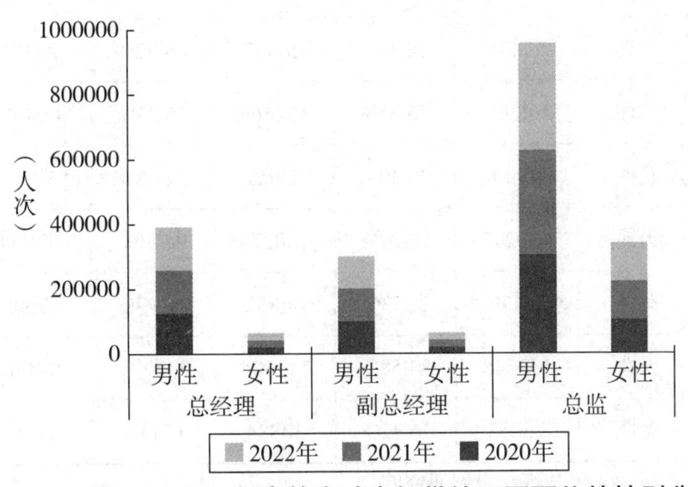

图3-8　2020—2022年高管人才市场供给不同职位的性别分布

数据来源：猎聘人才与组织发展研究院。

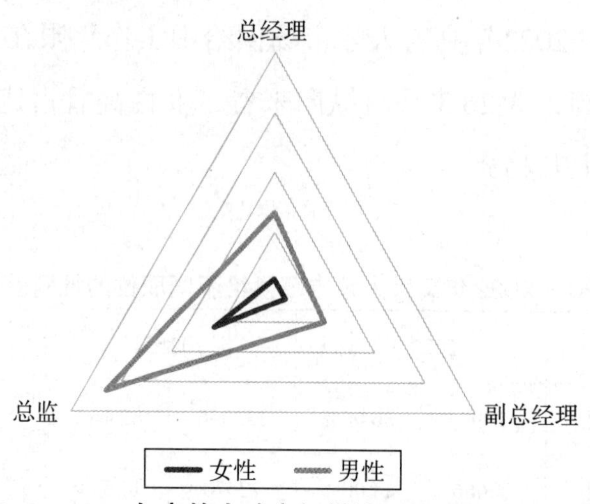

图3-9 2022年高管人才市场供给不同职位的性别分布

数据来源：猎聘人才与组织发展研究院。

表3-2 2020—2022年高管人才市场供给不同工作年限的性别差异情况

工作年限	性别	2020年		2021年		2022年	
小于5年	男性	24152	76.98%	15525	73.51%	12670	74.37%
	女性	7223	23.02%	5596	26.49%	4366	25.63%
5~10年	男性	83629	75.26%	74672	73.78%	65109	73.67%
	女性	27486	24.74%	26542	26.22%	23274	26.33%
10~15年	男性	160937	76.51%	164664	75.32%	158091	75.29%
	女性	49408	23.49%	53959	24.68%	51874	24.71%
15~20年	男性	130297	78.27%	150274	77.01%	164114	77.01%
	女性	36179	21.73%	44852	22.99%	49002	22.99%
20年以上	男性	132648	83.58%	149604	82.89%	161067	82.89%
	女性	26053	16.42%	30884	17.11%	33251	17.11%

数据来源：猎聘人才与组织发展研究院。

结合2022年高管人才市场供给不同工作年限与不同年龄的性别分布情况（见图3-10、图3-11），各个工作年限区间和年龄阶段的高管供给中，男性高管数量都远超女性高管，但男性和女性高管集中度相似，多分布在工作年限10年以上与31岁至45岁。

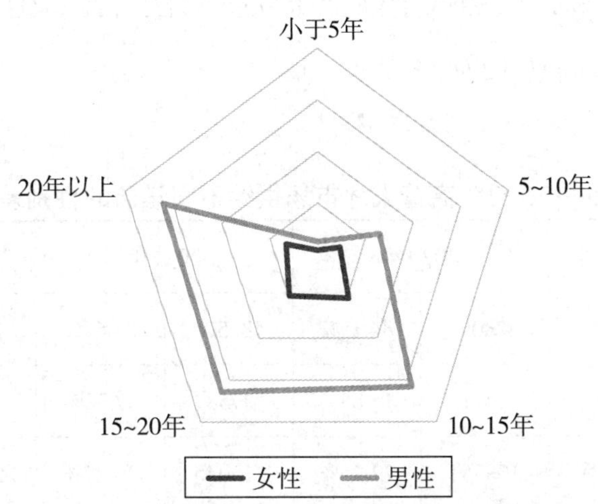

图3-10 2022年高管人才市场供给不同工作年限的性别分布

数据来源：猎聘人才与组织发展研究院。

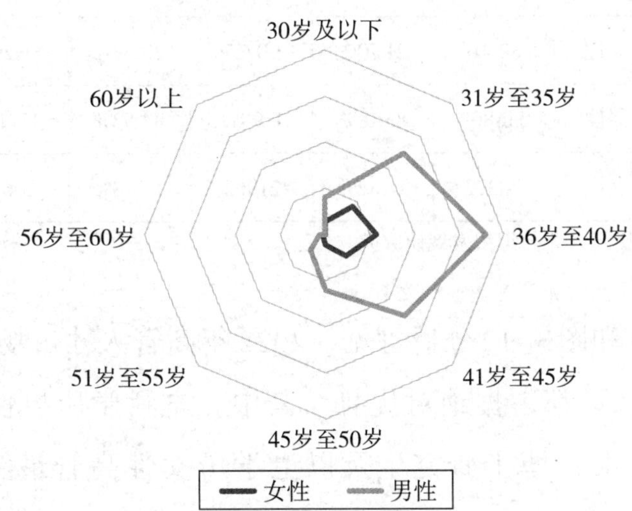

图3-11 2022年高管人才市场供给不同年龄的性别分布

数据来源：猎聘人才与组织发展研究院。

从2020—2022年高管人才市场供给不同学历的性别差异情况（见表3-3）来看，高学历高管供给中女性占比有所上升。其中硕士研究生女性占比分别为27.75%、29.13%和29.20%，2020年至2022年女性占比增长率为5.22%；博士研究生及以上女性占比分别为15.85%、17.38%和17.77%，虽然低于硕士研究生女性占比，但2020年至2022年增幅更显著，高达12.08%。

表3-3　2020—2022年高管人才市场供给不同学历的性别差异情况

学历	性别	2020年		2021年		2022年	
博士研究生及以上	男性	7809	84.15%	8357	82.62%	8646	82.23%
	女性	1471	15.85%	1758	17.38%	1868	17.77%
硕士研究生	男性	109791	72.25%	115045	70.87%	116283	70.80%
	女性	42174	27.75%	47296	29.13%	47961	29.20%
本科	男性	297050	78.30%	311304	77.43%	318940	77.75%
	女性	82301	21.70%	90767	22.57%	91264	22.25%
大专及以下	男性	116809	85.18%	119911	84.52%	117172	85.00%
	女性	20322	14.82%	21963	15.48%	20672	15.00%

数据来源：猎聘人才与组织发展研究院。

从表3-3和图3-12分析可见，2022年高管人才市场供给中男性在各个学历水平都占据绝对优势。其中，本科学历男性高管最多，有318940人次；博士研究生及以上学历女性高管最少，仅1868人次。

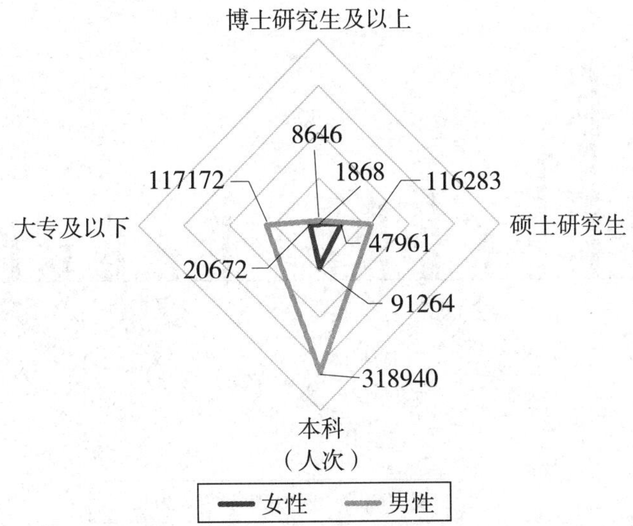

图3-12　2022年高管人才市场供给不同学历的性别分布

数据来源：猎聘人才与组织发展研究院。

二、行业供需情况

本篇按照猎聘数据行业划分一级行业共15个，包含IT/互联网/游戏行业、房地产/建筑行业、金融行业、医疗健康行业、科研技术/商务服务行业、消费品行业、能源/化工/环保行业、机械/制造行业、交通/物流/贸易/零售行业、电子/通信/半导体行业、生活服务行业、汽车行业、广告/传媒/文化/体育行业、政府/非营利组织/其他行业，以及教育培训行业，各一级行业下划分若干二级行业。

综合分析2020—2022年高管人才市场不同行业的供给和需求情况（见图3-13、图3-14），IT/互联网/游戏行业、交通/物流/贸易/零售行业、生活服务行业和教育培训行业高管供给数量波动变化不大；金融行业、广告/传媒/文化/体育行业高管供给数量逐年减少；其余行业

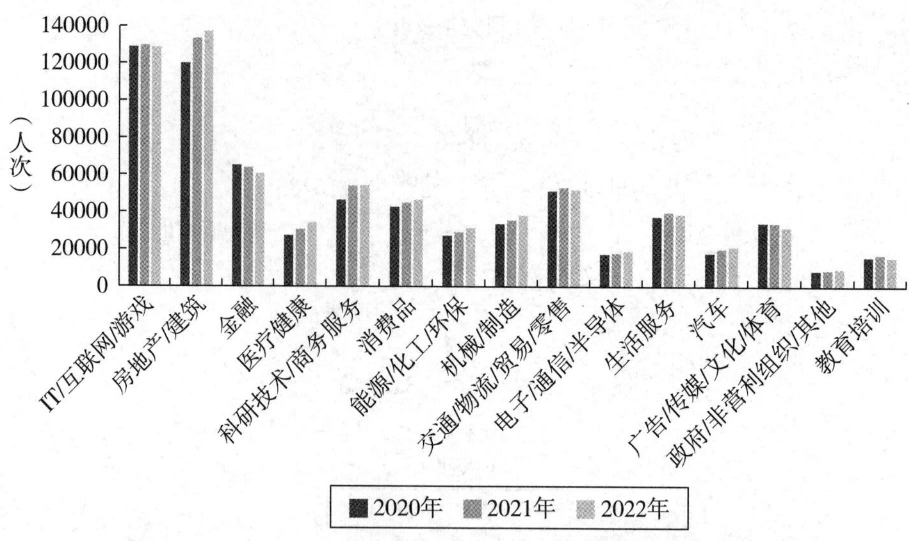

图3-13　2020—2022年高管人才市场供给不同行业统计

数据来源：猎聘人才与组织发展研究院。

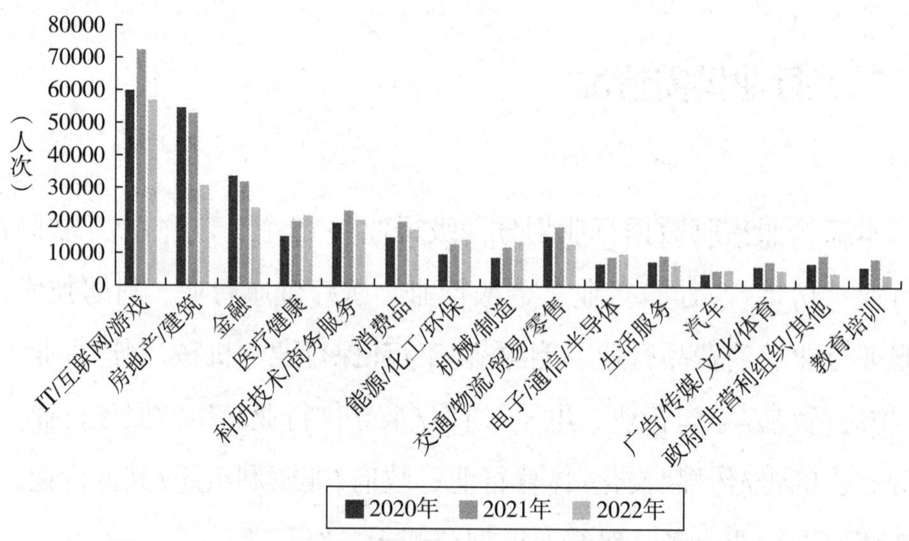

图3-14　2020—2022年高管人才市场需求不同行业统计

数据来源：猎聘人才与组织发展研究院。

高管供给数量均逐年递增。由于经济和政策多重因素，各行业高管需求情况变化趋势各异，但2021年的需求数量多高于另外两年。高管人才市场各行业供给和需求数量差异巨大，均呈现供大于求的不平衡状态（见表3-4、图3-15），从供需两方面来看，2022年房地产/建筑行业高管供给数量位居第一，但需求明显不足；2022年IT/互联网/游戏行业供给数量位居第二，但需求相对稳定，同时也隐隐透出了互联网人才跨行业流动现象。

表3-4　　2020—2022年高管人才市场不同行业供需对比

一级行业	2020年			2021年			2022年		
	供给（人次）	需求（人次）	求人倍率	供给（人次）	需求（人次）	求人倍率	供给（人次）	需求（人次）	求人倍率
IT/互联网/游戏	128755	59925	0.47	129629	72369	0.56	128457	56940	0.44
房地产/建筑	119979	54647	0.46	133346	52982	0.40	137104	30753	0.22
金融	65282	33755	0.52	64024	31884	0.50	60561	24031	0.40
医疗健康	27417	15208	0.55	30681	19752	0.64	34256	21592	0.63
科研技术/商务服务	46480	19319	0.42	54059	23094	0.43	54328	20319	0.37
消费品	42817	14902	0.35	45075	19792	0.44	46635	17376	0.37
能源/化工/环保	27379	9857	0.36	29217	12902	0.44	31512	14288	0.45
机械/制造	33725	8834	0.26	35662	12005	0.34	38277	13730	0.36
交通/物流/贸易/零售	51406	15365	0.30	53184	18262	0.34	52016	13043	0.25
电子/通信/半导体	17523	6973	0.40	17993	9098	0.51	19027	10076	0.53
生活服务	37551	7677	0.20	39917	9505	0.24	38841	6661	0.17
汽车	17985	3978	0.22	20230	4993	0.25	21422	5225	0.24

续 表

一级行业	2020年			2021年			2022年		
	供给（人次）	需求（人次）	求人倍率	供给（人次）	需求（人次）	求人倍率	供给（人次）	需求（人次）	求人倍率
广告/传媒/文化/体育	34270	6179	0.18	34104	7734	0.23	31846	5023	0.16
政府/非营利组织/其他	8458	7229	0.85	8856	9679	1.09	9429	4286	0.45
教育培训	15872	6142	0.39	17141	8691	0.51	15736	3745	0.24

数据来源：猎聘人才与组织发展研究院。

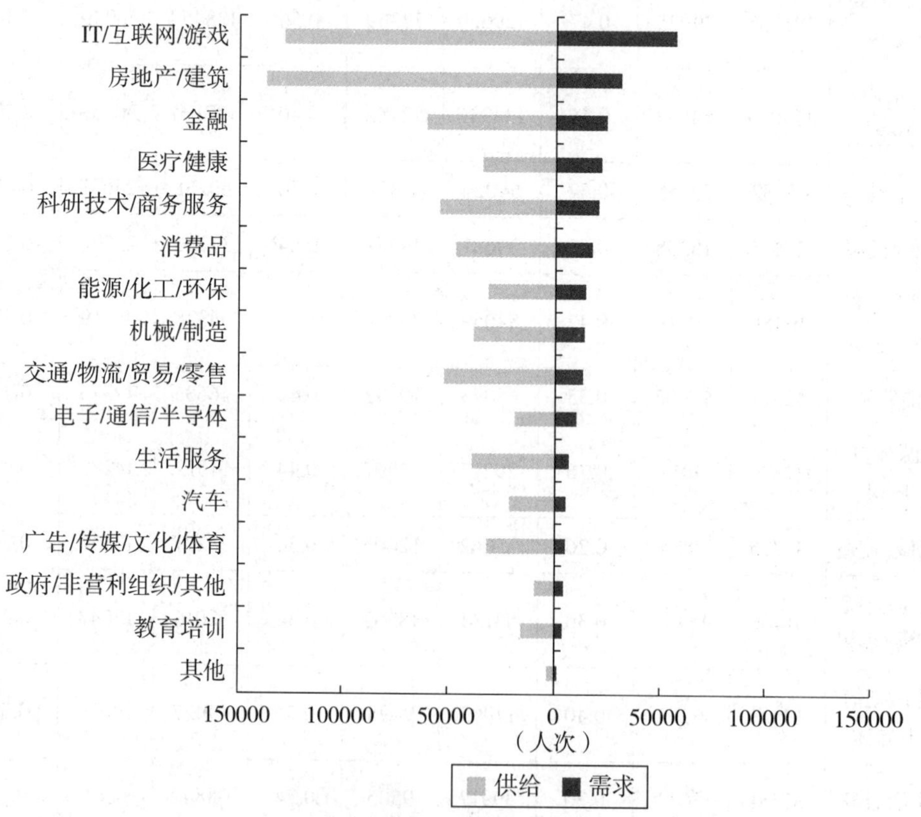

图3-15　2022年高管人才市场不同行业供需对比

数据来源：猎聘人才与组织发展研究院。

从2022年高管人才市场供给不同行业性别差异情况（见图3–16）来看，15个一级行业中男性高管供给数量均超过女性高管供给数量，其中机械/制造行业、汽车行业、能源/化工/环保行业以及电子/通信/半导体行业性别差异较大，男性高管供给数量分别为女性的6.62倍、6.56倍、6.29倍和5.32倍；广告/传媒/文化/体育行业和教育培训行业性别差异最小，均低于2倍。

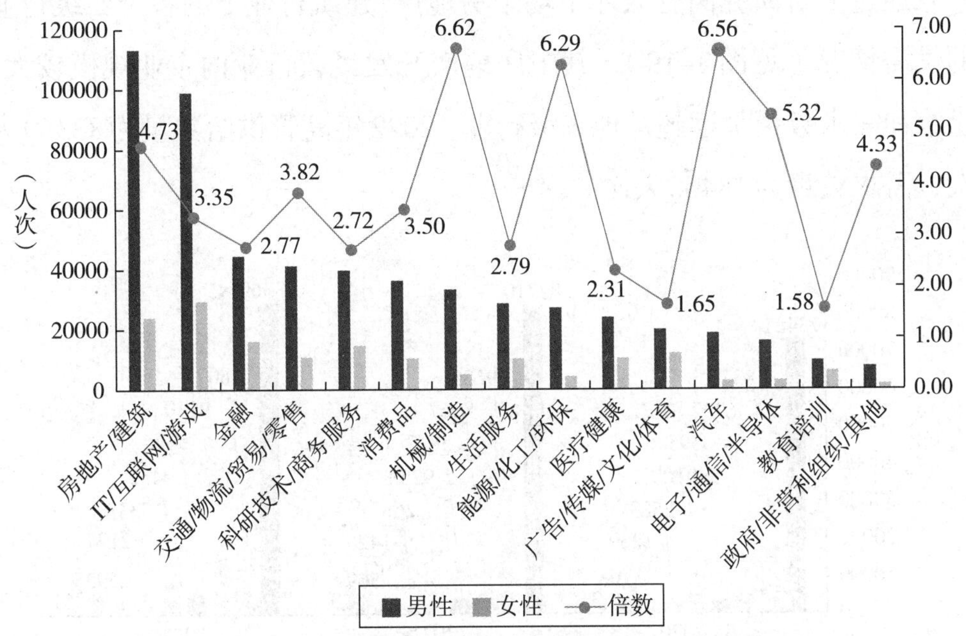

图3–16　2022年高管人才市场供给不同行业性别差异

数据来源：猎聘人才与组织发展研究院。

整体来看，2022年各行业招聘节奏未发生明显改变，但高管岗位需求情况与经营业务受疫情等因素冲击情况呈现一定相关关系，通过分析2020—2022年各行业供需情况，挑选四个重点行业，对行业内市场供需情况展开进一步分析。

（一）房地产／建筑行业供需情况

对比分析2020—2022年高管人才市场各行业的求人倍率统计结果（见表3-4），房地产／建筑行业向新发展模式平稳过渡，各二级行业供给数量上涨而需求数量下跌，求人倍率逐年递减（见图3-17、图3-18）。

通过分解研究高管人才市场中房地产／建筑行业下的各个二级行业的供需情况（见图3-19），其中房地产开发经营行业内企业规模较大，供给和需求数量都远超其他二级行业，2022年高管供给数量为83369人次、需求数量为18466人次。

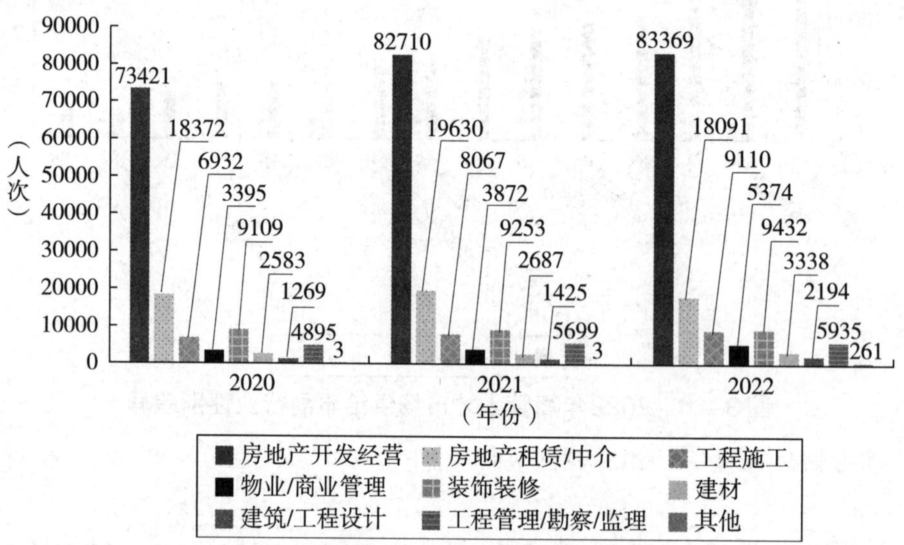

图3-17 2020—2022年高管人才市场房地产／建筑二级行业供给情况

数据来源：猎聘人才与组织发展研究院。

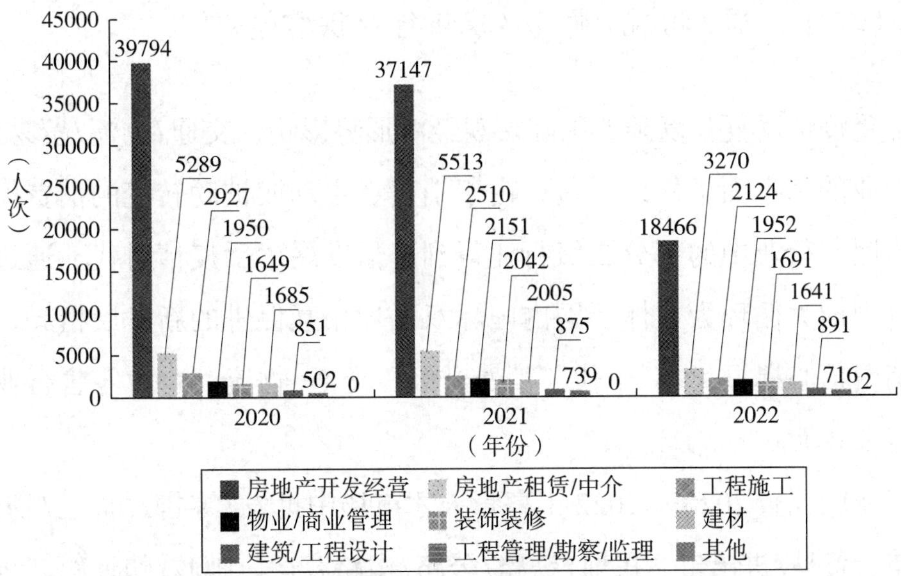

图3–18　2020—2022年高管人才市场房地产/建筑二级行业需求情况

数据来源：猎聘人才与组织发展研究院。

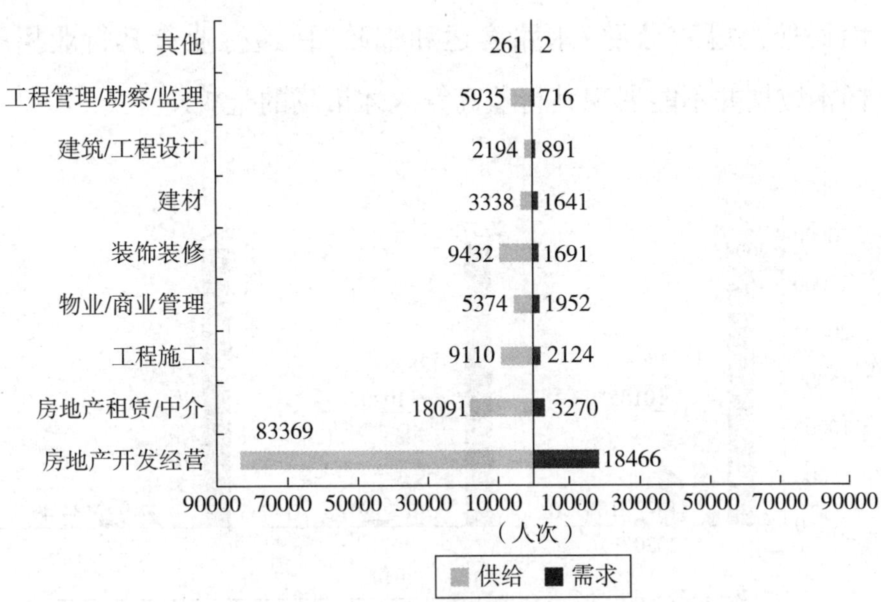

图3–19　2022年高管人才市场房地产/建筑二级行业供需对比

数据来源：猎聘人才与组织发展研究院。

（二）交通/物流/贸易/零售行业供需情况

受疫情反复及复杂的国际宏观经济形势影响，交通/物流/贸易/零售行业的基本面不佳，不过，由于消费者主动或被动转变的消费模式等原因，行业中的部分二级行业得到迅猛发展。后疫情时代，通过构建以国内大循环为主体、国内国际双循环相互促进的新发展格局，国民消费信心提振，“新生代”消费升级，交通/物流/贸易/零售行业再次迎来春天。

横向比较2020—2022年高管人才市场中批发/零售、货运/物流/仓储、贸易/进出口、民航/铁路/公路/水路客运、邮政/快递等二级行业的供需情况（见图3-20、图3-21、图3-22），2022年高管供给和需求数量同步下降，呈收紧态势。

因民航/铁路/公路/水路客运和邮政/快递行业有其行业招聘特点，样本数据并不能展现其行业高管人才市场的全貌。

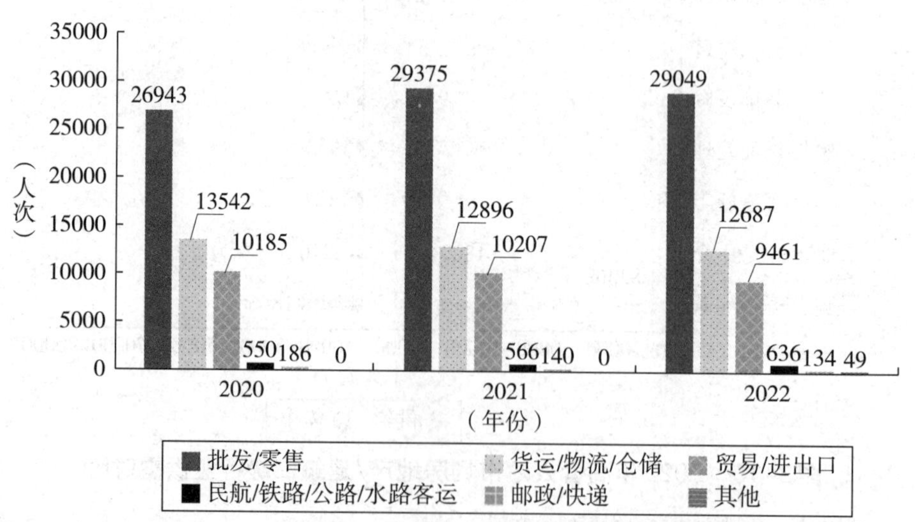

图3-20　2020—2022年高管人才市场交通/物流/贸易/零售二级行业供给情况

数据来源：猎聘人才与组织发展研究院。

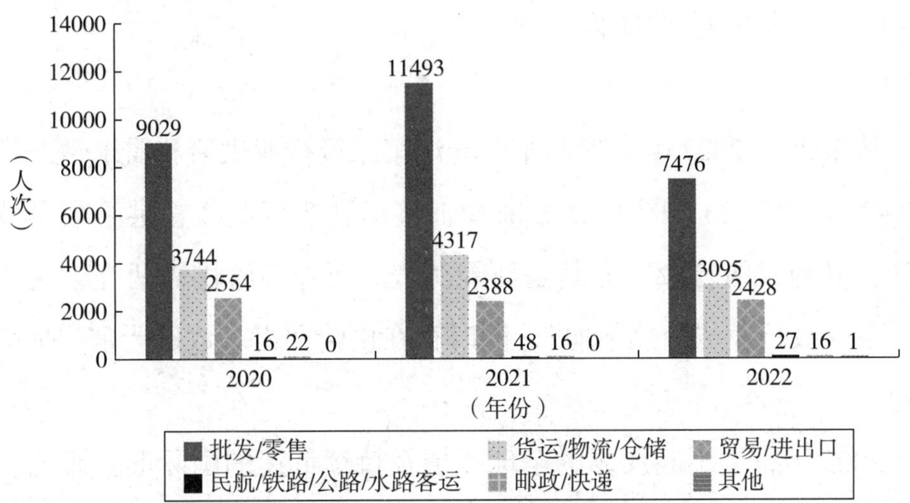

图3-21　2020—2022年高管人才市场交通/物流/贸易/零售二级行业需求情况

数据来源：猎聘人才与组织发展研究院。

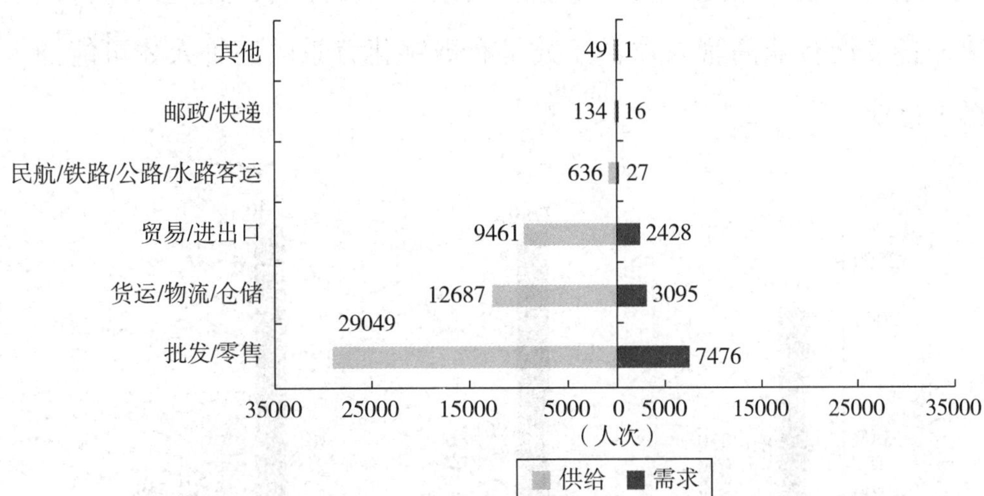

图3-22　2022年高管人才市场交通/物流/贸易/零售二级行业供需对比

数据来源：猎聘人才与组织发展研究院。

重点关注批发/零售和货运/物流/仓储两个二级行业，虽然消费者因多重原因而形成的消费观念和消费习惯不会轻易改变，但企业仍需要通过转型升级不断完善产业建设，同时吸引和留住更多人才。

（三）汽车行业供需情况

从2020—2022年高管人才市场汽车二级行业供给和需求情况（见图3-23、图3-24、图3-25）来看，整车制造行业高管供给数量波动上升，其他二级行业，尤其是新能源汽车行业高管供需两旺、逐年上涨。各二级行业“冷热不均”，同时存在供给和需求数量严重不平衡等问题。

2022年，受不断反复的全球疫情及持续低迷的国际形势影响，汽车行业上游的原材料价格普遍上涨，对汽车生产与消费产生了消极影响。2023年，资本市场对新能源汽车的投资热情有所下降，汽车行业发展速度放缓。因此，汽车企业加快数字化新布局，此类人才持续紧缺，各二级行业高管人才，尤其是有数字化背景的高管人才可能涌入汽车行业。

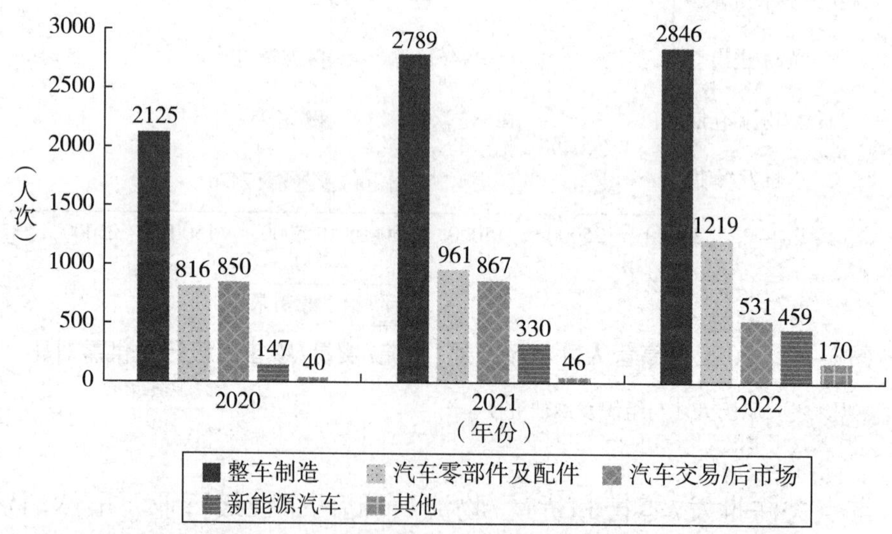

图3-23　2020—2022年高管人才市场汽车二级行业供给情况

数据来源：猎聘人才与组织发展研究院。

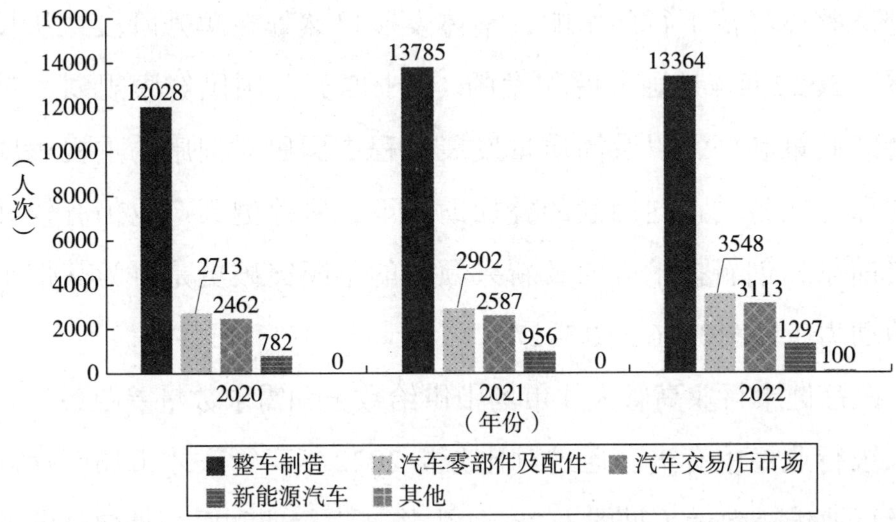

图3-24　2020—2022年高管人才市场汽车二级行业需求情况

数据来源：猎聘人才与组织发展研究院。

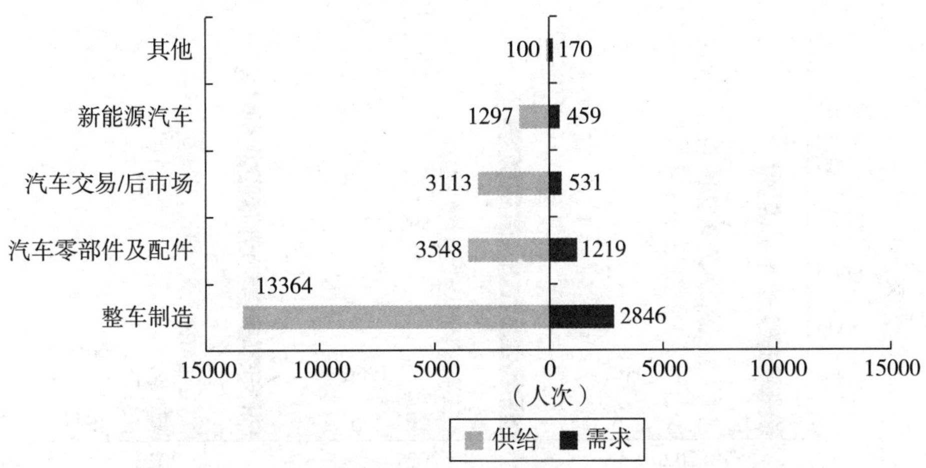

图3-25　2022年高管人才市场汽车二级行业供需对比

数据来源：猎聘人才与组织发展研究院。

（四）医疗健康行业供需情况

医疗健康行业作为疫情和后疫情时代最有特点的行业，尽管受到全球整体经济下行的影响，整体发展仍然处在爬升阶段。从长远来看，2022年4月国务院印发的《“十四五”国民健康规划》带来的持续政策利好，以及高质量发展过程中国民对健康的重视程度不断加深。在各类正向因素的叠加助力下，医疗健康产业仍有较好的发展前景，创新技术方向及新兴领域的不断突破更是将为其带来不竭的动力（见图3-26、图3-27）。

医疗健康行业高管人才市场中供给数量和需求数量差距最小，各个二级行业稳中有进。通过对比分析2022年高管人才市场医疗健康二级行业供需数量（见图3-28），生物技术行业和医药外包行业的求人倍率突破1，分别为1.13和5.15，行业内高管职位供大于求、高管紧缺。

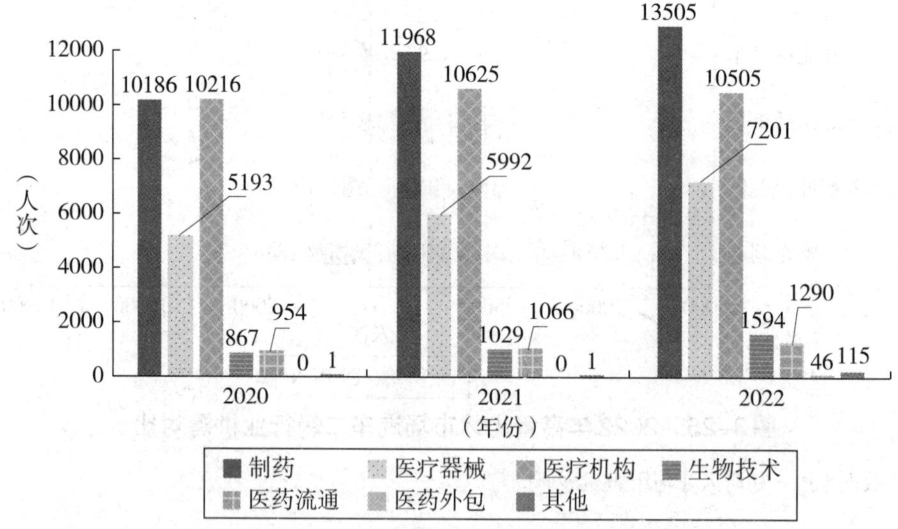

图3-26　2020—2022年高管人才市场医疗健康二级行业供给情况

数据来源：猎聘人才与组织发展研究院。

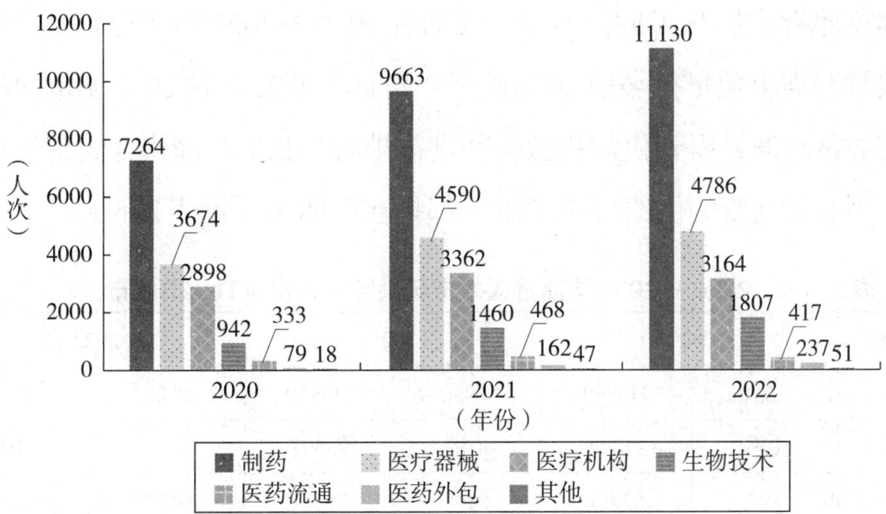

图3-27　2020—2022年高管人才市场医疗健康二级行业需求情况

数据来源：猎聘人才与组织发展研究院。

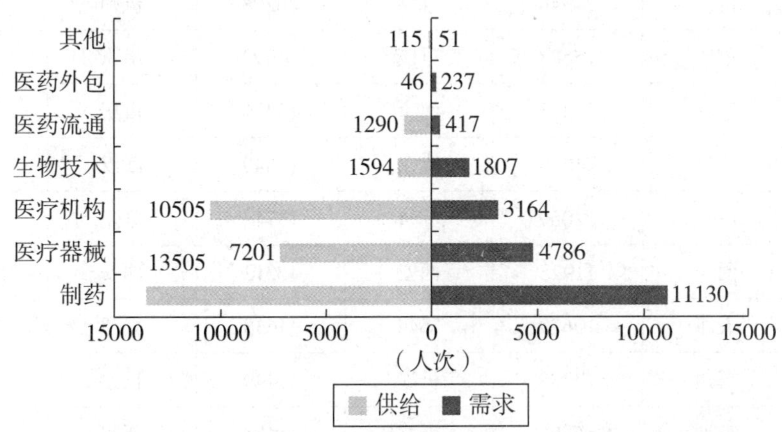

图3-28　2022年高管人才市场医疗健康二级行业供需对比

数据来源：猎聘人才与组织发展研究院。

三、城市供需情况

由于地方性经济政策和开放程度不同，各个城市高管人才市场发展程度也存在明显不同。本节分析研究2020—2022年高管人才市场供给数量和需求数量排名前20的城市，同时将2022年前20个城市的高管供需数量求商，得到供需指数，并进行排名。北上广深作为经济发达城市，不管是高管的供给还是需求，都排在前四名（见表3–5）。

表3–5　2020—2022年高管人才市场供给（人次）Top20城市

年份	2020		2021		2022	
Top 1	北京	118969	北京	118920	北京	112500
Top 2	上海	91024	上海	98507	上海	98930
Top 3	深圳	52931	深圳	56771	深圳	57611
Top 4	广州	39486	广州	42619	广州	44091
Top 5	成都	24706	成都	27051	成都	27506
Top 6	杭州	24346	杭州	26298	杭州	27338
Top 7	重庆	15688	重庆	16992	南京	17398
Top 8	南京	15303	南京	16926	重庆	17249
Top 9	武汉	14069	武汉	15849	武汉	16379
Top 10	苏州	12059	苏州	13744	苏州	14897
Top 11	西安	11928	西安	13312	西安	13674
Top 12	天津	10679	郑州	11638	天津	12085
Top 13	郑州	10288	长沙	11449	长沙	12067
Top 14	长沙	9878	天津	11401	郑州	11767
Top 15	青岛	9520	青岛	10511	青岛	11029
Top 16	合肥	7935	合肥	9134	合肥	9621
Top 17	济南	7356	济南	8547	济南	8686
Top 18	佛山	6055	佛山	6902	佛山	7512
Top 19	厦门	6154	厦门	6615	厦门	7049
Top 20	沈阳	5854	沈阳	6324	东莞	6492

数据来源：猎聘人才与组织发展研究院。

表3-6　2020—2022年高管人才市场需求（人次）Top20城市

年份	2020		2021		2022	
Top 1	北京	34418	上海	44002	北京	33474
Top 2	上海	32369	北京	42691	上海	32560
Top 3	深圳	23742	深圳	27965	深圳	23879
Top 4	广州	18026	广州	20562	广州	16675
Top 5	杭州	13776	杭州	16338	杭州	13525
Top 6	成都	9293	成都	10209	成都	8396
Top 7	南京	8024	南京	9126	南京	6313
Top 8	武汉	5829	苏州	7333	武汉	6090
Top 9	苏州	5238	武汉	7204	苏州	5963
Top 10	重庆	5272	重庆	6003	长沙	5182
Top 11	长沙	4512	长沙	5954	重庆	4829
Top 12	西安	4712	西安	4830	西安	4079
Top 13	郑州	4784	郑州	4610	青岛	3887
Top 14	青岛	3901	青岛	4171	郑州	3690
Top 15	合肥	3340	合肥	3956	合肥	3647
Top 16	济南	3535	济南	3904	佛山	3427
Top 17	佛山	3221	南昌	3754	济南	3303
Top 18	天津	3307	佛山	3672	厦门	3211
Top 19	厦门	2924	天津	3525	天津	2766
Top 20	南昌	3241	厦门	3287	东莞	2707

数据来源：猎聘人才与组织发展研究院。

对比2022年高管人才市场Top20城市供需情况（见表3-7），全国供需指数为2.91，供需指数前三名的为天津、重庆和北京。天津作为毗邻首都的直辖市，受到北京对人才的虹吸效应的影响，高管人才市场供给充足，但需求明显不足。以重庆、成都为代表的川渝地区高管人才市场供需指数跃升前列，对高管的吸引力日益显露。北京高管人才市场需求数量相对稳定，供给数量虽位居第一，但从2020年的118969人次下降为112500人次，人才外流趋势加重。北上广深居高不下的生活成本，加之新一线城市对人才的吸引力增加，使得成都、杭州、重庆、南京、武汉、苏州、长沙高管人才市场蓬勃发展。其中，杭州作为中国“数字经济第一城”，在数字动力引擎的推动下，经济发展屡创新高，互联网产业集群对人才需求强烈，加之地方政府对人才的引进和补贴政策落地有声，高管人才市场供需两旺。

表3–7　　2022年高管人才市场Top20城市供需对比

供给（人次）		需求（人次）		供需指数
全国	722942	全国	248414	2.91
天津	12085	天津	2766	4.37
重庆	17249	重庆	4829	3.57
北京	112500	北京	33474	3.36
西安	13674	西安	4079	3.35
成都	27506	成都	8396	3.28
郑州	11767	郑州	3690	3.19
上海	98930	上海	32560	3.04
青岛	11029	青岛	3887	2.84
南京	17398	南京	6313	2.76
武汉	16379	武汉	6090	2.69
广州	44091	广州	16675	2.64
合肥	9621	合肥	3647	2.64
济南	8686	济南	3303	2.63

续　表

供给（人次）		需求（人次）		供需指数
东莞	6492	东莞	2707	2.60
苏州	14897	苏州	5963	2.50
深圳	57611	深圳	23879	2.41
厦门	7049	厦门	3211	2.34
长沙	12067	长沙	5182	2.33
佛山	7512	佛山	3427	2.25
杭州	27338	杭州	13525	2.02

数据来源：猎聘人才与组织发展研究院。

第四章 高管人才市场薪酬水平

中国经济经历充满挑战的三年，在宏观经济背景的变化和企业改革的双重影响下，企业的经营业绩也随之发生变化。因此，高管人才市场对薪酬的期望与企业在高管薪酬方面的投入也在悄然改变。本章数据样本来源于猎聘用户在求职和招聘公告中填写的数据，选取其中2020—2022年高管年薪数据，重点分析薪酬水平的变化趋势、性别差异与行业情况。

一、整体薪酬水平及性别差异

通过分析比较2020—2022年高管人才市场平均期望薪酬与平均薪酬及差异情况（见图4-1），发现平均期望薪酬和平均薪酬水平逐年递增，差值也逐年拉大。2022年高管人才市场平均期望薪酬为50.61万元，平均薪酬为44.10万元，平均差值为6.51万元。

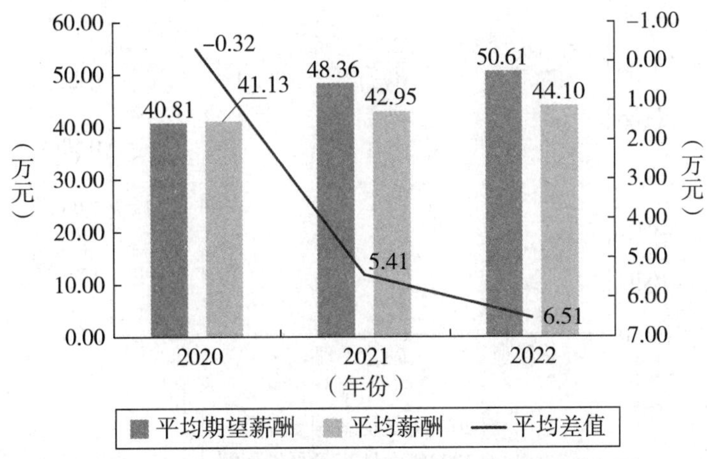

图4-1　2020—2022年高管人才市场薪酬水平

注：平均期望薪酬指求职者填写的期望薪酬的平均值；
平均薪酬指求职者求职前所在企业给予的薪酬的平均值。
数据来源：猎聘人才与组织发展研究院。

（一）不同职位薪酬水平及性别差异

从2022年高管人才市场不同职位薪酬情况（见图4-2）来看，总经理、副总经理和总监三类高管职位中，副总经理平均薪酬水平最高，为52.24万元，其中女性副总经理平均薪酬为50.68万元，相差1.56万元；总经理平均薪酬与女性总经理平均薪酬差异最大，约为1.83万元。

综合分析2020—2022年高管人才市场不同职位男女高管薪酬情况（见表4-1），高管人才市场各个职位的平均薪酬水平均逐年提高，女性高管在职业发展、职位晋升和薪酬水平等方面与平均水平存在差距，但差距在逐渐缩小，总监职位中，女性高管平均薪酬水平于2021年反超男性高管平均薪酬水平，相差0.67%，2022年薪酬差异增长到1.68%。

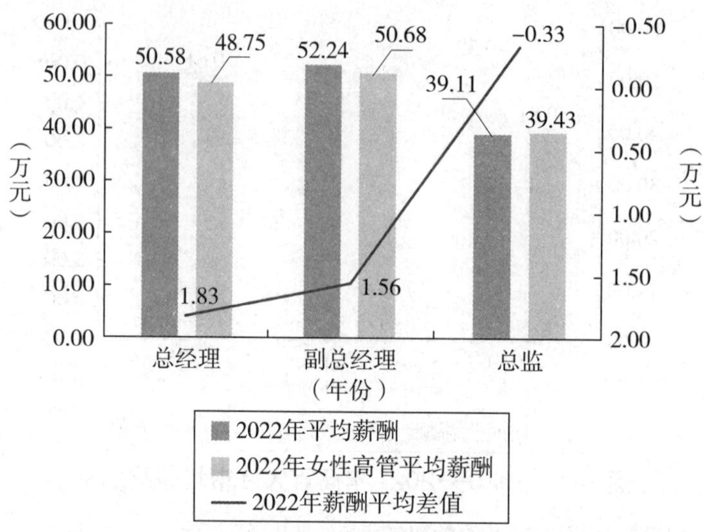

图4-2　2022年高管人才市场不同职位薪酬情况

数据来源：猎聘人才与组织发展研究院。

表4-1　2020—2022年高管人才市场不同职位男女高管薪酬对比

年份	职位	总经理	副总经理	总监
2020	女性高管平均薪酬（万元）	45.34	46.96	35.43
	男性高管平均薪酬（万元）	50.40	50.04	35.56
	薪酬差异（万元）	▼10.02%	▼6.14%	▼0.35%
2021	女性高管平均薪酬（万元）	47.42	49.07	37.83
	男性高管平均薪酬（万元）	51.52	52.53	37.58
	薪酬差异（万元）	▼7.96%	▼6.59%	▲0.67%
2022	女性高管平均薪酬（万元）	48.75	50.68	39.43
	男性高管平均薪酬（万元）	52.41	53.81	38.78
	薪酬差异（万元）	▼6.98%	▼5.81%	▲1.68%

数据来源：猎聘人才与组织发展研究院。

（二）不同学历薪酬水平及性别差异

从2022年高管人才市场不同学历男女高管薪酬对比分析（见图4-3）来看，学历水平与薪酬水平成正比，博士研究生及以上高管薪酬水平最高，男女薪酬差异也最大，男性高管薪酬水平为81.77万元、女性高管薪酬水平为67.47万元，女性比男性低17.50%；大专及以下高管薪酬水平最低，男女薪酬差异也最小，女性比男性低仅1.08%。

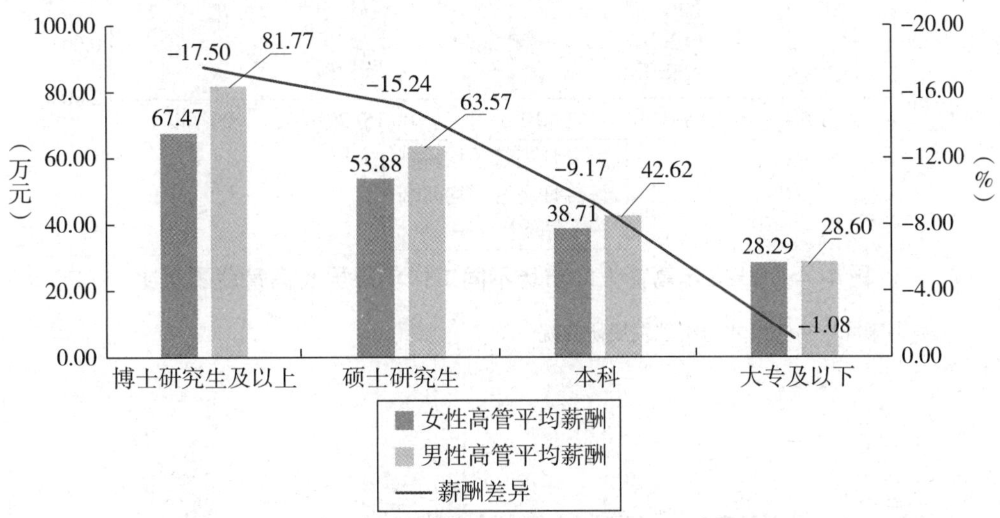

图4-3　2022年高管人才市场不同学历男女高管薪酬对比

数据来源：猎聘人才与组织发展研究院。

（三）不同工作年限薪酬水平及性别差异

从2022年高管人才市场不同工作年限男女高管薪酬对比分析（见图4-4）来看，工作年限与薪酬水平成正比，各工作年限区间的男性高管薪酬水平普遍略高于同区间的女性高管薪酬水平，除工作年限小于5年的男女高管薪酬水平差异最明显为-7.90%外，其余区间的男女高管薪酬水平差异从0.40%到-6.96%，工作年限越长，男女高管薪酬水平差异越大。

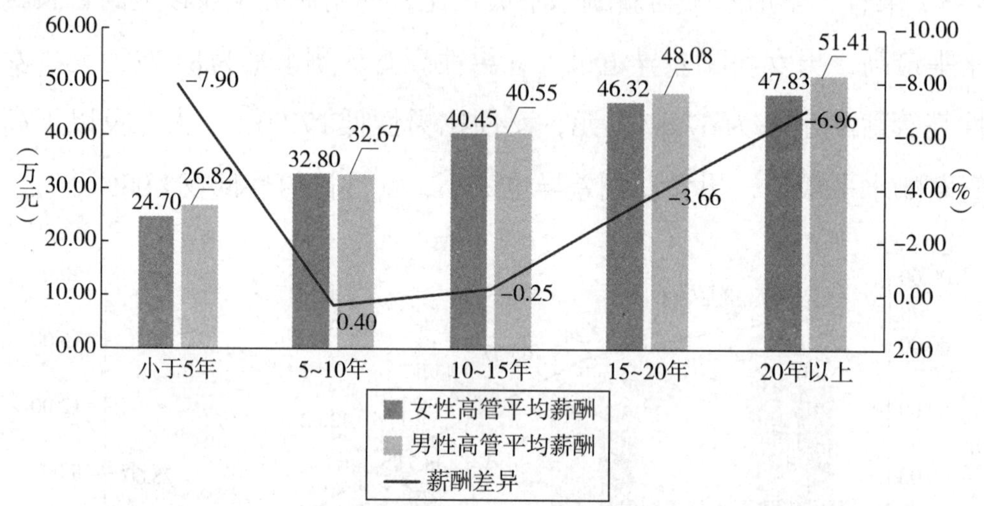

图4-4　2022年高管人才市场不同工作年限男女高管薪酬对比

数据来源：猎聘人才与组织发展研究院。

二、行业薪酬水平及性别差异

从2022年高管人才市场不同行业薪酬水平和男女高管薪酬分布（见图4-5）来看，大多数行业高管平均薪酬分布在35万元至50万元区间，金融行业高管薪酬水平最高，平均薪酬为54.51万元，男女高管薪酬差异也最大，相差5.04万元；生活服务行业和政府/非营利组织/其他行业薪酬水平最低，为33.74万元。除广告/传媒/文化/体育行业和消费品行业外，其他行业中男性高管薪酬水平均高于女性高管薪酬水平。

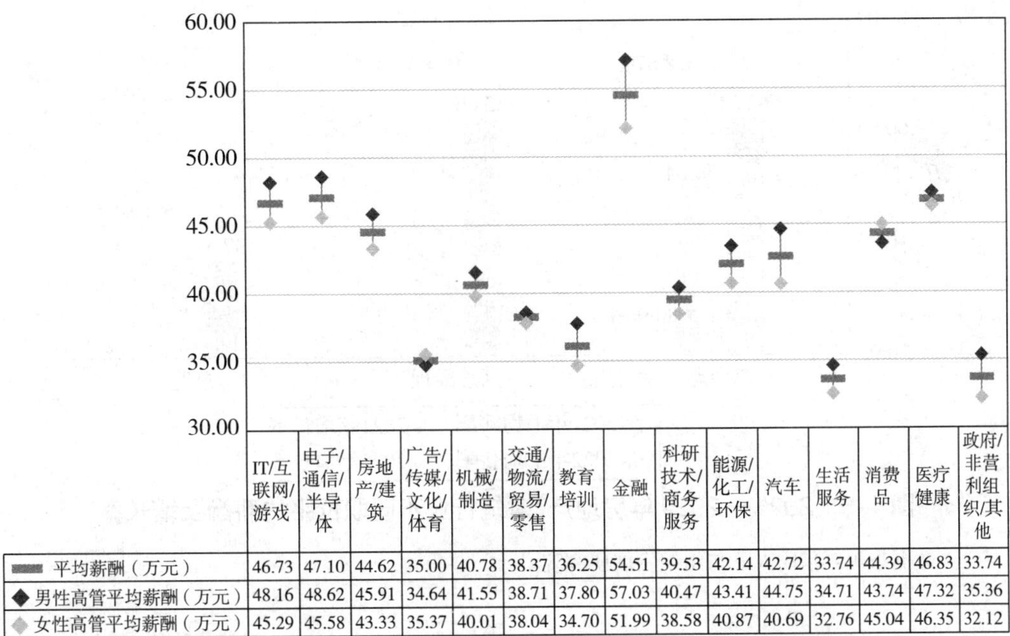

	IT/互联网/游戏	电子/通信/半导体	房地产/建筑	广告/传媒/文化/体育	机械/制造	交通/物流/贸易/零售	教育培训	金融	科研技术/商务服务	能源/化工/环保	汽车	生活服务	消费品	医疗健康	政府/非营利组织/其他
平均薪酬（万元）	46.73	47.10	44.62	35.00	40.78	38.37	36.25	54.51	39.53	42.14	42.72	33.74	44.39	46.83	33.74
男性高管平均薪酬（万元）	48.16	48.62	45.91	34.64	41.55	38.71	37.80	57.03	40.47	43.41	44.75	34.71	43.74	47.32	35.36
女性高管平均薪酬（万元）	45.29	45.58	43.33	35.37	40.01	38.04	34.70	51.99	38.58	40.87	40.69	32.76	45.04	46.35	32.12

图4–5　2022年高管人才市场不同行业高管薪酬情况

数据来源：猎聘人才与组织发展研究院。

（一）房地产/建筑行业薪酬水平

研究高管人才市场房地产/建筑行业薪酬水平，通过交叉比对2021年和2022年不同职位、不同学历以及不同企业规模高管薪酬数据发现，2022年房地产/建筑行业高管薪酬水平同比下降，只有博士研究生及以上学历的高管平均薪酬增速高于2021年增速（见图4–6、图4–7、图4–8）。

2020—2022年高管人才市场房地产/建筑行业中各二级行业平均薪酬和薪酬上限平均值统计情况（见图4–9），纵向来看，2021年平均薪酬水平较高；横向比较，房地产开发经营行业高管薪酬水平最高，工程管理/勘察/监理行业高管薪酬水平最低。

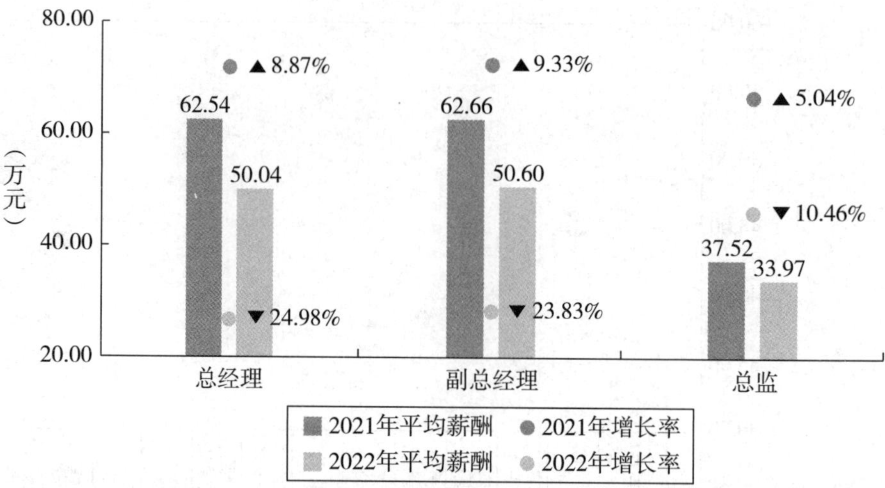

图4-6　2021—2022年房地产/建筑行业不同职位平均薪酬及增长率

数据来源：猎聘人才与组织发展研究院。

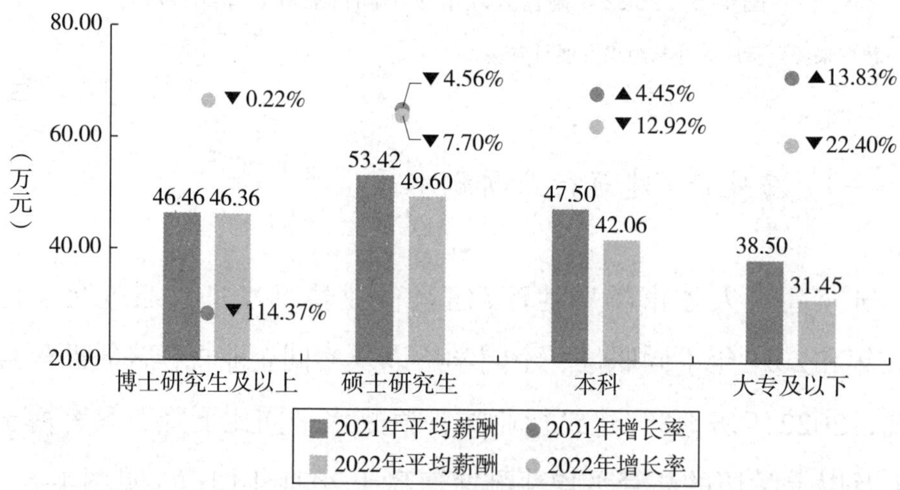

图4-7　2021—2022年房地产/建筑行业不同学历平均薪酬及增长率

数据来源：猎聘人才与组织发展研究院。

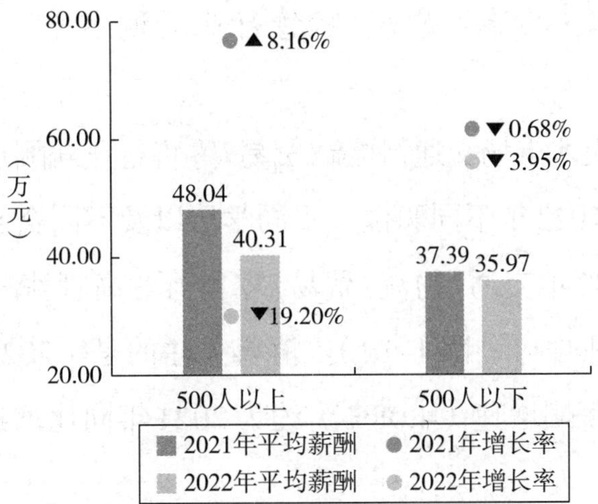

图4-8　2021—2022年房地产/建筑行业不同企业规模平均薪酬及增长率

数据来源：猎聘人才与组织发展研究院。

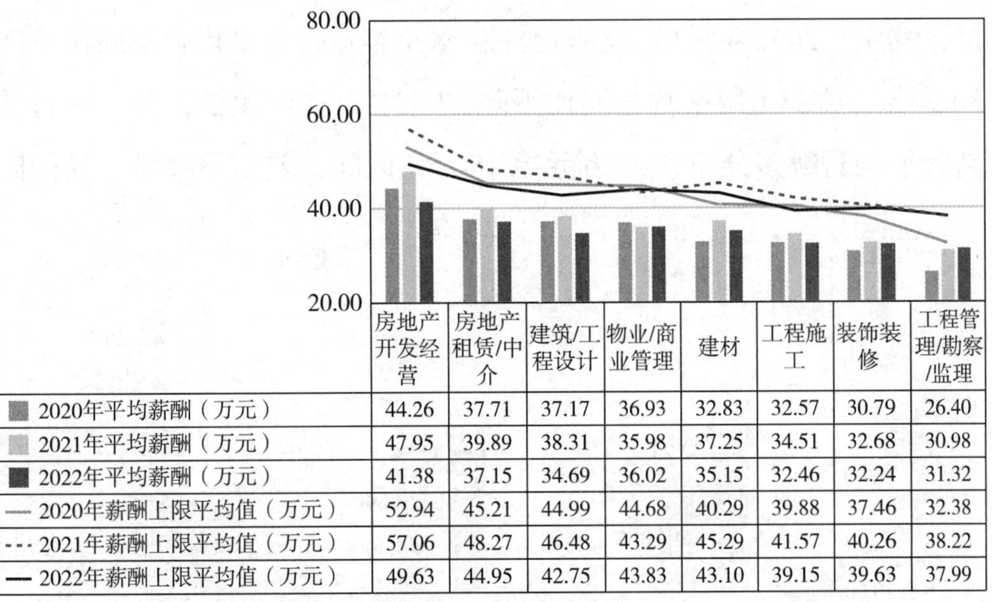

	房地产开发经营	房地产租赁/中介	建筑/工程设计	物业/商业管理	建材	工程施工	装饰装修	工程管理/勘察/监理
2020年平均薪酬（万元）	44.26	37.71	37.17	36.93	32.83	32.57	30.79	26.40
2021年平均薪酬（万元）	47.95	39.89	38.31	35.98	37.25	34.51	32.68	30.98
2022年平均薪酬（万元）	41.38	37.15	34.69	36.02	35.15	32.46	32.24	31.32
2020年薪酬上限平均值（万元）	52.94	45.21	44.99	44.68	40.29	39.88	37.46	32.38
2021年薪酬上限平均值（万元）	57.06	48.27	46.48	43.29	45.29	41.57	40.26	38.22
2022年薪酬上限平均值（万元）	49.63	44.95	42.75	43.83	43.10	39.15	39.63	37.99

图4-9　2020—2022年高管人才市场房地产/建筑二级行业薪酬情况

数据来源：猎聘人才与组织发展研究院。

（二）交通/物流/贸易/零售行业薪酬水平

研究高管人才市场交通/物流/贸易/零售行业薪酬水平，通过交叉比对2021年和2022年不同职位、不同学历以及不同企业规模高管薪酬数据发现，2022年交通/物流/贸易/零售行业高管薪酬水平略有回落（见图4-10、图4-11、图4-12）。值得关注的是，2022年规模500人以下企业高管薪酬增速（4.08%）约为2021年同比增速（2.00%）的2倍。

2020—2022年高管人才市场交通/物流/贸易/零售行业中各二级行业平均薪酬和薪酬上限平均值统计情况（见图4-13），纵向来看，三年间各二级行业平均薪酬波动变化，薪酬上限平均值有所下滑，其中，2022年民航/铁路/公路/水路客运行业平均薪酬同比下降30.98%、薪酬上限平均值同比下降27.43%。横向比较，各二级行业高管平均薪酬多分布在35万元至45万元区间，差距不明显。受国际

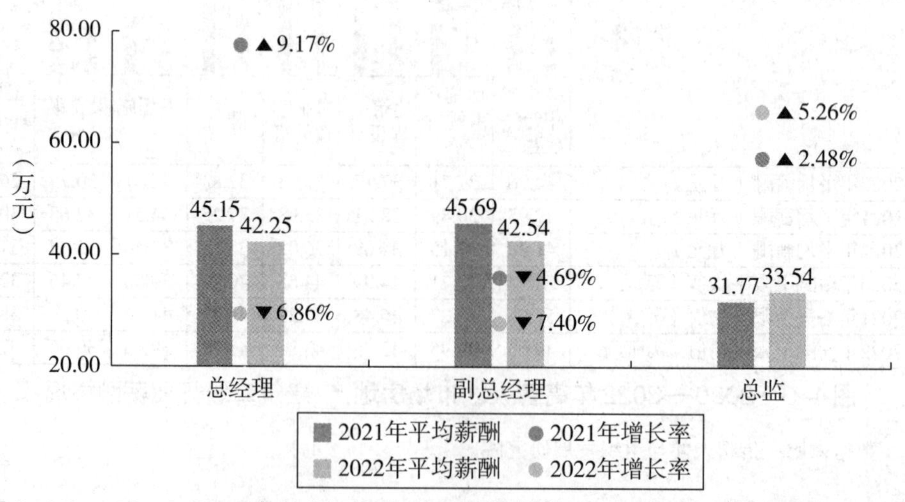

图4-10　2021—2022年交通/物流/贸易/零售行业不同职位平均薪酬及增长率

数据来源：猎聘人才与组织发展研究院。

疫情等因素影响，2022年邮政/快递行业高管薪酬水平最高，平均薪酬43.76万元、薪酬上限平均值为55.13万元；民航/铁路/公路/水路客运行业高管薪酬水平最低，平均薪酬25.20万元、薪酬上限平均值为30.80万元。

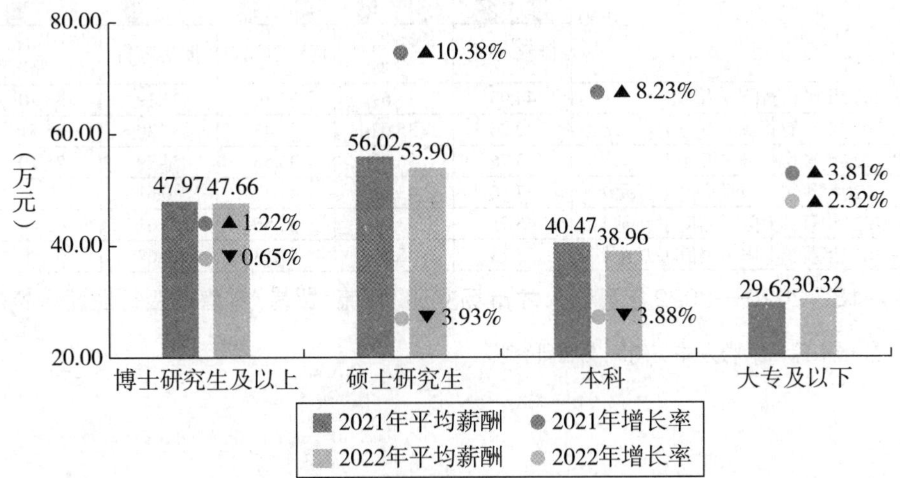

图4-11 2021—2022年交通/物流/贸易/零售行业不同学历平均薪酬及增长率

数据来源：猎聘人才与组织发展研究院。

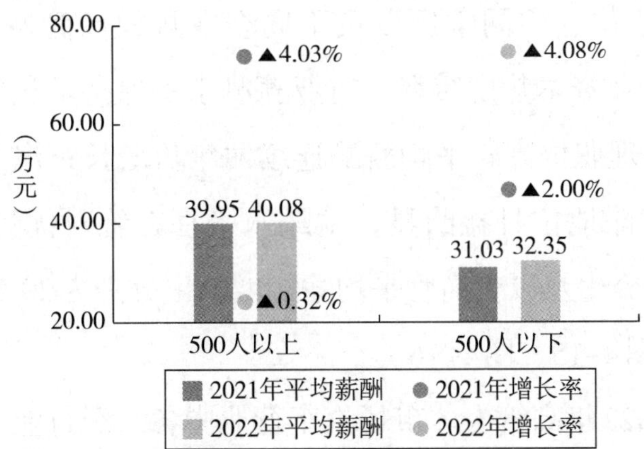

图4-12 2021—2022年交通/物流/贸易/零售行业不同企业规模平均薪酬及增长率

数据来源：猎聘人才与组织发展研究院。

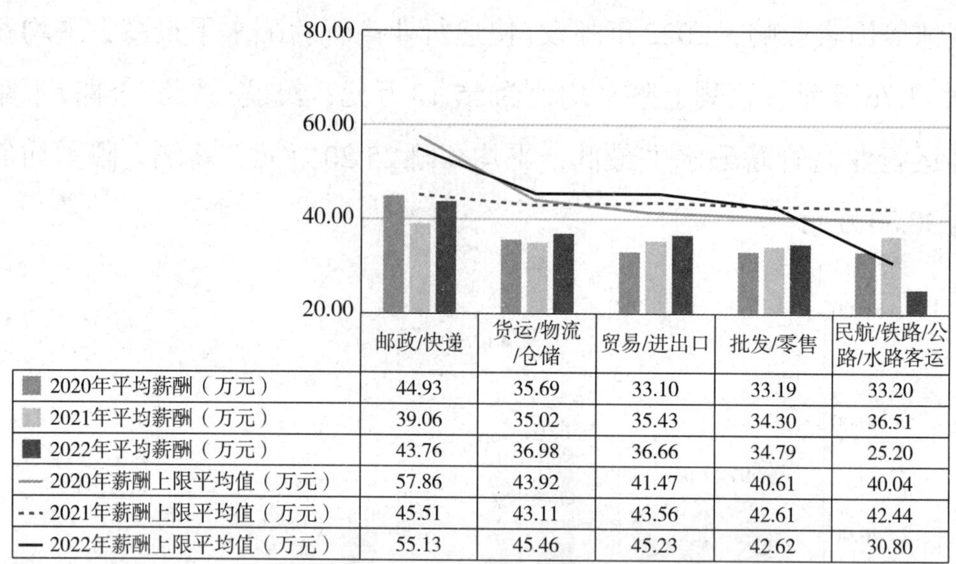

	邮政/快递	货运/物流/仓储	贸易/进出口	批发/零售	民航/铁路/公路/水路客运
2020年平均薪酬（万元）	44.93	35.69	33.10	33.19	33.20
2021年平均薪酬（万元）	39.06	35.02	35.43	34.30	36.51
2022年平均薪酬（万元）	43.76	36.98	36.66	34.79	25.20
2020年薪酬上限平均值（万元）	57.86	43.92	41.47	40.61	40.04
2021年薪酬上限平均值（万元）	45.51	43.11	43.56	42.61	42.44
2022年薪酬上限平均值（万元）	55.13	45.46	45.23	42.62	30.80

图4-13　2020—2022年高管人才市场交通/物流/贸易/零售二级行业薪酬情况

数据来源：猎聘人才与组织发展研究院。

（三）汽车行业薪酬水平

研究高管人才市场汽车行业薪酬水平，通过交叉比对2021年和2022年不同职位、不同学历以及不同企业规模高管薪酬数据发现，2022年汽车行业资本热度缓释，行业薪酬水平保持增长态势，但增速放缓，副总经理职位高管平均薪酬连续两年负增长；汽车行业中高学历高管人才战略地位日益凸显，薪酬水平存在绝对优势，2021年和2022年博士研究生及以上高管平均薪酬增长率分别为20.49%和16.25%（见图4-14、图4-15、图4-16）。

2020—2022年高管人才市场汽车行业中各二级行业平均薪酬和薪酬上限平均值统计情况（见图4-17），纵向来看，高管薪酬水平发展不均衡，大部分二级行业薪酬上限平均值有明显的上升趋势。横向比较，新能源汽车行业稳定发挥，高管薪酬水平稳居汽车行业第一且波动不大；整车制造行业和汽车零部件及配件行业发展虽滞后于新能源汽车行业，但高管薪酬水平实现连续增长。

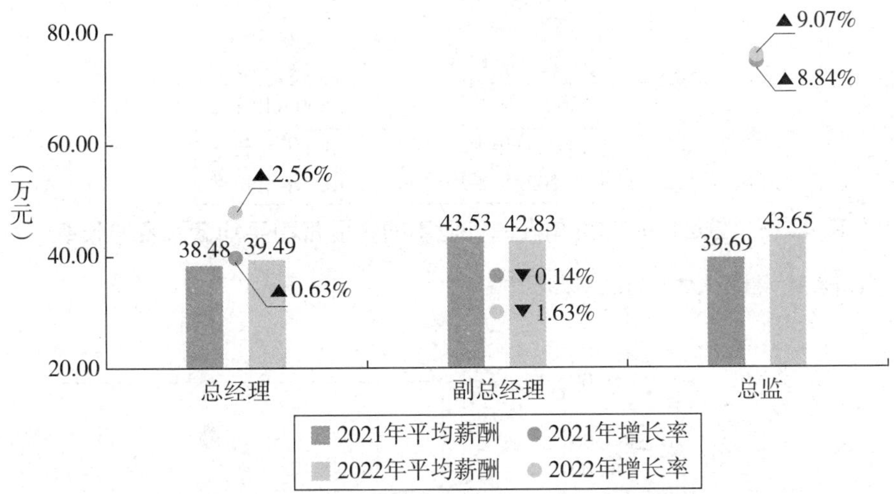

图4-14　2022年汽车行业不同职位平均薪酬及增长率

数据来源：猎聘人才与组织发展研究院。

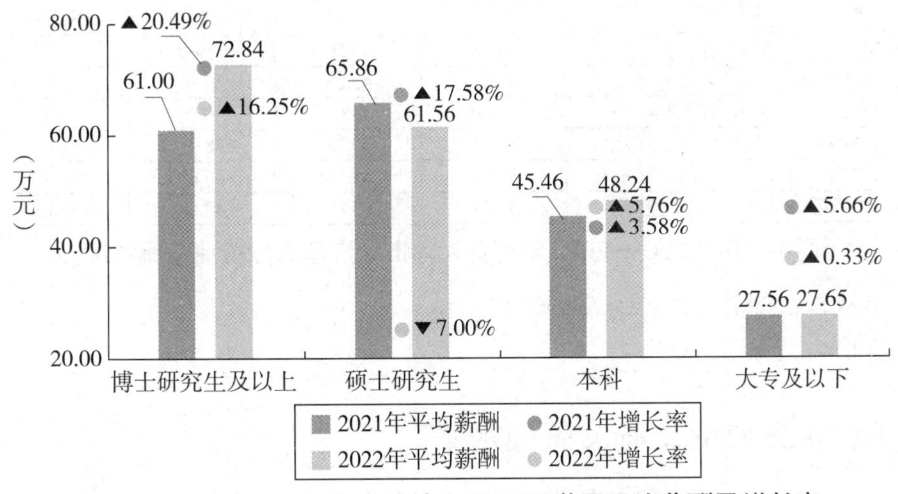

图4-15　2021—2022年汽车行业不同学历平均薪酬及增长率

数据来源：猎聘人才与组织发展研究院。

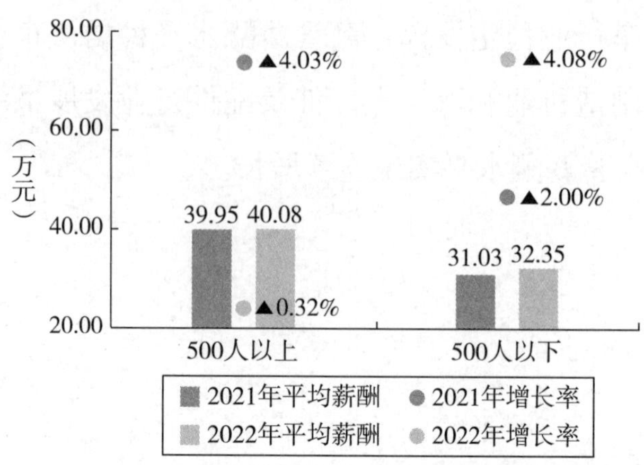

图4-16　2021—2022年汽车行业不同企业规模平均薪酬及增长率

数据来源：猎聘人才与组织发展研究院。

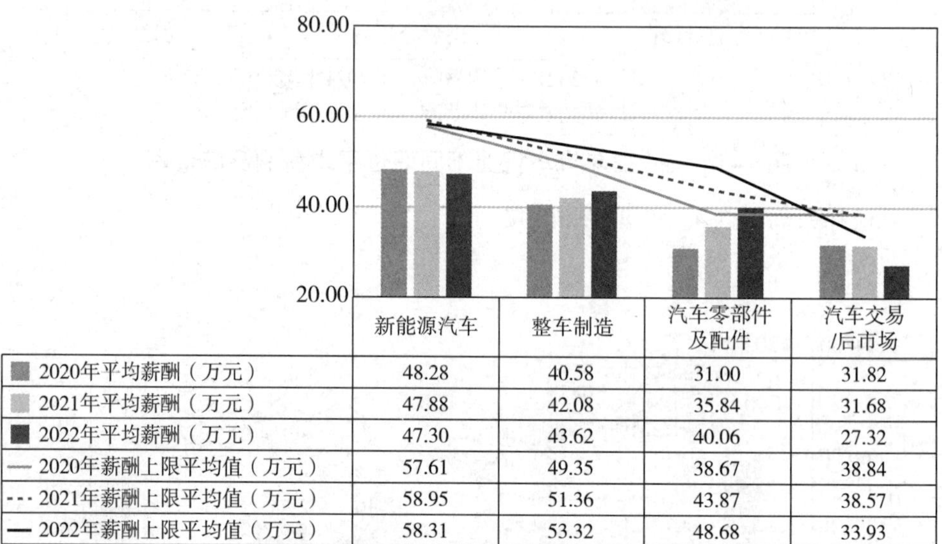

	新能源汽车	整车制造	汽车零部件及配件	汽车交易/后市场
2020年平均薪酬（万元）	48.28	40.58	31.00	31.82
2021年平均薪酬（万元）	47.88	42.08	35.84	31.68
2022年平均薪酬（万元）	47.30	43.62	40.06	27.32
2020年薪酬上限平均值（万元）	57.61	49.35	38.67	38.84
2021年薪酬上限平均值（万元）	58.95	51.36	43.87	38.57
2022年薪酬上限平均值（万元）	58.31	53.32	48.68	33.93

图4-17　2020—2022年高管人才市场汽车二级行业薪酬情况

数据来源：猎聘人才与组织发展研究院。

（四）医疗健康行业薪酬水平

研究高管人才市场医疗健康行业薪酬水平，通过交叉比对2021年和2022年不同职位、不同学历以及不同企业规模高管薪酬数据发现，疫情防控期间医疗健康行业持续利好，行业高管薪酬水平稳步提升，行业人员规模大幅增加，其中吸纳了大量基层医护工作人员，各个学历的高管薪酬水平都有所提高（见图4-18、图4-19、图4-20）。

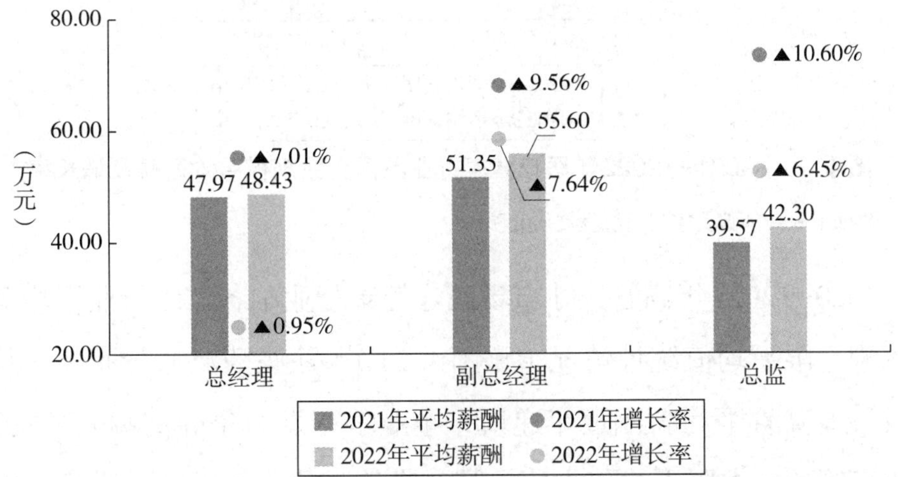

图4-18　2021—2022年医疗健康行业不同职位平均薪酬及增长率

数据来源：猎聘人才与组织发展研究院。

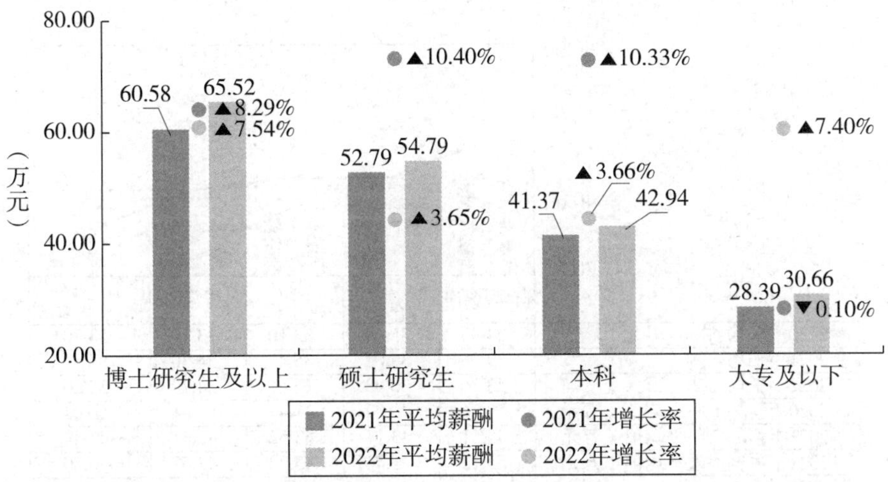

图4-19　2021—2022年医疗健康行业不同学历平均薪酬及增长率

数据来源：猎聘人才与组织发展研究院。

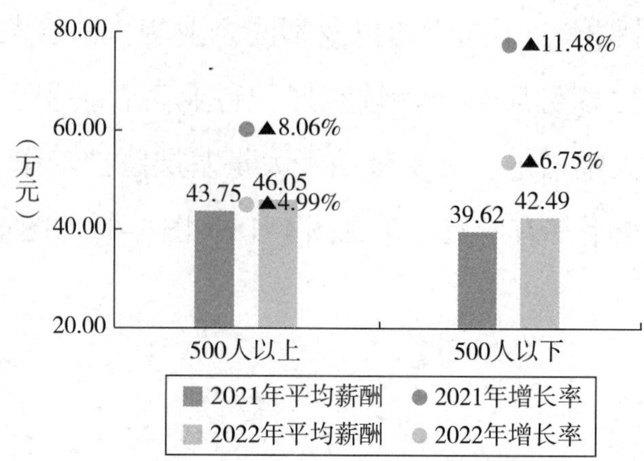

图4-20　2021—2022年医疗健康行业不同企业规模平均薪酬及增长率

数据来源：猎聘人才与组织发展研究院。

2020—2022年高管人才市场医疗健康行业中各二级行业平均薪酬和薪酬上限平均值统计情况（见图4-21），除医药流通行业外，其他二级行业高管平均薪酬逐年递增；企业争相发力争夺高端人才资源，行业高管薪酬上限平均值大幅提高。高管人才市场医疗健康行业中医药外包行业、制药行业和生物技术行业均处于优势赛道，在薪酬方面对高管人才的吸引力逐渐增强。

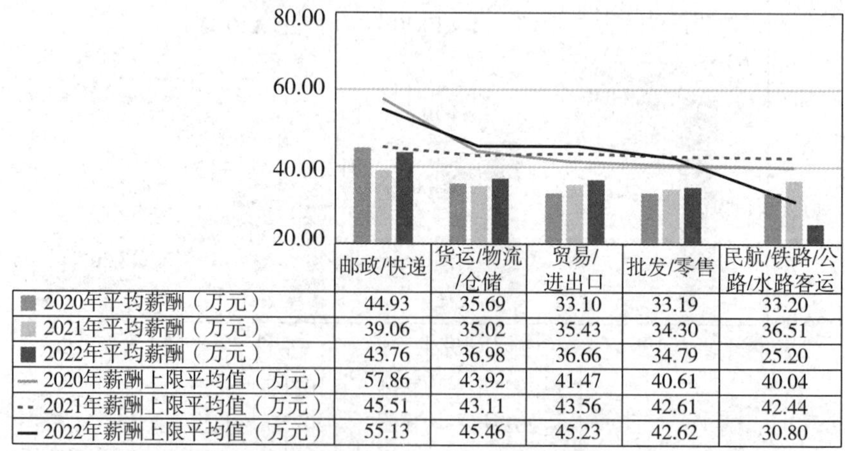

	邮政/快递	货运/物流/仓储	贸易/进出口	批发/零售	民航/铁路/公路/水路客运
2020年平均薪酬（万元）	44.93	35.69	33.10	33.19	33.20
2021年平均薪酬（万元）	39.06	35.02	35.43	34.30	36.51
2022年平均薪酬（万元）	43.76	36.98	36.66	34.79	25.20
2020年薪酬上限平均值（万元）	57.86	43.92	41.47	40.61	40.04
2021年薪酬上限平均值（万元）	45.51	43.11	43.56	42.61	42.44
2022年薪酬上限平均值（万元）	55.13	45.46	45.23	42.62	30.80

图4-21　2020—2022年高管人才市场医疗健康二级行业薪酬情况

数据来源：猎聘人才与组织发展研究院。

第五章　高管人才市场区域研究

京津冀协同发展、粤港澳大湾区建设、长三角区域一体化发展、长江经济带发展、黄河流域生态保护和高质量发展、海南全面深化改革开放等“3+2+1”六大区域战略对我国高质量发展起到了一定引领作用。其中京津冀地区、粤港澳大湾区和长江三角洲地区经济基础好，高新科技企业多，对高管人才更有吸引力。截至2022年年底，高新技术企业有16.1%、15.5%和29.5%分布在这三个区域，占比超过60%（见图5-1）。这些地区承担着更多高质量发展、产业改革等重大战略任务。人才是驱动发展的核心因素，对区域经济建设发挥着决定性的作用。

本章重点分析研究京津冀地区、粤港澳大湾区、长三角地区高管人才市场情况，涉及猎聘2020—2022年区域高管人才市场需求数据和供给数据，以及区域高管人才专业技术能力数据，研究样本包括京津冀地区三年供给数量为139342人次、140478人次和134736人次，需求数量为43246人次、52011人次和40437人次；长三角地区三年供给数量为165294人次、180465人次和185659人次，需求数量为71836人次、91512人次和70884人次；粤港澳大湾区三年供给需求数量为

112558人次、122027人次和125355人次，需求数量为52018人次、60208人次和50421人次。

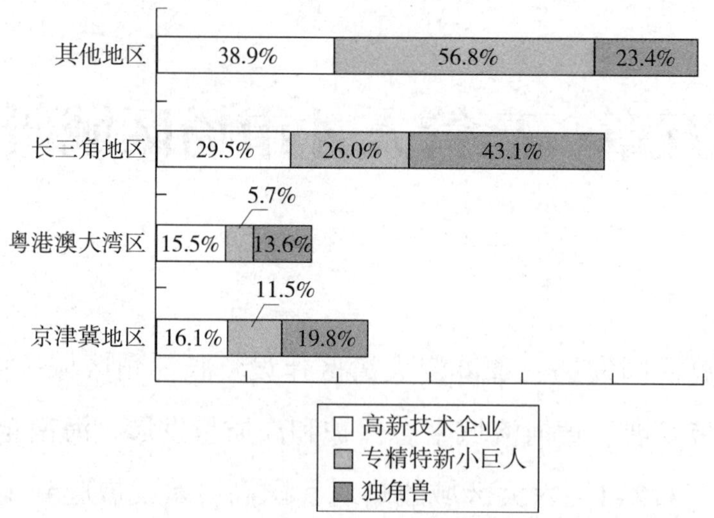

图5–1　部分科创型企业全国分布情况

数据来源：猎聘人才与组织发展研究院。

一、京津冀协同发展区域

在京津冀协同规划中，最受瞩目的无疑是京津冀三地功能定位。京津冀三省市定位分别为，北京市："全国政治中心、文化中心、国际交往中心、科技创新中心"；天津市："全国先进制造研发基地、北方国际航运核心区、金融创新运营示范区、改革开放先行区"；河北省："全国现代商贸物流重要基地、产业转型升级试验区、新型城镇化与城乡统筹示范区、京津冀生态环境支撑区"。京津冀整体定位是"以首都为核心的世界级城市群、区域整体协同发展改革引领区、全国创新驱动经济增长新引擎、生态修复环境改善示范区”。京津冀协同发展区域（以下简称“京津冀地区”）整体定位和三省市功能定位各4句话，体现了区域整体和三省市各自特色，符合协同发展、促进融合、增强合力的要求。

《京津冀人才一体化发展规划（2017—2030年）》根据中央《京津冀协同发展规划纲要》和《关于深化人才发展体制机制改革的意见》精神制定，与《京津冀协同发展规划纲要》明确的“一核、双城、三轴、四区、多节点”空间格局相呼应，提出“一体、三极、六区、多城”的总体布局。推进京津冀人才一体化发展是实现京津冀协同发展的重要保障。在三地人才一体化进程中，存在着区域人才结构与协同发展功能定位不适应、区域人才国际化发展水平与打造世界级城市区目标不适应、人才一体化发展体制机制与提升区域人才竞争力的要求不适应、人才公共服务水平与区域人才一体化发展要求不适应等问题。解决不适应问题的同时，为保障区域重大任务、重点工程的顺利实施，需要建立健全京津冀人才一体化发展工作体制机制，将京津冀人才一体化发展落实到相关职能部门考核内容，共同商议制定区域人才政策，构建京津冀人才一体化发展政策体系。

（一）区域高管人才市场供需情况

从京津冀地区整体来看，2020—2022年高管人才市场供需波动下降，呈现热度减退的趋势，供需发展不均衡，差异巨大（见图5-2、图5-3）。2022年京津冀地区高管人才供需指数为3.33，高于全国供需指数2.91。北京供需指数为3.36，天津供需指数为4.37，由此可知，相比京、津两地，河北省高管人才供需指数较低，供需差异相对较小。

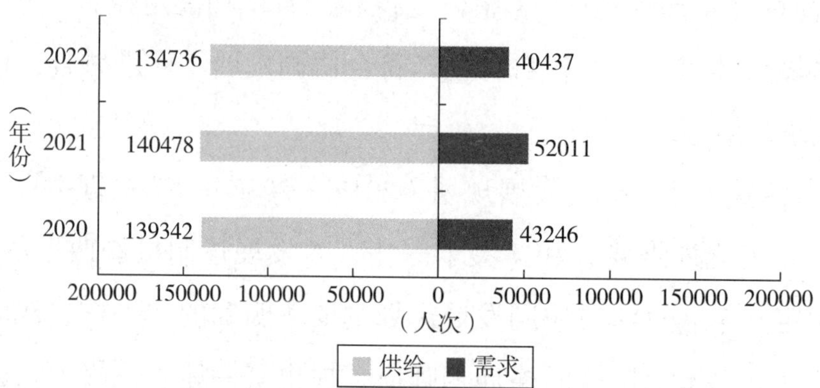

图5-2　2020—2022年京津冀地区高管人才市场供需情况

数据来源：猎聘人才与组织发展研究院。

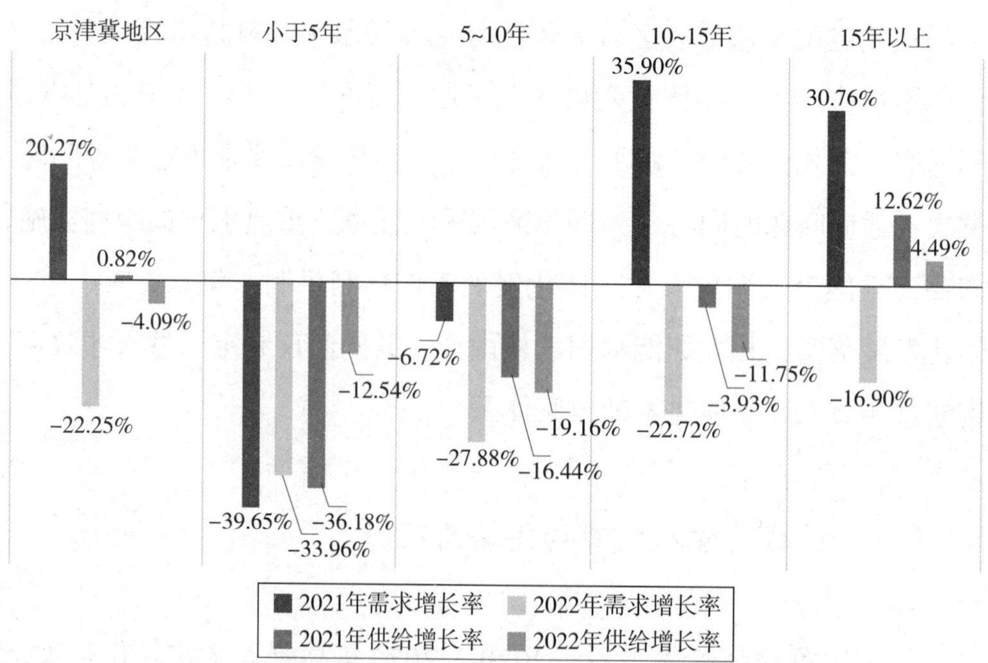

图5-3　2021—2022年京津冀地区高管人才市场整体和不同工作年限供需变化情况

数据来源：猎聘人才与组织发展研究院。

通过对比分析2022年京津冀地区高管人才市场不同工作年限的供

给和需求数量（见图5-4、图5-5、图5-6），各工作年限区间的高管人才市场发展不均衡，存在明显供需差异。其中，区域供给数量最多、占比最大的是工作年限在15年以上的高管，为78248人次，占比高达58%；区域需求数量最多、占比最大的则是工作年限在10~15年的高管，为20430人次，占比超过50%。

通过对比分析2022年京津冀地区高管人才市场不同学历的供给和需求数量（见图5-7、图5-8），市场上大部分供需集中在本科学历；博士研究生及以上人才最为稀缺，供给数量为3217人次、占比2.39%，需求数量为441人次、占比1.12%。

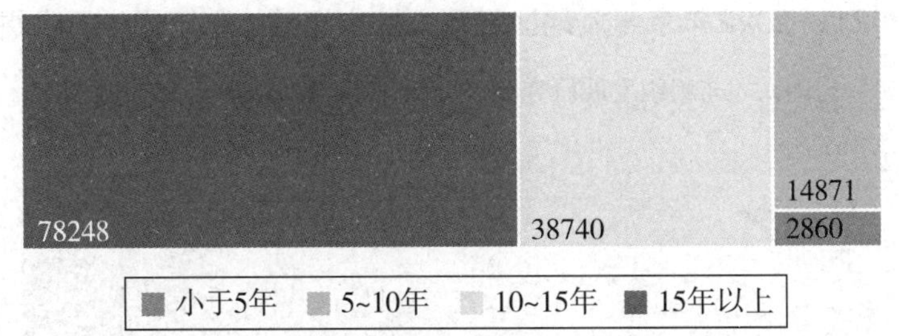

图5-4　2022年京津冀地区高管人才市场供给不同工作年限统计

数据来源：猎聘人才与组织发展研究院。

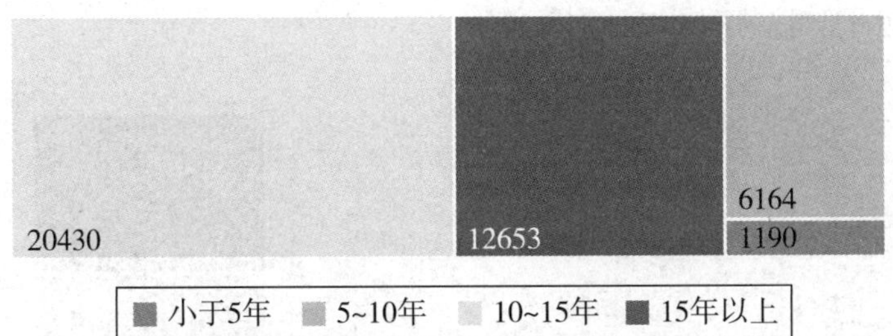

图5-5　2022年京津冀地区高管人才市场需求不同工作年限统计

数据来源：猎聘人才与组织发展研究院。

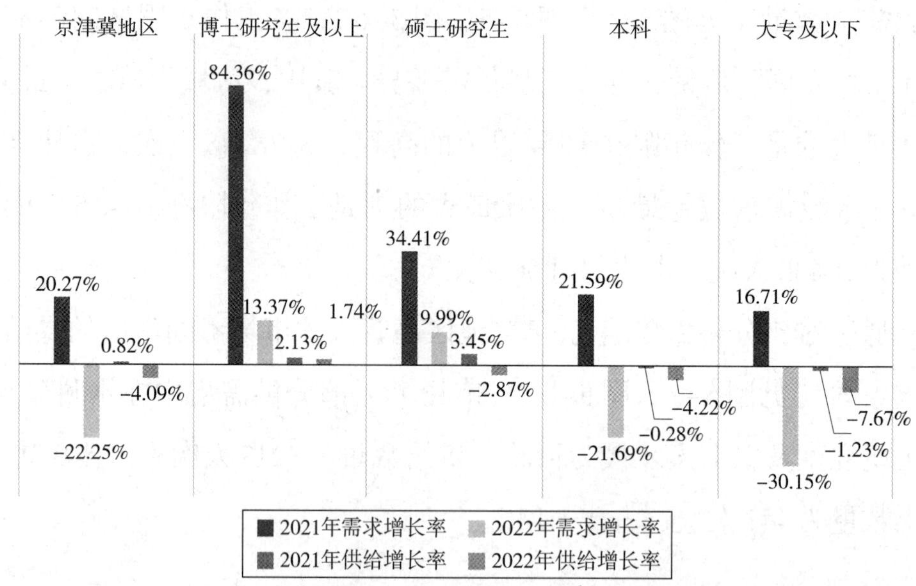

图5-6　2021—2022年京津冀地区高管人才市场整体和不同学历供需变化情况

数据来源：猎聘人才与组织发展研究院。

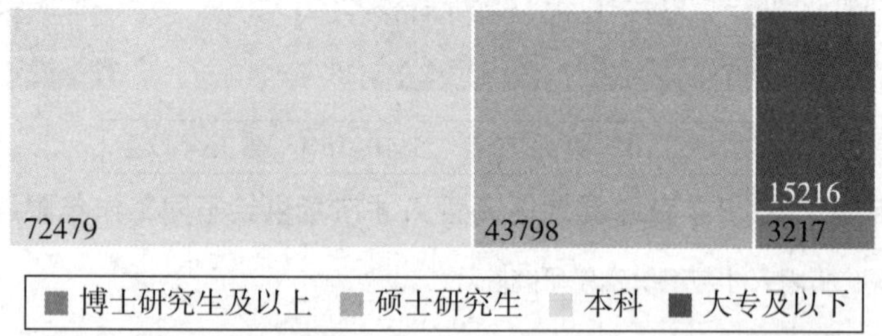

图5-7　2022年京津冀地区高管人才市场供给不同学历统计

数据来源：猎聘人才与组织发展研究院。

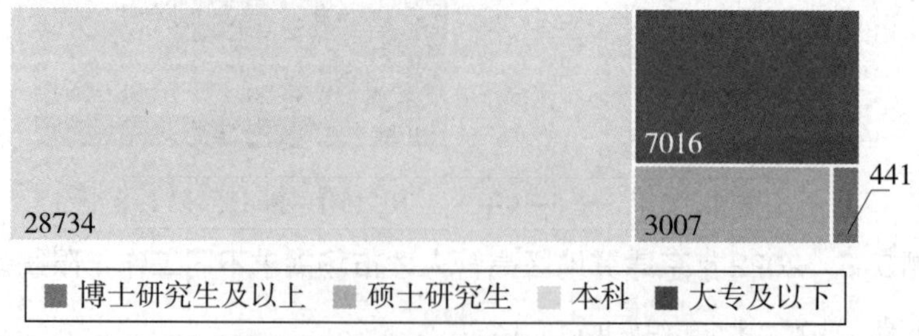

图5-8　2022年粤港澳大湾区高管人才市场需求不同学历统计

数据来源：猎聘人才与组织发展研究院。

从2021—2022年京津冀地区高管人才市场不同工作年限区间和学历水平供需变化情况（见图5–3、图5–6）可以看出，2021年区域高管人才市场发展迅猛，供给和需求数量同比增长0.82%和20.27%；2022年区域高管人才市场后劲不足，供需数量同比减少4.09%和22.25%。

横向比较高管人才市场中不同工作年限的供给和需求数量，增长集中在工作年限在10年以上的高管数量，其中，工作年限在15年以上的高管供给增长率连续两年为正值，同时，市场对工作年限在10年以上的高管需求变多。因此，工作经验丰富的高管人才流动增加。京津冀地区高管人才市场对高学历人才需求旺盛，高学历人才需求连续两年增长。对博士研究生及以上学历人才需求增长最为突出，2021年同比上升84.36%，2022年同比上升13.37%；对硕士研究生学历人才需求数量高于博士研究生及以上学历人才需求数量，但增速稍缓，2021年和2022年同比增速分别为34.41%和9.99%。区域高管人才市场供给相较于需求，强度较弱、增速较低，本科及以下学历高管供给连续两年负增长。

（二）区域行业供需情况

从2022年京津冀地区高管人才市场行业排名情况（见表5–1）来看，供给排名前三的行业为IT/互联网/游戏行业、房地产/建筑行业和金融行业；需求排名前三的行业为IT/互联网/游戏行业、金融行业和医疗健康行业，供需前三名占比近50%。广告/传媒/文化/体育行业高管人才市场供给数量为10178人次、占比7.55%，而需求数量仅为1355人次，占比3.35%，出现严重供大于求的不平衡现象。房地产/建筑行业和交通/物流/贸易/零售行业也面临类似问题。

表5-1　2022年京津冀地区高管人才市场不同行业供需情况

2022年供给情况			排名	2022年需求情况		
占比	数量（人次）	一级行业		一级行业	数量（人次）	占比
23.30%	31397	IT/互联网/游戏	1	IT/互联网/游戏	12014	29.71%
14.42%	19423	房地产/建筑	2	金融	4870	12.04%
11.94%	16090	金融	3	医疗健康	4179	10.33%
8.39%	11304	科研技术/商务服务	4	科研技术/商务服务	3905	9.66%
7.55%	10178	广告/传媒/文化/体育	5	房地产/建筑	3557	8.80%
5.23%	7047	医疗健康	6	能源/化工/环保	2089	5.17%
4.90%	6601	交通/物流/贸易/零售	7	消费品	1674	4.14%
4.51%	6071	生活服务	8	机械/制造	1604	3.97%
4.35%	5860	能源/化工/环保	9	广告/传媒/文化/体育	1355	3.35%
3.62%	4871	消费品	10	交通/物流/贸易/零售	1229	3.04%
3.26%	4396	机械/制造	11	电子/通信/半导体	1076	2.66%
2.87%	3864	教育培训	12	教育培训	737	1.82%
2.08%	2796	汽车	13	生活服务	684	1.69%
1.88%	2532	电子/通信/半导体	14	汽车	653	1.61%
1.10%	1482	政府/非营利组织/其他	15	政府/非营利组织/其他	574	1.42%
0.60%	824	其他	16	其他	237	0.59%

数据来源：猎聘人才与组织发展研究院。

京津冀地区以北京为主、辐射周边，首都作为政治、文化、国际交往中心，承担着多重身份。因此，在某些重点行业的发展过程中，京津冀地区具有得天独厚的优势。通过比较2022年全国和京津冀地区高管人才市场供需行业分布情况（见图5-9），IT/互联网/游戏、房地产/建筑、金融、科研技术/商务服务、广告/传媒/文化/体育等行业高管人才市场供需超过全国水平，其中IT/互联网/游戏行业差距最大，供给数量占比超出全国水平5.53%、需求占比超过全国水平6.79%。

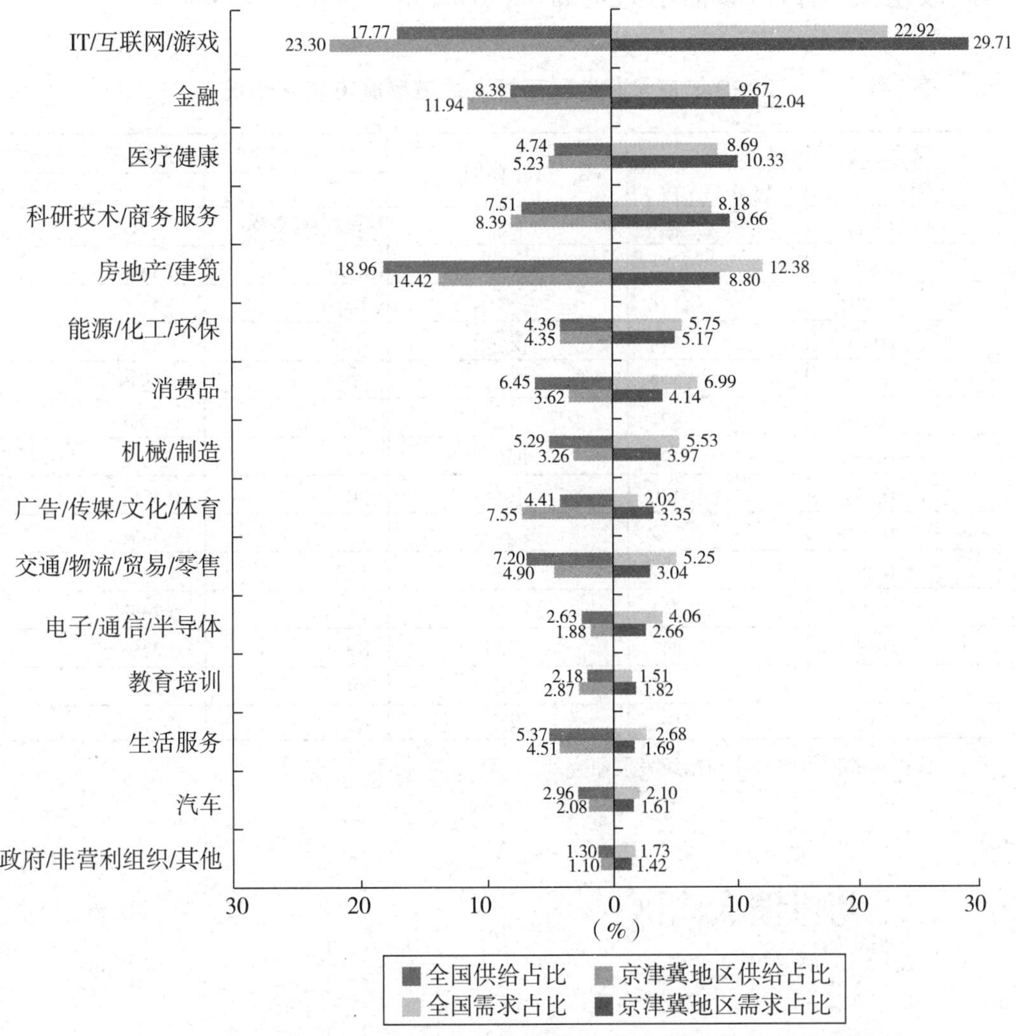

图5-9　2022年全国和京津冀地区高管人才市场供需行业分布情况

数据来源：猎聘人才与组织发展研究院。

（三）区域城市排名

从2022年京津冀地区高管人才市场城市供需排名情况（见表5-2）来看，城市间差异巨大，北京市、天津市和石家庄市位居前三，供给数量分别占区域供给数量的83.50%、8.97%和3.07%，占比超过95%；需求数量分别占区域需求数量的82.78%、6.84%和4.24%。

表5-2　　2022年京津冀地区高管人才市场城市供需情况

2022年供给情况		京津冀地区	2022年需求情况	
占比	数量（人次）		数量（人次）	占比
83.50%	112500	北京	33474	82.78%
8.97%	12085	天津	2766	6.84%
3.07%	4136	石家庄	1714	4.24%
0.98%	1314	保定	622	1.54%
0.95%	1277	廊坊	505	1.25%
0.65%	871	唐山	285	0.70%
0.37%	496	邯郸	239	0.59%
0.33%	449	邢台	201	0.50%
0.28%	382	秦皇岛	139	0.34%
0.28%	372	沧州	132	0.33%
0.19%	261	张家口	113	0.28%
0.18%	241	安阳	89	0.22%
0.14%	186	衡水	89	0.22%
0.12%	166	承德	69	0.17%

数据来源：猎聘人才与组织发展研究院。

二、粤港澳大湾区

2017年7月1日，国家发展和改革委员会同粤、港、澳三地政府在香港签署《深化粤港澳合作推进大湾区建设框架协议》，推进粤港澳大湾区建设，是以习近平同志为核心的党中央作出的重大决策，是习近平总书记亲自谋划、亲自部署、亲自推动的国家战略，也是推动“一国两制”事业发展的新实践。2019年2月18日，中共中央、国务院印发《粤港澳大湾区发展规划纲要》，按照规划纲要，粤港澳大湾区不仅要建成充满活力的世界级城市群、国际科技创新中心、“一带一路”建设的重要支撑、内地与港澳深度合作示范区，还要打造成宜居宜业宜游的优质生活圈，成为高质量发展的典范，以香港、澳门、广州、深圳四大中心城市作为区域发展的核心引擎。

粤港澳大湾区“9+2”城市群模式，包括香港特别行政区、澳门特别行政区和广东省广州市、深圳市、珠海市、佛山市、惠州市、东莞市、中山市、江门市、肇庆市，总面积5.6万平方千米，2022年年末总人口约为8600万人、经济总量超过13万亿元，作为我国开放程度十分高、经济活力十分强的区域之一，大湾区拥有区位优势明显、经济实力雄厚、创新要素集聚、国际化水平领先、合作基础良好等良好发展基础，在高质量发展大局中占据重要战略地位。建设粤港澳大湾区，既是新时代推动形成全面开放新格局的新尝试，也是推动“一国两制”事业发展的新实践。

当前，世界经济不确定不稳定因素增多，贸易保护主义倾向抬头，大湾区经济运行仍存在产能过剩、人才等资源供给与需求结构不平衡不匹配、经济增长内生动力有待增强等矛盾和问题。

（一）区域高管人才市场供需情况

从粤港澳大湾区整体来看，2020—2022年高管人才市场供给持续发力、需求有所回落，总体发展放缓（见图5-10、图5-11），2022年供给数量为125335人次、需求数量为50421人次，区域高管人才供需指数为2.49，低于全国供需指数2.91，其中，深圳市供需指数为2.41、广州市为2.64均低于全国水平。聚焦广东省的9个城市，供需指数差异不大，集中在1.84至2.80。

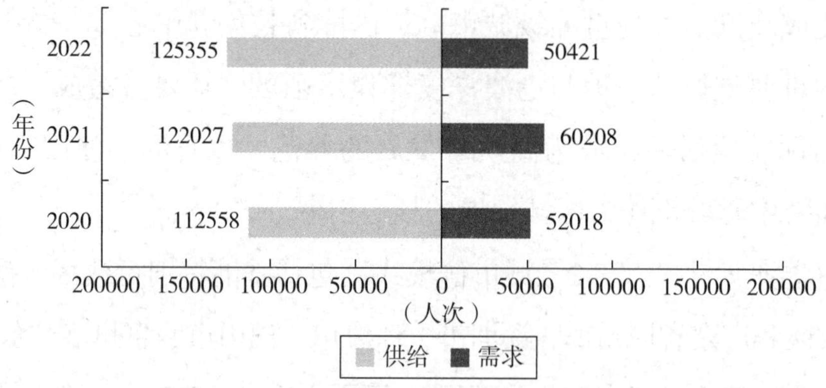

图5-10　2020—2022年粤港澳大湾区高管人才市场供需情况

数据来源：猎聘人才与组织发展研究院。

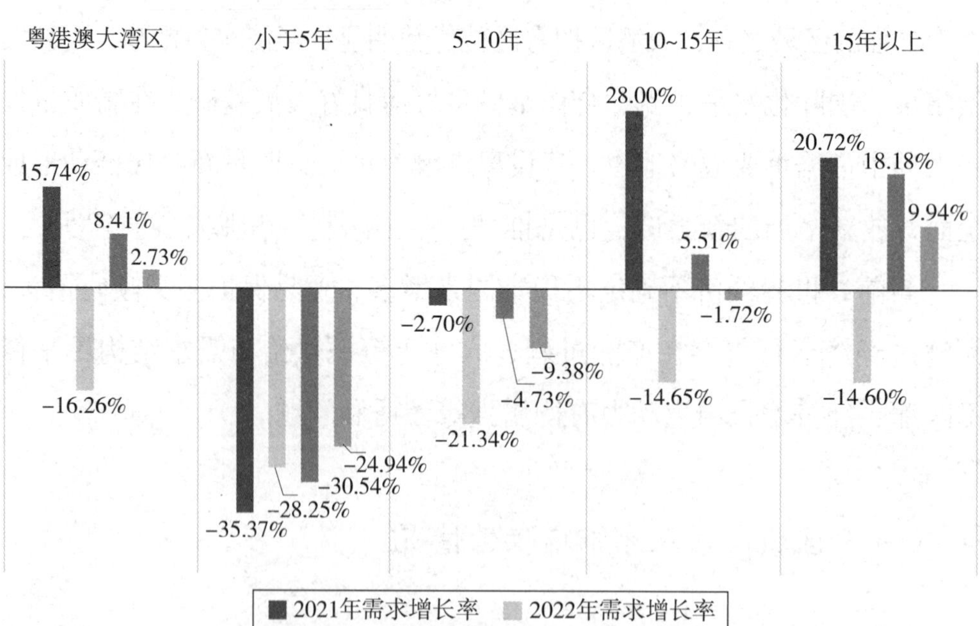

图5-11　2021—2022年粤港澳大湾区高管人才市场不同工作年限供需变化情况

数据来源：猎聘人才与组织发展研究院。

通过对比分析2022年粤港澳大湾区高管人才市场不同工作年限的供给和需求数量（见图5-12、图5-13），各工作年限区间发展不均衡，工作年限较长的高管占比较大。其中，区域供给数量最多、占比最大的是工作年限在15年以上的高管，为71680人次，占比高达57%；区域需求数量最多、占比最大的则是工作年限在10~15年的高管，为26135人次，占比超过50%。

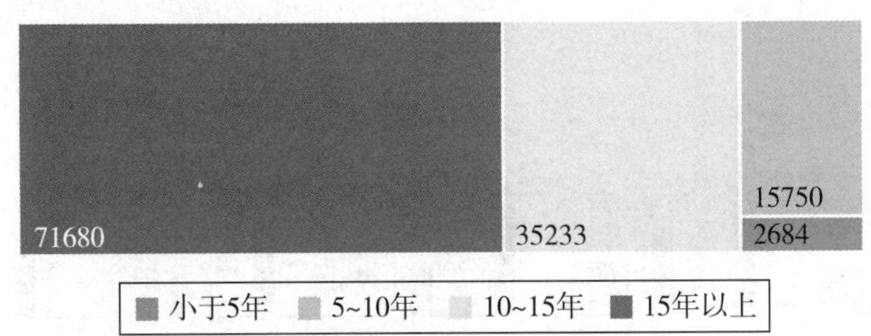

图5-12　2022年粤港澳大湾区高管人才市场供给不同工作年限统计

数据来源：猎聘人才与组织发展研究院。

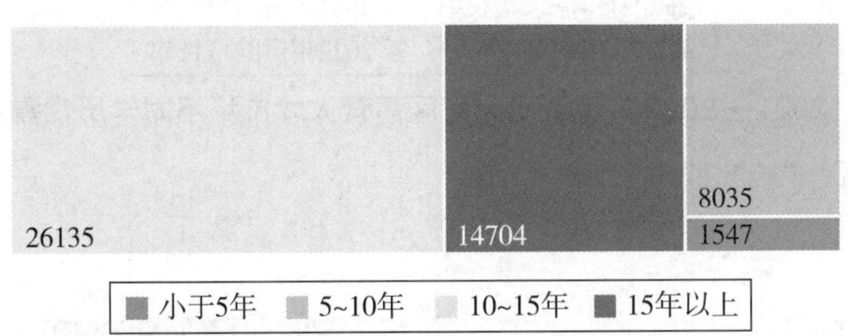

图5-13　2022年粤港澳大湾区高管人才市场需求不同工作年限统计

数据来源：猎聘人才与组织发展研究院。

通过对比分析2022年粤港澳大湾区高管人才市场不同学历的供给和需求数量（见图5-14、图5-15、图5-16），市场上大部分供需集中在本科学历的高管人才，博士研究生及以上人才最为稀缺，供给数量为1467人次、占比1.17%，需求数量为401人次、占比0.80%。相比其他两个区域，粤港澳大湾区高管人才市场中博士研究生及以上人才供需不论是数量还是占比都较低，硕士研究生学历高管人才在粤港澳大湾区具有相对优势。整体来看，在多项人才引进政策的助力下，粤港澳大湾区对高学历高管人才的需求逐年递增，吸引力逐渐加强。

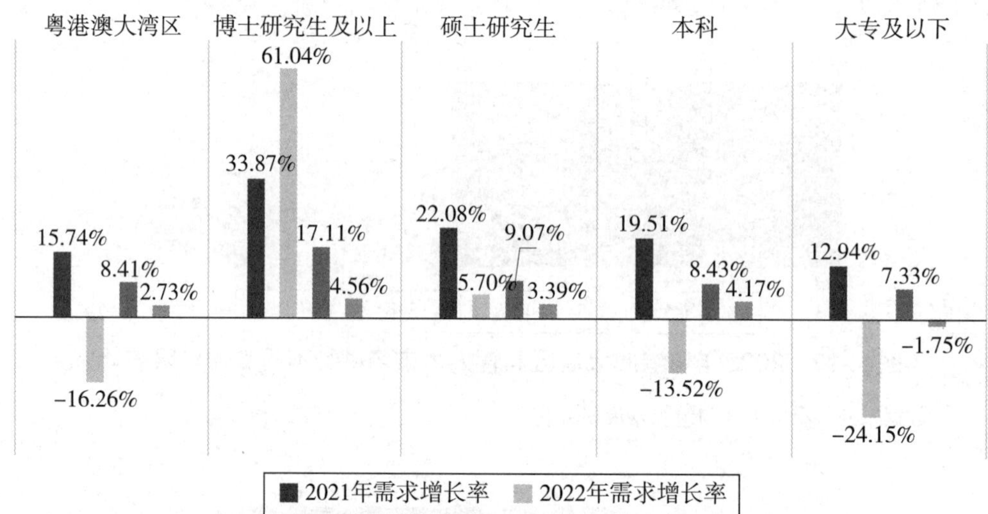

图5-14　2021—2022年粤港澳大湾区高管人才市场不同学历供需变化情况

数据来源：猎聘人才与组织发展研究院。

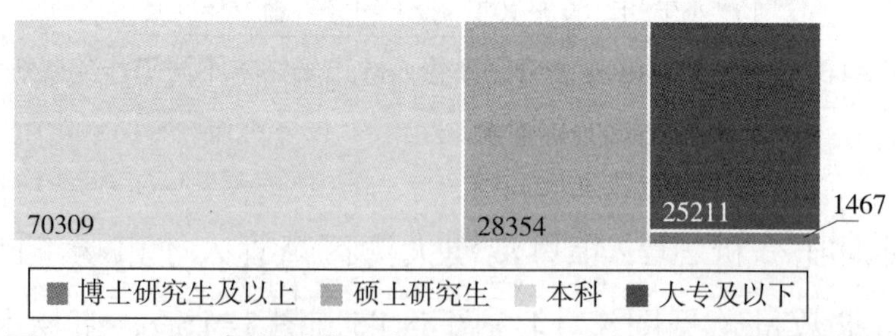

图5-15　2022年粤港澳大湾区高管人才市场供给不同学历统计

数据来源：猎聘人才与组织发展研究院。

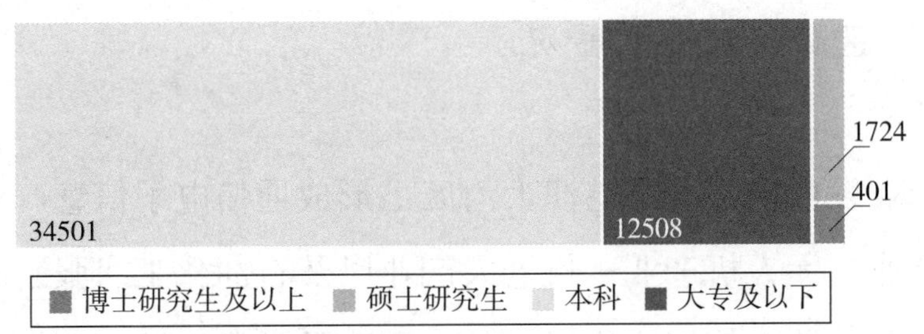

图5-16　2022年粤港澳大湾区高管人才市场需求不同学历统计

数据来源：猎聘人才与组织发展研究院。

从2021—2022年粤港澳大湾区高管人才市场不同工作年限区间和学历水平供需变化情况（见图5-11、图5-14）可以看出，2021年区域高管人才市场供给和需求数量同比增长8.41%和15.74%；2022年区域高管人才市场供给数量增长放缓、同比增长2.73%，需求数量出现负增长、同比下降16.26%。

横向比较高管人才市场中不同工作年限的供给和需求数量（见图5-11），可以发现工作年限在10年以上的工作经验丰富的高管人才流动增加，存在供大于求的现象。粤港澳大湾区高管人才市场对高学历人才的需求和吸引都在逐渐增长，供给数量连续两年保持相对高速增长（见图5-14）。对博士研究生及以上学历人才需求表现最为突出，2022年需求数量同比增长61.04%，供给增长率为4.56%；2021年需求增长率为33.87%，供给增长率为17.11%。对硕士研究生学历人才需求数量高于博士研究生及以上学历人才需求数量，但增速较低，2021年和2022年供给数量同比增速为9.07%和3.39%，需求数量同比增速分别为22.08%和5.70%。

（二）区域行业供需情况

从产业发展来看，粤港澳大湾区已形成通信电子信息产业、新能源汽车产业、无人机产业、机器人产业以及石油化工、服装鞋帽、玩具加工、食品饮料等产业集群，是中国建设世界级城市群和参与全球竞争的重要空间载体。

从2022年粤港澳大湾区高管人才市场行业排名情况（见表5-3）来看，供给排名前三的行业为IT/互联网/游戏行业、房地产/建筑行业和金融行业；需求排名前三的行业为IT/互联网/游戏行业、房地产/建筑行业和科研技术/商务服务行业，供需前三名占比均超过45%。金融行业和医疗健康行业高管人才市场供需排名差异较大，其中，金融行业储存在明显供给旺盛需求不足的问题；医疗健康行业也是如此，高管供给数量为4634人次、占比3.70%，高管需求数量为3291人次、占比6.53%。

表5-3　2022年粤港澳大湾区高管人才市场供需行业情况

2022年供给情况			排名	2022年需求情况		
占比	数量（人次）	一级行业		一级行业	数量（人次）	占比
20.07%	25154	IT/互联网/游戏	1	IT/互联网/游戏	13570	26.91%
16.99%	21292	房地产/建筑	2	房地产/建筑	5887	11.68%
8.51%	10670	金融	3	科研技术/商务服务	4000	7.93%
8.06%	10103	消费品	4	电子/通信/半导体	3736	7.41%
7.94%	9953	交通/物流/贸易/零售	5	消费品	3694	7.33%

续 表

2022年供给情况			排名	2022年需求情况		
占比	数量（人次）	一级行业		一级行业	数量（人次）	占比
7.07%	8860	科研技术/商务服务	6	金融	3677	7.29%
5.85%	7327	机械/制造	7	医疗健康	3291	6.53%
4.77%	5983	电子/通信/半导体	8	交通/物流/贸易/零售	2920	5.79%
4.75%	5951	生活服务	9	机械/制造	2754	5.46%
3.97%	4977	广告/传媒/文化/体育	10	能源/化工/环保	2430	4.82%
3.70%	4634	医疗健康	11	生活服务	964	1.91%
3.11%	3893	能源/化工/环保	12	广告/传媒/文化/体育	943	1.87%
2.06%	2579	教育培训	13	政府/非营利组织/其他	835	1.66%
1.79%	2245	汽车	14	汽车	804	1.59%
0.83%	1038	政府/非营利组织/其他	15	教育培训	753	1.49%
0.53%	696	其他	16	其他	163	0.33%

数据来源：猎聘人才与组织发展研究院。

通过比较2022年全国与粤港澳大湾区高管人才市场供需行业分布情况（见图5–17），大湾区在IT/互联网/游戏行业、电子/通信/半导体行业、交通/物流/贸易/零售行业和消费品行业占据明显优势，电子/通信/半导体行业供给数量占比高出全国水平2.14%、需求占比高出全国水平3.35%。

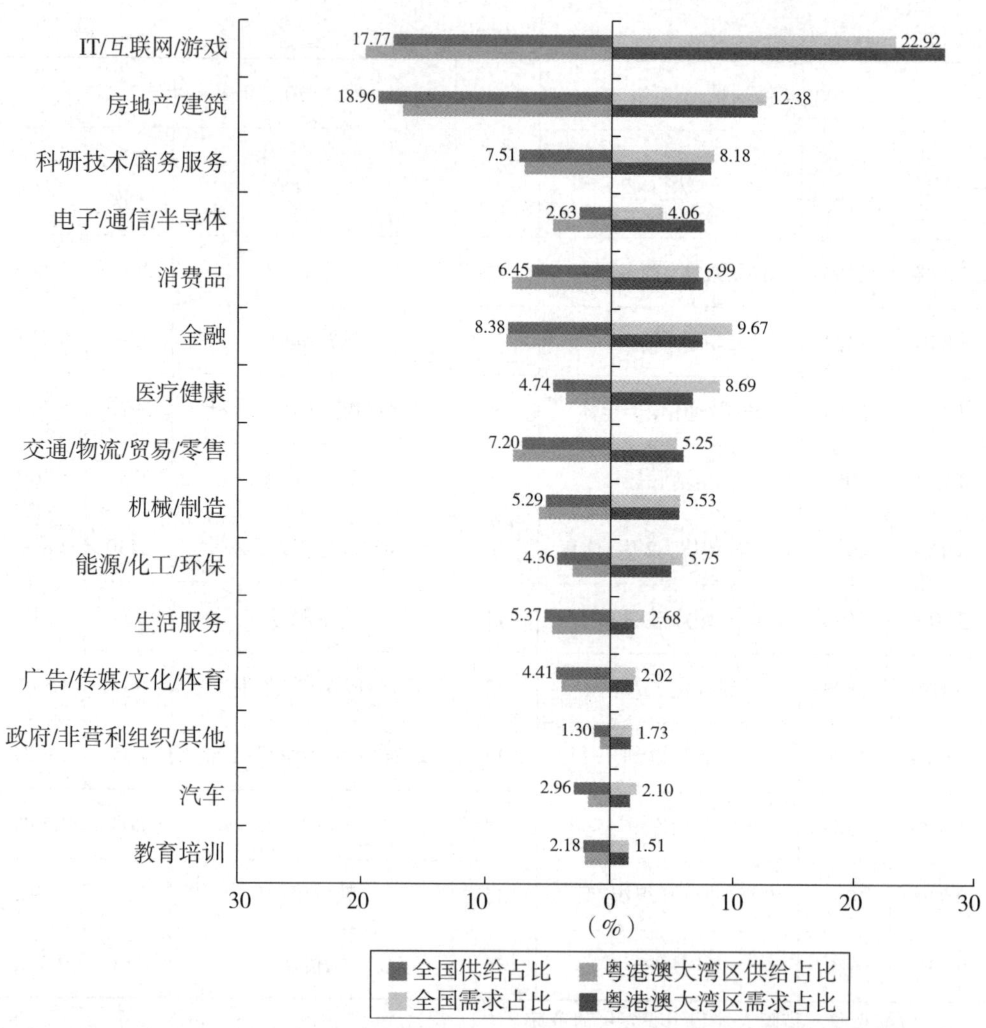

图5-17　2022年全国与粤港澳大湾区高管人才市场供需行业分布情况

数据来源：猎聘人才与组织发展研究院。

（三）区域城市排名

粤港澳大湾区高管人才市场大体上呈现出东强西弱的态势，深圳、香港、广州是三大核心城市，通过2022年粤港澳大湾区高管人才市场城市供需排名情况（见表5-4）来看，深圳市、广州市和佛山市位居前三，供给数量分别为57611人次、44091人次和7512人次，占比分别为45.96%、35.17%和5.99%；需求数量分别为23879人次、16675人次和3427人次，占比分别为47.36%、33.07%和6.80%。

由于数据来源存在局限性，香港特别行政区和澳门特别行政区数据不能代表城市实际情况。

表5-4　2022年粤港澳大湾区高管人才市场城市供需情况

2022年供给情况		粤港澳大湾区	2022年需求情况	
占比	数量（人次）		数量（人次）	占比
45.96%	57611	深圳	23879	47.36%
35.17%	44091	广州	16675	33.07%
5.99%	7512	佛山	3427	6.80%
5.18%	6492	东莞	2707	5.37%
2.39%	3002	珠海	1370	2.72%
1.93%	2422	中山	866	1.72%
1.81%	2275	惠州	802	1.59%
0.52%	632	江门	340	0.67%
0.28%	353	肇庆	192	0.38%
0.73%	910	香港	149	0.30%
0.04%	55	澳门	14	0.02%

数据来源：猎聘人才与组织发展研究院。

三、长江三角洲区域

长江三角洲区域（以下简称“长三角地区”）是我国经济发展非常活跃、开放程度非常高、创新能力非常强的区域之一，在国家现代化建设大局和全方位开放格局中具有举足轻重的战略地位。推动长三角一体化发展，增强长三角地区创新能力和竞争能力，提高经济集聚度、区域连接性和政策协同效率，对引领全国高质量发展、建设现代化经济体系意义重大。全国范围内，长三角地区具有经济社会发展全国领先、科技创新优势明显、开放合作协同高效、重大基础设施基本联通、生态环境联动共保、公共服务初步共享、城镇乡村协调互动等多项优势。

中国特色社会主义进入新时代，我国经济转向高质量发展阶段，对长三角一体化发展提出新要求。"一带一路"建设和长江经济带发展战略深入实施，为长三角一体化发展注入新动力。党中央、国务院作出将长三角一体化发展上升为国家战略的重大决策，为长三角一体化发展带来新机遇。但是，区域内还面临发展不平衡不充分，跨区域共建共享共保共治机制尚不健全，基础设施、生态环境、公共服务一体化发展水平有待提高；科技创新和产业融合不够深入，产业发展的协同性有待提升；阻碍经济社会高质量发展的行政壁垒仍未完全打破，统一开放的市场体系尚未形成；全面深化改革还没有形成系统集成效应，与国际通行规则相衔接的制度体系尚未建立等一系列问题，这些都给长三角一体化发展带来新的挑战。

长三角地区多地政府发布一体化发展计划，以促进长三角经济、产业等协调统一发展，其中最具代表性的是上海市出台的《本市国资国企服务长三角一体化发展行动计划（2020—2022年）》。计划中强调上海市国资国企将利用长三角国家级产业创新中心、共性技术研发平台、科技成果转移转化示范区等科技创新和制度创新资源，建立以集成电路、生物医药、智能场景为重点的高端研发机构；打造新能源和智能网联汽车、绿色化工等创新产业集群；搭建金融科技的技术合作与产业促进平台；将长三角地区产业创新发展所需人才，优先纳入上海“国资骐骥”人才计划，加强各类人才引进、培养、使用、交流力度。

（一）区域高管人才市场供需情况

从长三角地区整体来看，2020—2022年高管人才市场虽然供给和需求数量高于其他两个区域，但供需差异较大且逐渐增加（见图5–18、图5–19），2022年供给数量为185659人次、需求人数70884人次，区域高管人才供需指数为2.62，低于全国供需指数2.91。

通过对比分析2022年长三角地区高管市场不同工作年限的供给和需求数量（见图5–20、图5–21、图5–22），各工作年限区间发展不均衡，工作年限较长的高管占比较大。其中，区域供给数量最多、占比最大的是工作年限在15年以上的高管，为104740人次，占比高达56%；区域需求数量最多、占比最大的则是工作年限在10~15年的高管，为35725人次，占比超过50%。

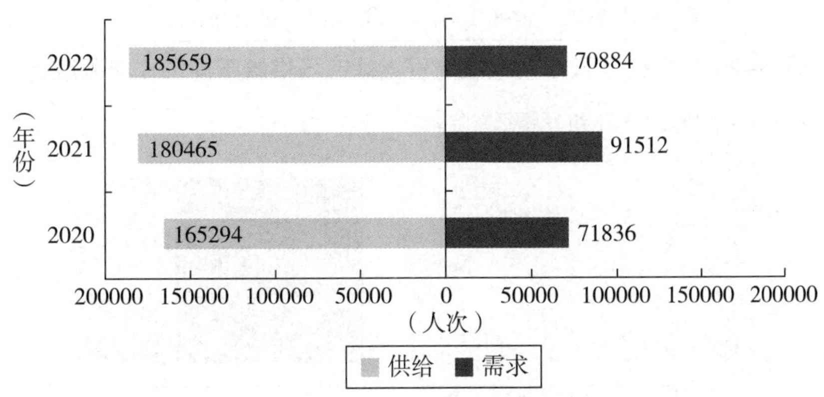

图5–18　2020—2022年长三角地区高管人才市场供需情况

数据来源：猎聘人才与组织发展研究院。

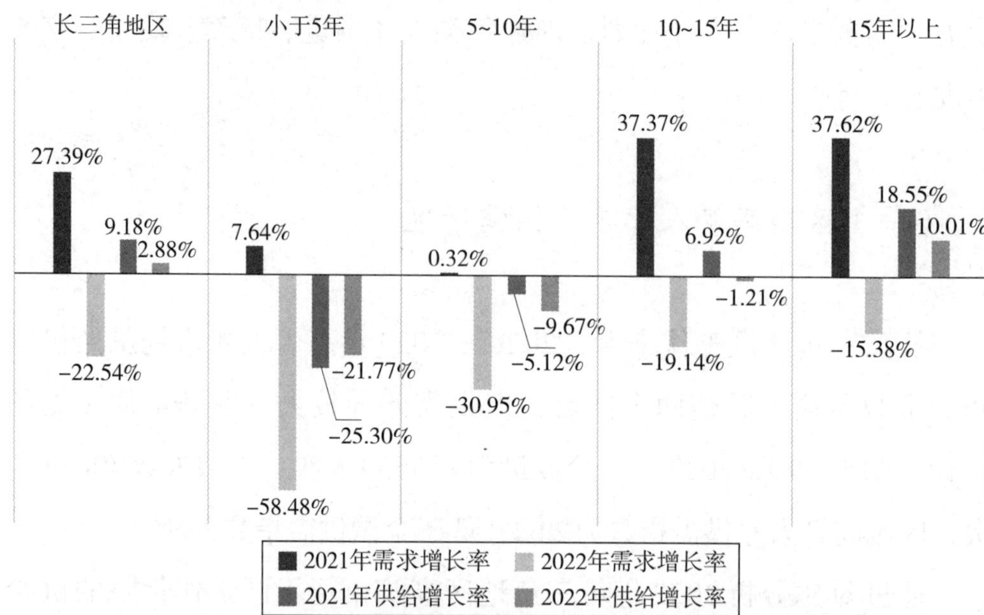

图5-19 2021—2022年长三角地区高管人才市场不同工作年限供需变化情况

数据来源：猎聘人才与组织发展研究院。

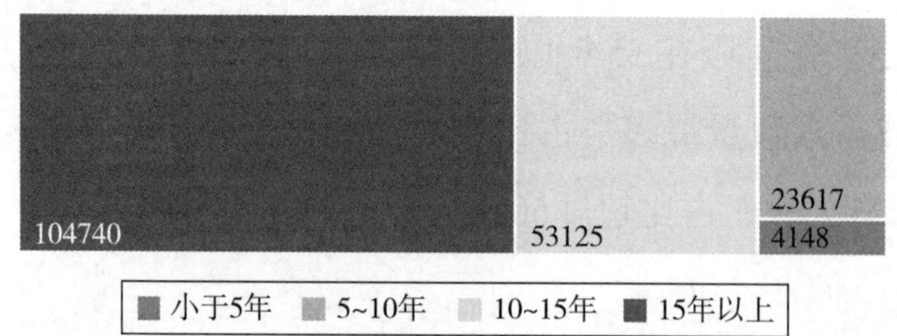

图5-20 2022年长三角地区高管人才市场供给不同工作年限统计

数据来源：猎聘人才与组织发展研究院。

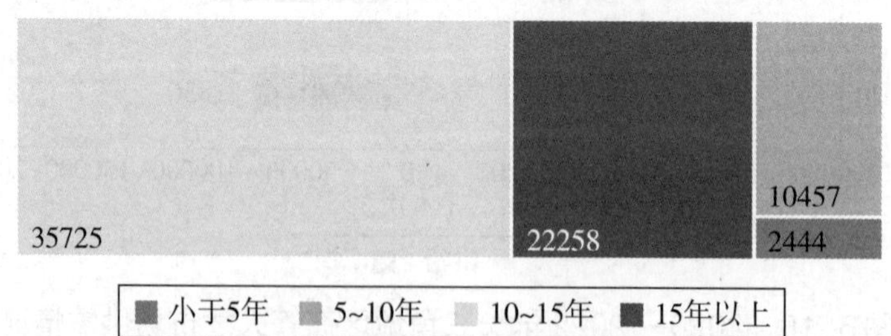

图5-21 2022年长三角地区高管人才市场需求不同工作年限统计

数据来源：猎聘人才与组织发展研究院。

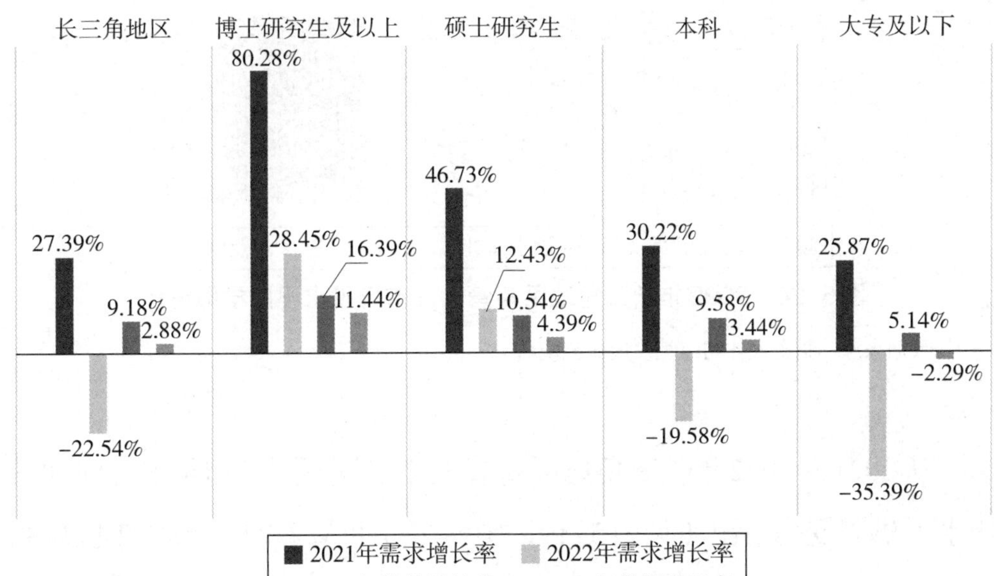

图5-22　2021—2022年长三角地区高管人才市场不同学历供需变化情况

数据来源：猎聘人才与组织发展研究院。

通过对比分析2022年长三角地区高管人才市场不同学历的供给和需求数量（见图5-23、图5-24），市场上大部分供需集中在本科学历。博士研究生及以上高管人才最为稀缺，供给数量为3633人次、占比1.96%；需求数量为1174人次、占比1.66%。在三个区域中，长三角地区博士研究生及以上高管人才数量最多，增长速度也最快。

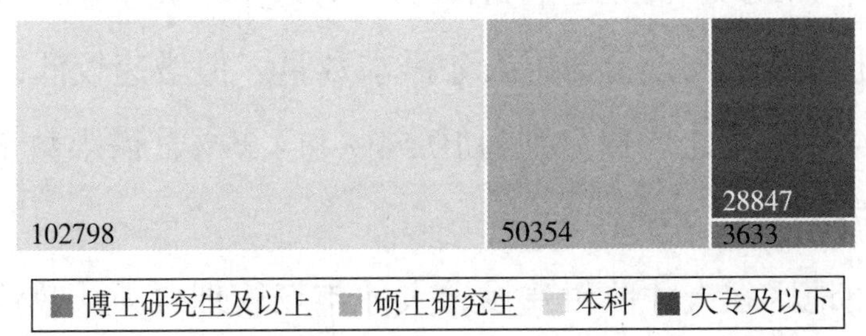

图5-23　2022年长三角地区高管人才市场供给不同学历统计

数据来源：猎聘人才与组织发展研究院。

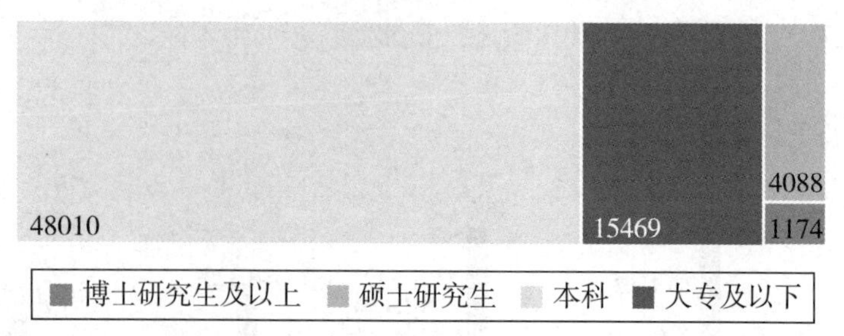

图5-24　2022年长三角地区高管人才市场需求不同学历统计

数据来源：猎聘人才与组织发展研究院。

从2021—2022年长三角地区高管人才市场不同工作年限区间和学历水平供需变化情况（见图5-19、图5-22）可以看出，2021年区域高管人才市场迅猛发展，供给和需求数量同比增长9.18%和27.39%，均高于其他两个区域的增长水平；2022年区域高管人才市场供给增长放缓、增长率为2.88%，需求则出现负增长、同比下降22.54%。

横向比较高管人才市场中不同工作年限的供给和需求数量（见图5-19），2022年工作经验丰富的高管供给增加，但需求减少。2021年和2022年区域高管人才市场对高学历人才的供给和需求数量均保持增长，但2022年增速明显放缓（见图5-22）。2021年对博士研究生及以上学历人才需求增长率高达80.28%、2022年为28.45%，供给增长率分别为2021年16.39%和2022年11.44%；对硕士研究生学历人才需求数量高于博士研究生及以上学历人才需求数量，但增速较低，2021年和2022年供给数量同比增速分别为10.54%和4.39%，需求数量同比增速分别为46.73%和12.43%。

长三角地区在人才队伍建设、人才市场管理、人才政策出台等方面一直是全国范围的“领头羊”和“急先锋”。在引进高层次人才方面，更是通过不断加强面向高层次人才的协同管理，探索建立户口不迁、关系不转、身份不变、双向选择、能出能进的人才柔性流动机制等，充分发挥人才高地的溢出效应，实现各类高端人才与周边区域的流动共享。长三角地区依托高品质的生态和人居环境，为区域整体集聚企业、加快经济发展、吸引高水平人才提供有力支撑，也为其他区域提供了宝贵经验。

（二）区域行业供需情况

随着新能源、生物医药、新能源汽车、智能装备制造、半导体以及人工智能等战略性新兴产业的发展，众多行业对高管人才的吸引力日渐加强，区域高管人才市场行业供需发展均衡。从2022年长三角地区高管人才市场行业排名情况（见表5-5）来看，供给排名前三的行业为IT/互联网/游戏行业、房地产/建筑行业和金融行业，所占比重分别为18.25%、15.85%和9.08%；需求排名前三的行业为IT/互联网/游戏行业、医疗健康行业和房地产/建筑行业，占比为22.19%、10.77%和10.44%。2022年因上海疫情等因素，医疗健康行业需求超过金融行业跻身前三，成为年度黑马。

表5-5　2022年长三角地区高管人才市场不同行业供需情况

2022年供给情况			排名	2022年需求情况		
占比	数量（人次）	一级行业		一级行业	数量（人次）	占比
18.25%	33887	IT/互联网/游戏	1	IT/互联网/游戏	15731	22.19%
15.85%	29424	房地产/建筑	2	医疗健康	7632	10.77%
9.08%	16858	金融	3	房地产/建筑	7403	10.44%

续 表

2022年供给情况			排名	2022年需求情况		
占比	数量（人次）	一级行业		一级行业	数量（人次）	占比
7.68%	14267	科研技术/商务服务	4	金融	6727	9.49%
7.40%	13738	交通/物流/贸易/零售	5	科研技术/商务服务	6404	9.03%
6.90%	12819	消费品	6	消费品	5324	7.51%
6.48%	12023	机械/制造	7	机械/制造	4494	6.34%
5.45%	10114	医疗健康	8	能源/化工/环保	3921	5.53%
4.84%	8980	生活服务	9	交通/物流/贸易/零售	3629	5.12%
4.35%	8075	能源/化工/环保	10	电子/通信/半导体	2725	3.84%
4.33%	8032	广告/传媒/文化/体育	11	汽车	1793	2.53%
3.69%	6850	汽车	12	生活服务	1712	2.42%
2.60%	4830	电子/通信/半导体	13	广告/传媒/文化/体育	1467	2.07%
1.95%	3619	教育培训	14	教育培训	863	1.22%
0.73%	1355	政府/非营利组织/其他	15	政府/非营利组织/其他	792	1.12%
0.42%	788	其他	16	其他	267	0.38%

数据来源：猎聘人才与组织发展研究院。

通过比较2022年全国与长三角地区高管人才市场供需行业分布情况（见图5–25），各行业与全国水平差异不明显。金融、科研技术/商务服务、消费品、机械/制造和汽车等行业发展多分布在长三角地区，高管人才市场发展完备，其中，新能源汽车等产业的发力和政策的助力，使长三角地区汽车行业高管人才供需表现突出，占比均超越全国水平。

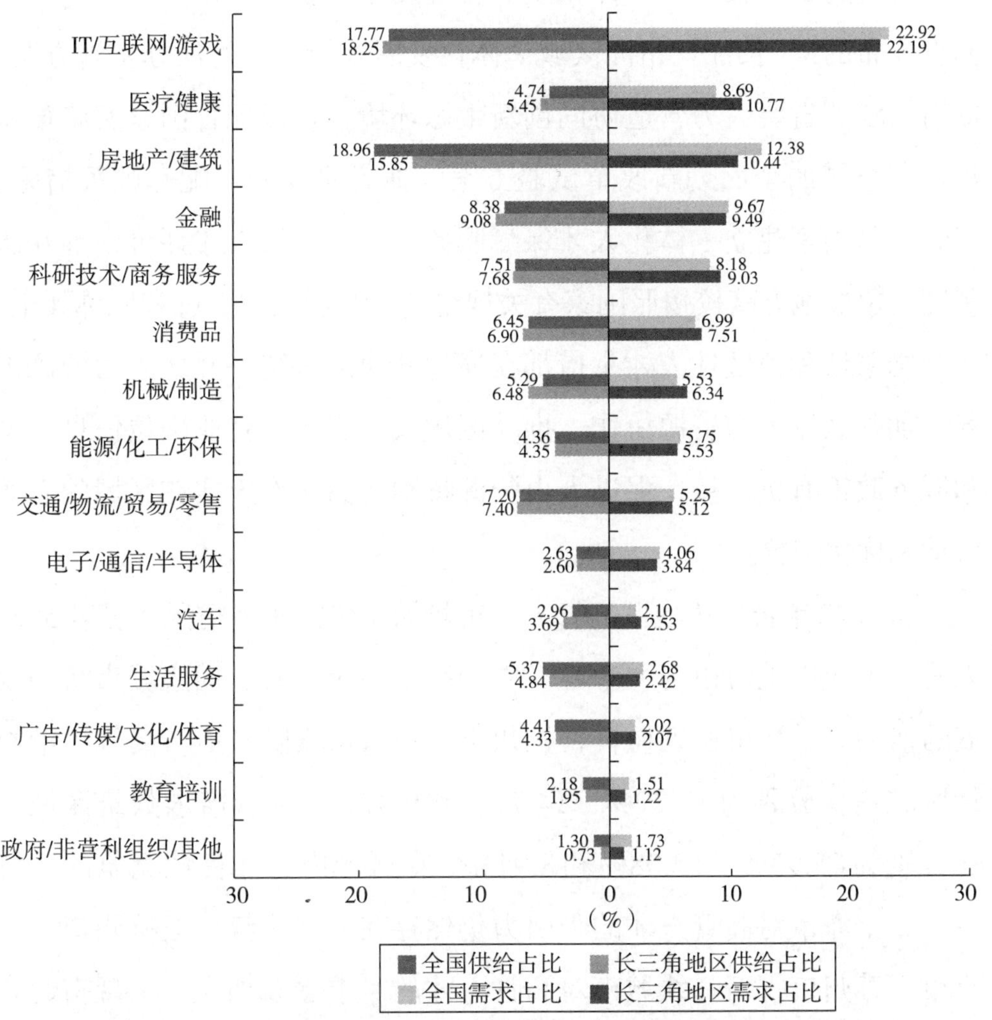

图5–25　2022年全国和长三角地区高管人才市场供需行业分布情况

数据来源：猎聘人才与组织发展研究院。

（三）区域城市排名

各地为配合长三角一体化发展相继发布方案、计划等，其中，江苏省发布的《〈长江三角洲区域一体化发展规划纲要〉江苏实施方案》提出，江苏省要大力营造协同创新生态环境；积极配合国家实施覆盖长三角全域的全面创新改革试验方案，抓紧研究制定配套政策措施；同时参与国家建立一体化人才保障服务标准，实行人才评价标准互认制度，争取地方高校按照国家有关规定自主开展人才引进和职称评定。各项国家性和地区性人才举措都在通过共建区域统一开放人力资源市场，加强区域人力资源协作，推动区域人力资源、就业岗位信息共享和服务政策有机衔接，促进人力资源特别是高层次人才在区域间有效流动和优化配置。

从2022年长三角地区高管人才市场城市供需排名情况（见表5-6）来看，形成以上海市为大中心、省会城市为小中心、周边城市协同发展的格局。上海市位列榜首，杭州市、南京市紧随其后，高管供给数量区域占比分别为53.29%、14.72%和9.37%；高管需求数量区域占比分别为45.93%、19.08%和8.91%。在区域内人才良性竞争的大背景下，上海市对高管人才的吸引力仍然存在一定优势，但杭州市、南京市、苏州市等新一线城市对高管人才的需求逐渐加大，呈现奋起直追之势。

长三角区域内部发展不均衡，供需指数差异明显，其中上海市供需指数为3.04，排在区域内首位；最低的是湖州市，供给数量为890人次、需求数量为880人次，供需指数接近1。

表5-6　2022年长三角地区高管人才市场城市供需情况

2022年供给情况		长三角地区	2022年需求情况	
占比	数量（人次）		数量（人次）	占比
53.29%	98930	上海	32560	45.93%
14.72%	27338	杭州	13525	19.08%
9.37%	17398	南京	6313	8.91%
8.02%	14897	苏州	5963	8.41%
3.16%	5862	宁波	2553	3.60%
2.74%	5079	无锡	1825	2.57%
1.68%	3110	常州	1133	1.60%
0.95%	1773	嘉兴	1038	1.46%
1.05%	1955	南通	951	1.34%
0.48%	890	湖州	880	1.24%
0.82%	1514	金华	854	1.20%
0.65%	1199	绍兴	705	0.99%
0.61%	1141	芜湖	503	0.71%
0.54%	998	扬州	360	0.51%
0.41%	759	镇江	339	0.48%
0.37%	684	泰州	338	0.48%
0.38%	698	盐城	285	0.40%
0.18%	337	滁州	233	0.33%
0.15%	278	马鞍山	153	0.22%
0.11%	199	宣城	150	0.21%
0.15%	287	安庆	92	0.13%
0.07%	128	舟山	50	0.07%
0.06%	112	铜陵	42	0.06%
0.05%	93	池州	39	0.06%

数据来源：猎聘人才与组织发展研究院。

第六章　高管人才市场数字化相关行业研究

《“十四五”数字经济发展规划》提出，到2025年数字经济核心产业增加值占GDP比重达到10%。伴随着大数据、人工智能、云计算等数字技术的迅猛发展，数字技术在传统行业多年的深耕细作，数字化、信息化、智能化水平不断提升，众多行业吹响了数字化转型的号角。根据《福布斯》和麻省理工学院对全球400多家大型主流企业的调研数据，数字化企业的盈利能力比行业平均水平高出26%，数字经济正释放着强大动能。[①]在构建以国内大循环为主体、国内国际双循环互相促进的新格局，全面深化改革、加快建设世界一流企业的战略背景下，数字化转型已经成为企业发展的必然选择。因此，数字化人才在企业发展中的作用日益凸显，已成为企业数字化转型和抢占优质赛道的核心竞争力。

从数十年经济发展和企业改革进程来看，我国庞大的网络用户规模和海量的网络用户数据为需求端的数字化奠定了坚实的基础，

① 艾瑞咨询:《企业数字化人才发展白皮书（2022）》。

仍处于起步阶段的供给端的数字化相对薄弱。这种结构性供需失衡必将成为中国企业数字化转型之路上需要跨越的“娄山关”“腊子口”。要想解决供给端的数字化转型发展难题，数字化人才的支撑必不可少。艾瑞咨询研究院将数字化人才划分为数字化管理人才、数字化应用人才和数字化技术人才，分别作为企业数字化转型的领导力量、创新力量和支撑力量，共同推动企业数字化转型的落地实践。本章内容主要围绕数字化高管人才市场供需情况展开研究，基于不同行业对数字化人才需求的差异、行业数字化程度和行业代表性，选取IT/互联网/游戏、电子/通信/半导体、机械/制造和能源/化工/环保四个行业，分析行业高管人才供需情况、行业流动情况以及区域差异，从不同维度对数字化相关行业高管人才市场进行分析。

一、数字化相关行业基本情况

分析2020—2022年高管人才市场数字化相关行业供需情况（见图6-1），整体来看，四个行业供给数量逐年递增，需求数量波动增加。

IT/互联网/游戏行业作为典型、老牌数字化行业，产业发展成熟、数字化结构完善，供给和需求数量都远超其他三个行业。但是，行业面临着人才需求数量严重缩水、人才持续外流等问题。2022年IT/互联网/游戏行业高管人才市场供给数量为128457人次，同比下降0.09%；需求数量56940人次，同比下降21.32%（见图6-1）。

电子/通信/半导体行业是数字化产业中必不可少的存在，但因其行业特性，存在明显的行业壁垒，因而，企业数量和管理人才市场供

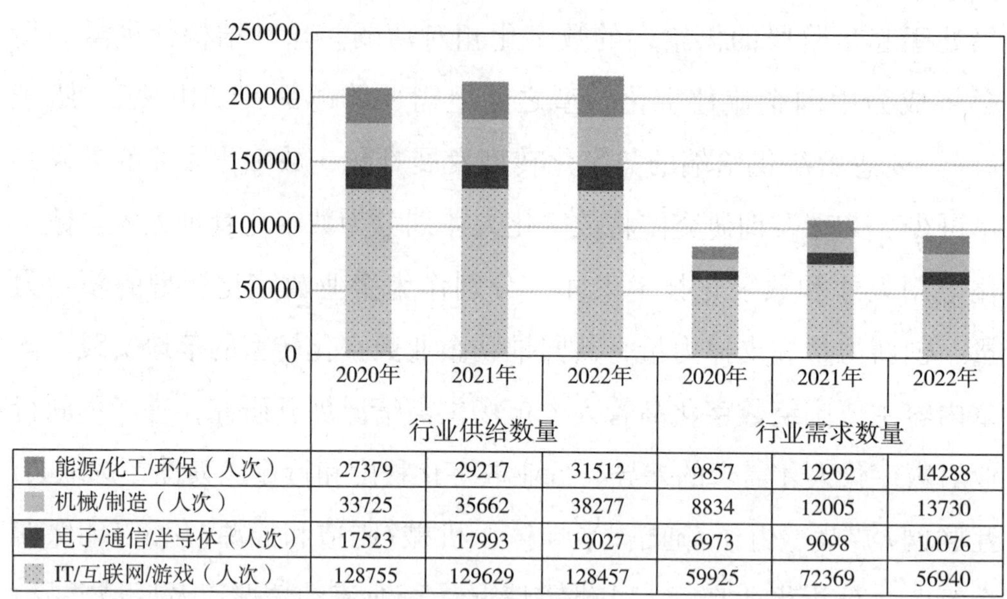

	行业供给数量			行业需求数量		
	2020年	2021年	2022年	2020年	2021年	2022年
能源/化工/环保（人次）	27379	29217	31512	9857	12902	14288
机械/制造（人次）	33725	35662	38277	8834	12005	13730
电子/通信/半导体（人次）	17523	17993	19027	6973	9098	10076
IT/互联网/游戏（人次）	128755	129629	128457	59925	72369	56940

图6-1　2020—2022年高管人才市场数字化相关行业供需情况

数据来源：猎聘人才与组织发展研究院。

需数量相比其他行业较低，但保持稳步增长态势。2022年，高管人才市场供给数量为19027人次，同比增长5.75%；需求数量10076人次，同比增长10.75%（见图6–1）。

中国制造业有着规模庞大、门类齐全、体系完整的优势，但同时也存在创新能力不强、工业化和信息化融合不够、核心技术对外依存度高等问题。中国制造要提质升级，最重要的是依靠“人”，这是中国最大的优势，也是最大的潜力所在。在机械/制造行业企业的数字化转型中，企业管理者和员工的能力也要进行相应的数字化升级以助力转型的顺利落地。2016年，教育部、人力资源和社会保障部、工业和信息化部印发的《制造业人才发展规划指南》提出要加强面向先进制造业的信息技术应用人才培养，强化企业专业技术人员和经营管理人员在研发、生产、管理、营销、维护等核心环节的信息技术应用能力。

2022年，机械/制造行业高管人才市场供需同时发力，供给和需求数量分别为38277人次和13730人次，同比增长7.33%和14.37%（见图6–1）。数字化人才是传统制造提质升级的关键因素，人才需求总量和缺口巨大。

自2016年以来，国家发改委等部门陆续发布《关于推进"互联网+"智慧能源发展的指导意见》等政策，推动能源互联网的建设，促进能源行业的转型升级。2022年，能源/化工/环保行业高管人才市场供给和需求数量分别为31512人次和14288人次，同比增长7.86%和10.74%（见图6–1）。"双碳"背景下，各环节持续引入和结合数字化，分布式智能电网、数字化能源管理、综合能源服务等新业态的出现对从业者不断提出新的要求，能源/化工/环保行业企业数字化转型与数字化人才需求迫切。

（一）性别差异情况

从2022年高管人才市场数字化相关行业性别差异情况（见图6–2）来看，数字化相关行业高管性别差异巨大，女性高管占比较低。IT/互联网/游戏行业女性高管供给数量为29524人次，占比22.98%，男性高管供给数量为女性的3.35倍；电子/通信/半导体行业女性高管供给数量为3012人次，占比15.83%，男性高管供给数量为女性的5.32倍；机械/制造行业女性高管供给数量为5024人次，占比13.13%，男性高管供给数量为女性的6.62倍；能源/化工/环保行业女性高管供给数量为4322人次，占比13.72%，男性高管供给数量为女性的6.29倍。

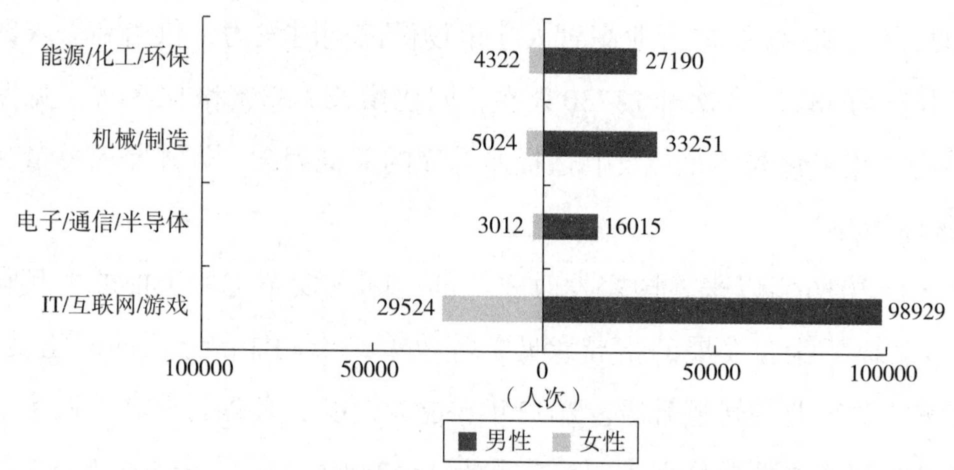

图6-2　2022年高管人才市场数字化相关行业性别差异情况

数据来源：猎聘人才与组织发展研究院。

（二）专业技术能力要求分析

专业技术能力是衡量和评价人才的关键因素，分析数字化相关行业高管人才的专业技术能力要求，能够清晰地展示出行业所具备的人才优势和产业优势。相比其他行业，数字化相关行业对高管人才的要求以综合素质和专业能力为基本框架，除了有对toB、toC、团队管理、客户管理、销售管理、财务分析等综合能力的要求，还有对计算机语言、数据分析、运营开发设计等硬核技能的要求（见图6-3）。其中一些关键技术能力专业性极强，这也为其他行业高管人才进入数字化相关行业设置了门槛，但数字化相关行业高管人才进入其他行业则相对容易，且具备一定优势。

图6–3　2022年高管人才市场数字化相关行业专业技术能力要求分析

数据来源：猎聘人才与组织发展研究院。

二、数字化相关行业薪酬水平

本节数据样本来源于猎聘用户数据，选取其中2020—2022年数字化相关行业高管年薪数据进行分析。在全行业范围比较，2020—2022年数字化相关行业薪酬水平处于相对高位。总经理职位中，机械/制造行业薪酬水平较高，2020年平均薪酬为59.30万元；副总经理职位中IT/互联网/游戏行业薪酬水平最高，超过同行业总经理薪酬水平，2022年平均薪酬高达66.50万元，且呈现强势增长趋势；总监职位中各行业薪酬水平差异不明显，分布在31万元至43万元（见图6–4）。

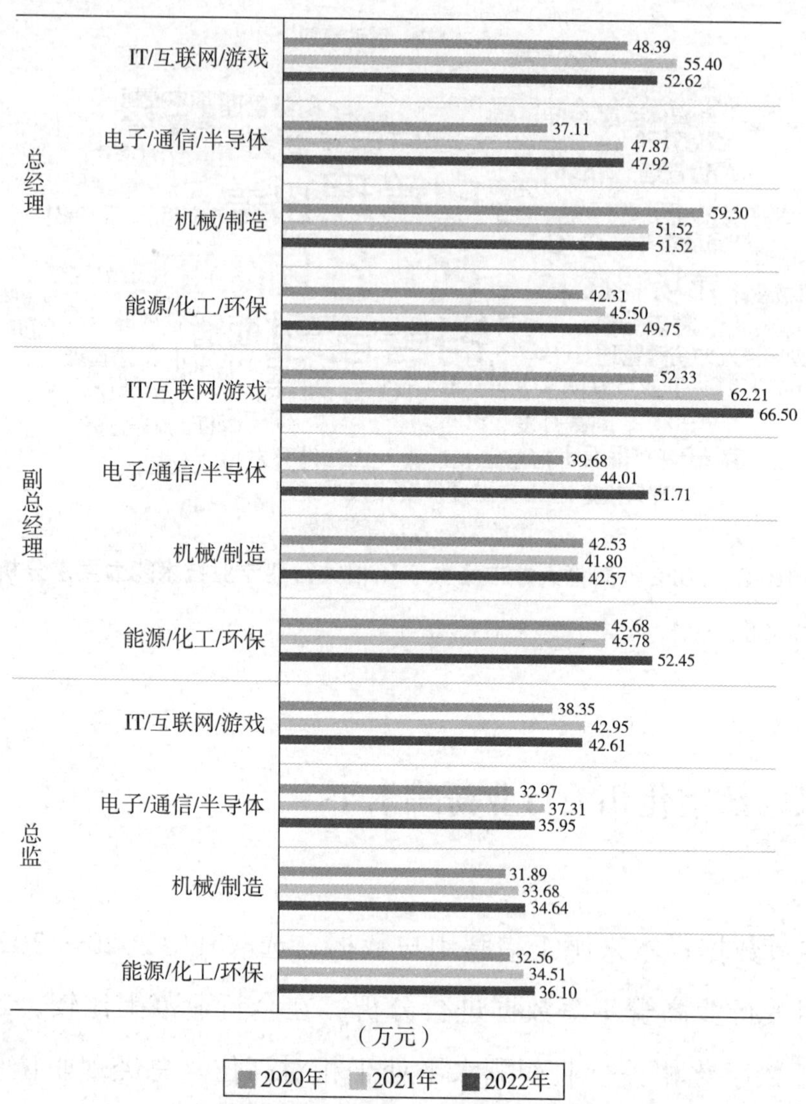

图6-4　2020—2022年数字化相关行业高管人才市场不同职位平均薪酬

数据来源：猎聘人才与组织发展研究院。

（一）性别差异情况

通过对比分析2022年高管人才市场数字化相关行业男性与女性的

薪酬差异情况（见图6-5），发现女性高管的薪酬水平仍然与男性高管的薪酬水平存在差距。尽管行业内女性高管数量不占优势，但相比其他行业薪酬水平差异不大，差距在3万元以内。

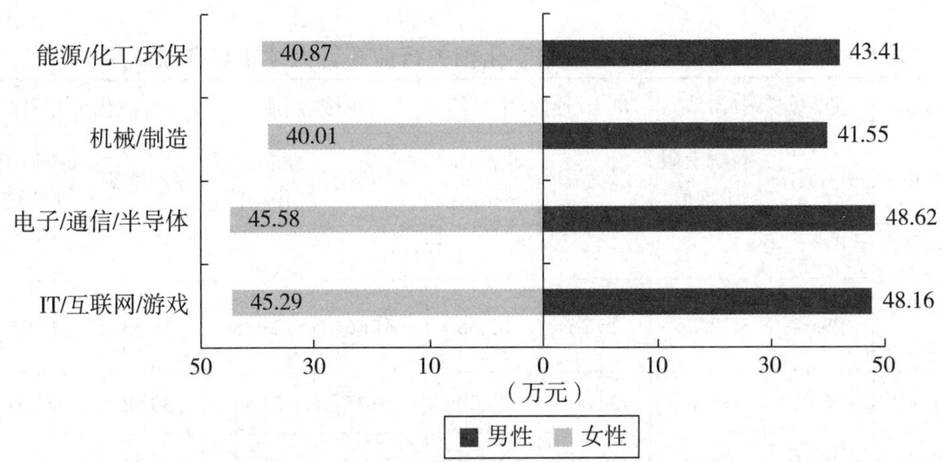

图6-5　2022年高管人才市场数字化相关行业薪酬水平性别差异情况

数据来源：猎聘人才与组织发展研究院。

（二）区域差异情况

聚焦京津冀地区、粤港澳大湾区和长三角地区数字化相关行业高管人才市场薪酬水平，基于有差异的区域经济发展程度、基础建设、数字化产业投入等因素，同行业不同区域高管薪酬水平发展不均衡，同区域城市间也存在巨大差异。粤港澳大湾区高管薪酬水平普遍高于其他两个区域，IT/互联网/游戏行业和电子/通信/半导体行业差异尤为突出。粤港澳大湾区IT/互联网/游戏行业平均薪酬为41.43万元、薪酬上限平均值为51.10万元，分别超出京津冀地区11.79万元和13.85万元，超出长三角地区8.99万元和10.51万元；粤港澳大湾区电子/通信/

半导体行业平均薪酬为41.72万元、薪酬上限平均值为50.70万元，分别超出京津冀地区15.36万元和18.02万元，超出长三角地区5.97万元和7.25万元（见表6–1、表6–2、表6–3）。

表6–1　2022年京津冀地区数字化相关行业高管人才市场薪酬水平

行业	IT/互联网/游戏		电子/通信/半导体		机械/制造		能源/化工/环保	
城市	平均薪酬	薪酬上限平均值	平均薪酬	薪酬上限平均值	平均薪酬	薪酬上限平均值	平均薪酬	薪酬上限平均值
单位	（万元）							
京津冀地区	29.64	37.25	26.36	32.68	31.66	38.38	34.53	42.95
安阳	26.05	32.00	27.00	36.00	19.75	23.40	39.58	49.50
保定	31.25	38.61	30.52	36.10	26.90	33.26	27.22	34.98
北京	50.30	61.91	47.56	58.02	43.43	52.67	58.15	72.27
沧州	30.52	37.44	21.68	25.65	21.90	27.00	27.06	34.31
承德	23.90	30.99			24.00	30.00	38.60	47.40
邯郸	23.94	31.10			29.19	37.44	19.92	23.10
衡水	29.10	36.08	12.53	15.87	69.75	79.50	30.30	35.25
廊坊	45.01	57.27	49.98	63.25	31.66	37.59	60.49	75.29
秦皇岛	24.25	31.02	8.40	10.80	44.15	51.11	26.75	33.00
石家庄	26.62	34.16	19.95	25.23	26.24	32.96	33.64	42.33
唐山	27.68	34.51	15.00	18.00	20.04	23.87	27.78	34.86
天津	34.74	43.34	31.01	37.89	32.13	38.73	32.31	40.91
邢台	18.09	22.97			22.13	28.15	10.55	14.00
张家口	23.50	30.13			32.00	41.60	50.98	64.14

数据来源：猎聘人才与组织发展研究院。

表6-2　2022年粤港澳大湾区数字化相关行业高管人才市场薪酬水平

行业	IT/互联网/游戏		电子/通信/半导体		机械/制造		能源/化工/环保	
城市	平均薪酬	薪酬上限平均值	平均薪酬	薪酬上限平均值	平均薪酬	薪酬上限平均值	平均薪酬	薪酬上限平均值
单位	（万元）							
粤港澳大湾区	41.43	51.10	41.72	50.70	34.60	43.06	39.06	47.74
东莞	39.25	48.11	45.26	54.59	36.56	45.60	37.42	46.37
佛山	37.33	46.60	31.46	39.57	40.71	51.15	40.94	49.68
广州	41.61	51.98	42.42	52.03	35.01	43.44	37.26	45.65
惠州	39.13	48.40	39.20	48.75	32.27	40.67	43.69	53.77
江门	30.94	38.79	40.16	49.79	26.67	33.46	34.86	41.82
深圳	49.01	60.78	49.22	60.60	38.45	46.92	42.93	52.82
香港	79.16	95.34	62.84	74.00	35.12	44.23	41.38	50.13
肇庆	35.85	44.50	32.70	36.60	34.21	41.41	40.53	50.21
中山	27.85	33.96	40.28	48.79	32.42	40.61	30.71	37.28
珠海	34.15	42.54	33.69	42.32	36.56	45.60	40.84	49.67

数据来源：猎聘人才与组织发展研究院。

表6-3　2022年长三角地区数字化相关行业高管人才市场薪酬水平

行业	IT/互联网/游戏		电子/通信/半导体		机械/制造		能源/化工/环保	
城市	平均薪酬	薪酬上限平均值	平均薪酬	薪酬上限平均值	平均薪酬	薪酬上限平均值	平均薪酬	薪酬上限平均值
单位	（万元）							
长三角地区	32.44	40.59	35.75	43.45	33.04	40.84	36.39	44.71
安庆	25.38	32.47	22.40	30.40	22.80	31.20	31.82	41.11
常州	36.89	45.99	37.79	46.39	37.93	47.02	37.39	44.71
池州	39.12	48.60	/	/	10.80	12.00	26.45	33.00

续 表

行业	IT/互联网/游戏		电子/通信/半导体		机械/制造		能源/化工/环保	
城市	平均薪酬	薪酬上限平均值	平均薪酬	薪酬上限平均值	平均薪酬	薪酬上限平均值	平均薪酬	薪酬上限平均值
单位	（万元）							
滁州	27.51	35.15	41.13	53.20	33.95	42.43	31.66	38.10
杭州	44.68	55.54	34.90	43.51	36.80	44.86	47.31	58.20
湖州	31.02	38.48	35.70	44.54	30.88	37.09	39.68	49.36
嘉兴	30.44	36.98	42.09	51.35	32.59	39.81	49.24	59.98
金华	33.01	40.81	38.97	46.73	62.37	80.09	30.14	37.63
马鞍山	18.33	21.97	30.60	38.00	25.36	31.72	40.69	49.92
南京	38.08	47.80	43.39	53.51	34.17	41.50	35.49	44.71
南通	31.43	38.87	33.08	40.53	28.94	35.24	34.17	41.36
宁波	38.44	47.66	34.43	41.95	32.17	39.16	39.05	47.80
上海	52.65	64.47	41.92	51.24	42.00	51.25	45.77	55.82
绍兴	29.80	39.25	35.11	43.55	31.28	38.94	23.25	28.14
苏州	41.27	51.28	40.08	49.03	39.36	47.98	38.62	47.81
泰州	24.74	31.43	27.41	33.72	29.17	35.46	33.35	40.59
铜陵	25.60	32.50	54.00	60.00			28.42	35.17
无锡	42.24	51.11	40.41	49.48	38.17	47.40	30.82	38.08
芜湖	34.55	43.61	19.87	23.72	29.27	36.40	34.37	43.96
宣城	22.72	29.10	27.00	30.00	29.10	36.84	38.65	48.77
盐城	26.53	34.02	32.44	39.47	34.53	41.87	38.69	46.17
扬州	25.20	32.26	28.36	33.51	38.21	47.86	36.07	43.27
镇江	29.62	37.72	45.50	52.00	35.68	44.80	35.88	43.98
舟山	29.31	37.03			24.42	28.36	46.50	55.50

数据来源：猎聘人才与组织发展研究院。

在各区域内横向比较，发现不同行业高管薪酬水平存在差异，京津冀地区的能源/化工/环保行业高管薪酬水平最高，平均薪酬为34.53万元、薪酬上限平均值为42.95万元；粤港澳大湾区的IT/互联网/游戏行业和电子/通信/半导体行业高管薪酬并驾齐驱，均处在全国高位，其中，香港特别行政区高管薪酬水平明显高于广东省9个城市；长三角地区数字化相关行业高管薪酬水平较为均衡。

三、数字化相关行业高管人才流动意向

行业在发展过程中会出现一定的周期变化，人才会在行业间流动，尤其是高管人才，随着其素质能力的不断提升、管理经验的不断积累，面向高管人才的行业壁垒也在逐渐弱化。近几年，数字化产业处在风口浪尖，相关行业高管人才流动日益明显，传统互联网企业出现严重主动和被动人才流失现象，新兴行业吸引大批高管人才。

（一）人才流入意向

从2022年数字化相关行业高管流入意向（见表6-4）来看，各行业高管流入IT/互联网/游戏行业的数量最多，为1747005人次；流入电子/通信/半导体行业的数量最少，为979409人次；流入机械/制造行业和能源/化工/环保行业的数量相差不大，分别为1069534人次和1092966人次。

表6-4　　2022年数字化相关行业高管流入意向

流入行业	来源行业	投递数量（人次）
IT/互联网/游戏		1747005
	房地产/建筑	430878
	广告/传媒/文化/体育	86734
	交通/物流/贸易/零售	198499
	教育培训	87767
	金融	191619
	科研技术/商务服务	209932
	汽车	116439
	生活服务	91498
	消费品	164942
	医疗健康	124238
	政府/非营利组织/其他	44459
电子/通信/半导体		979409
	房地产/建筑	260188
	广告/传媒/文化/体育	36876
	交通/物流/贸易/零售	113414
	教育培训	40403
	金融	98448
	科研技术/商务服务	125378
	汽车	80865
	生活服务	44239
	消费品	89009
	医疗健康	64692
	政府/非营利组织/其他	25897
机械/制造		1069534

续　表

流入行业	来源行业	投递数量（人次）
	房地产/建筑	303752
	广告/传媒/文化/体育	34299
	交通/物流/贸易/零售	124223
	教育培训	40433
	金融	93675
	科研技术/商务服务	128172
	汽车	96977
	生活服务	46435
	消费品	98437
	医疗健康	74487
	政府/非营利组织/其他	28644
能源/化工/环保		1092966
	房地产/建筑	354245
	广告/传媒/文化/体育	32771
	交通/物流/贸易/零售	116398
	教育培训	38757
	金融	100983
	科研技术/商务服务	132098
	汽车	86645
	生活服务	46485
	消费品	88021
	医疗健康	63793
	政府/非营利组织/其他	32770
总计		4888914

数据来源：猎聘人才与组织发展研究院。

如图6-6所示，从房地产/建筑行业流入到数字化相关行业的高管数量最多，为1349063人次、占比27.59%，由此可见房地产/建筑行业已出现人才外流情况。

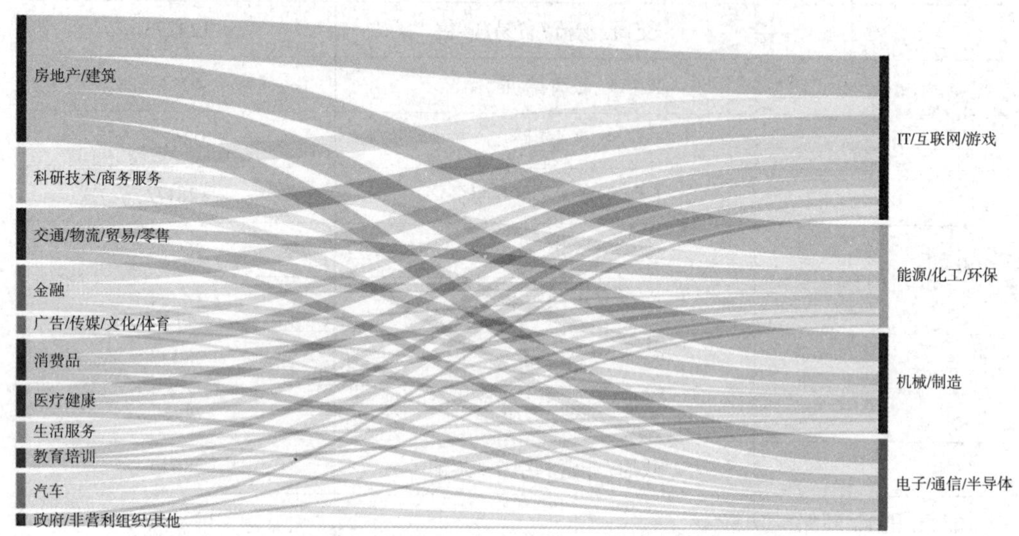

图6-6 2022年数字化相关行业高管流入意向

数据来源：猎聘人才与组织发展研究院。

（二）人才流出意向

从2022年数字化相关行业高管流出意向（见表6-5）来看，从数字化相关行业流出到其他行业的高管中，IT/互联网/游戏行业流出数量最多，为4422621人次；电子/通信/半导体行业流出数量最少，为856452人次；机械/制造行业流出1672144人次；能源/化工/环保行业1103084人次。

表6-5　　　　2022年数字化相关行业高管流出意向

来源行业	流入行业	投递数量（人次）
IT/互联网/游戏		4422621
	科研技术/商务服务	524473
	消费品	607348
	医疗健康	528842
	教育培训	163668
	生活服务	190578
	房地产/建筑	627571
	金融	566025
	广告/传媒/文化/体育	193194
	汽车	374617
	政府/非营利组织/其他	204404
	交通/物流/贸易/零售	441901
电子/通信/半导体		856452
	科研技术/商务服务	104563
	消费品	114105
	医疗健康	114720
	教育培训	27412
	生活服务	27901
	房地产/建筑	125099
	金融	74446
	广告/传媒/文化/体育	23610
	汽车	118256
	政府/非营利组织/其他	42292
	交通/物流/贸易/零售	84048
机械/制造		1672144

续 表

来源行业	流入行业	投递数量（人次）
	科研技术/商务服务	195969
	消费品	229244
	医疗健康	225274
	教育培训	50439
	生活服务	54536
	房地产/建筑	259562
	金融	123284
	广告/传媒/文化/体育	42633
	汽车	241634
	政府/非营利组织/其他	85690
	交通/物流/贸易/零售	163879
能源/化工/环保		1103084
	科研技术/商务服务	138110
	消费品	132782
	医疗健康	137524
	教育培训	32611
	生活服务	39105
	房地产/建筑	210671
	金融	99490
	广告/传媒/文化/体育	28989
	汽车	118222
	政府/非营利组织/其他	62439
	交通/物流/贸易/零售	103141
总计		8054301

数据来源：猎聘人才与组织发展研究院。

从2022年数字化相关行业高管流出意向（见图6-7）来看，高管从数字化相关行业流入到其他行业的数量较为平均，其中金融行业、科研技术/商务服务行业、交通/物流/贸易/零售行业、消费品行业、医疗健康行业以及汽车行业对高管人才的吸引具有一定优势。

图6-7 2022年数字化相关行业高管流出意向

数据来源：猎聘人才与组织发展研究院。

上市公司高管薪酬篇

本篇以上市公司年度报告披露的数据为基础，深入研究上市公司高管的薪酬水平，研究上市企业高管薪酬的行业差异、地区差异的基本情况。通过上市公司整体高管薪酬水平的呈现，为国有企业职业经理人薪酬对标管理提供有效的借鉴信息，为企业研究和确定职业经理人薪酬提供基本参考。

第七章　高管薪酬数据行业分布情况

本篇数据样本分为两部分。一是2022年上市公司年报披露的企业高管前三名薪酬总额（指某企业薪酬按从高到低排列，排名前三位的高管薪酬总和）及企业高管第一名薪酬（指某企业薪酬最高的高管的薪酬）的企业样本。其中，删除了高管薪酬总额为0及小于100元的这种明显不合理的企业数据样本，有效数据样本共有5130家企业。二是2022年上市公司年报披露的薪酬排名前100的高管所在企业、所任职务、所属行业及薪酬总额等信息。以上涉及上市公司披露的高管薪酬总额数据所涵盖的范围，按照中国证券监督管理委员会发布的《公开发行证券的公司信息披露内容与格式准则第2号——年度报告的内容与格式（2021年修订）》（证监会公告〔2021〕15号）规定如下："披露每一位现任及报告期内离任董事、监事和高管在报告期内从公司获得的税前报酬总额（包括基本工资、奖金、津贴、补贴、职工福利费和各项保险费、公积金、年金以及以其他形式从公司获得的报酬）及其全体合计金额，并说明是否在公司关联方获取报酬。"本章研究的行业划分依据证监会《上市公司行业分类指引》，共计19个行业。

一、高管薪酬前百名行业分布情况

高管薪酬前百名排行榜主要选取对象为上市公司经理层成员，对其职务、所属行业（含二级行业）及报告期薪酬总额情况进行呈现（见表7–1）。

表7–1　　2022年高管薪酬前百名排行

序号	证券代码	证券简称	姓名	职务	行业	所属行业二级行业	报告期薪酬总额（万元）
1	600438	通威股份	李斌	副总裁	制造业	农副食品加工业	8652.91
2	688349	三一重能	李强	非独立董事，总经理，核心技术人员	制造业	电气机械和器材制造业	5497.89
3	688349	三一重能	周福贵	董事长，总经理	制造业	电气机械和器材制造业	4235.61
4	603259	药明康德	李革	董事长，董事，总裁	科学研究和技术服务业	研究和试验发展	4196.90
5	688331	荣昌生物	房健民	执行董事，首席执行官，首席科学官，核心技术人员	制造业	电气机械和器材制造业	2654.31
6	688331	荣昌生物	何如意	执行董事，首席医学官，临床研究主管	制造业	电气机械和器材制造业	2603.96
7	600745	闻泰科技	张学政	董事长，总裁	制造业	计算机、通信和其他电子设备制造业	2581.33
8	600887	伊利股份	潘刚	董事长，总裁	制造业	食品制造业	2572.70
9	600438	通威股份	甘居富	四川永祥股份有限公司技术中心（国家级）主任	制造业	农副食品加工业	2482.53
10	600873	梅花生物	梁宇博	董事，副总经理	制造业	食品制造业	2282.00

续　表

序号	证券代码	证券简称	姓名	职务	行业	所属行业二级行业	报告期薪酬总额（万元）
11	600873	梅花生物	何君	董事，总经理	制造业	食品制造业	2127.00
12	002938	鹏鼎控股	沈庆芳	董事长，首席执行官	制造业	计算机、通信和其他电子设备制造业	2104.12
13	300760	迈瑞医疗	吴昊	董事，总经理	制造业	专用设备制造业	1938.78
14	600196	复星医药	王可心	执行董事，联席董事长，副董事长，联席总裁	制造业	医药制造业	1935.28
15	300760	迈瑞医疗	李在文	高级副总经理	制造业	专用设备制造业	1774.96
16	688213	思特威	欧阳坚	副总经理	制造业	专用设备制造业	1681.39
17	688503	聚和材料	刘海东	董事长，总经理	制造业	专用设备制造业	1669.50
18	600579	克劳斯	Michael Ruf	非独立董事，总经理	制造业	专用设备制造业	1658.23
19	600196	复星医药	HUI AIMIN	执行总裁	制造业	医药制造业	1642.44
20	603606	东方电缆	夏峰	副董事长，总经理	制造业	电气机械和器材制造业	1597.49
21	688399	硕世生物	王国强	副董事长，总经理	制造业	医药制造业	1550.00
22	300999	金龙鱼	穆彦魁	董事，总裁	制造业	农副食品加工业	1512.00
23	600031	三一重工	俞宏福	董事，总裁	制造业	专用设备制造业	1478.97
24	002759	天际股份	陶惠平	董事，副总经理	制造业	电气机械和器材制造业	1447.53
25	601318	中国平安	陈心颖	执行董事，联席首席执行官，常务副总经理	金融业	保险业	1444.68

续 表

序号	证券代码	证券简称	姓名	职务	行业	所属行业二级行业	报告期薪酬总额（万元）
26	600031	三一重工	易小刚	董事，执行总裁	制造业	专用设备制造业	1391.91
27	300910	瑞丰新材	郭春萱	董事长，总经理	制造业	化学原料和化学制品制造业	1362.55
28	688235	百济神州	John V. Oyler（欧雷强）	执行董事，董事会主席，首席执行官	制造业	医药制造业	1362.29
29	600299	安迪苏	Jean Marc Dublanc	副董事长，总经理	制造业	医药制造业	1362.00
30	600584	长电科技	郑力	非独立董事，CEO	制造业	计算机、通信和其他电子设备制造业	1359.37
31	000039	中集集团	麦伯良	董事长，董事，首席执行官	制造业	金属制品业	1347.50
32	605117	德业股份	张和君	董事长，总经理	制造业	电气机械和器材制造业	1346.00
33	688192	迪哲医药	XIAOLIN ZHANG	董事长，总经理	制造业	医药制造业	1340.66
34	830809	安达科技	刘建波	董事长，总经理	制造业	软件和信息技术服务业	1265.85
35	600031	三一重工	向儒安	高级副总裁	制造业	专用设备制造业	1263.99
36	600196	复星医药	吴以芳	执行董事，董事长，首席执行官	制造业	医药制造业	1255.10
37	603031	安孚科技	刘荣海	董事，常务副总经理	批发和零售业	零售业	1246.22
38	688173	希荻微	NAM DAVID INGYUN	董事，总经理	信息传输、软件和信息技术服务业	软件和信息技术服务业	1230.86

续　表

序号	证券代码	证券简称	姓名	职务	行业	所属行业二级行业	报告期薪酬总额（万元）
39	000063	中兴通讯	徐子阳	执行董事，总裁	制造业	计算机、通信和其他电子设备制造业	1229.50
40	601318	中国平安	姚波	执行董事，联席首席执行官，常务副总经理	金融业	保险业	1216.32
41	688349	三一重能	余梁为	副总经理	制造业	电气机械和器材制造业	1206.84
42	000063	中兴通讯	王喜瑜	执行副总裁	制造业	计算机、通信和其他电子设备制造业	1187.50
43	601318	中国平安	张小璐	首席运营官	金融业	保险业	1186.76
44	600584	长电科技	罗宏伟	董事，常务副总经理	制造业	计算机、通信和其他电子设备制造业	1154.75
45	000651	格力电器	董明珠	董事长，总裁	制造业	电气机械和器材制造业	1142.00
46	688235	百济神州	Xiaobin Wu（吴晓滨）	总裁，首席运营官	制造业	医药制造业	1135.61
47	000333	美的集团	方洪波	董事长，总裁	制造业	电气机械和器材制造业	1130.14
48	600183	生益科技	陈仁喜	董事，总经理	制造业	计算机、通信和其他电子设备制造业	1128.57
49	688126	沪硅产业	邱慈云	非独立董事，总裁	制造业	计算机、通信和其他电子设备制造业	1128.56

续 表

序号	证券代码	证券简称	姓名	职务	行业	所属行业二级行业	报告期薪酬总额（万元）
50	688399	硕世生物	刘中华	董事，副总经理	制造业	医药制造业	1120.00
51	300741	华宝股份	蔡文辉	副总裁	制造业	化学原料和化学制品制造业	1118.65
52	300760	迈瑞医疗	郭艳美	董事，常务副总经理	制造业	专用设备制造业	1115.55
53	600383	金地集团	邱维炀	高级副总裁	房地产业	房地产业	1115.00
54	603281	江瀚新材	甘俊	副董事长，总经理	制造业	通用设备制造业	1097.12
55	300760	迈瑞医疗	李新胜	副总经理	制造业	专用设备制造业	1092.04
56	605117	德业股份	张栋业	副董事长，总经理	制造业	电气机械和器材制造业	1084.00
57	000810	创维数字	施驰	董事长，总经理，董事	制造业	计算机、通信和其他电子设备制造业	1083.45
58	601012	隆基绿能	李振国	董事，总经理	制造业	电气机械和器材制造业	1073.84
59	601012	隆基绿能	刘学文	董事，财务总监	制造业	电气机械和器材制造业	1065.88
60	603259	药明康德	胡正国	董事，副董事长，首席投资官	科学研究和技术服务业	研究和试验发展	1054.63
61	300760	迈瑞医疗	刘来平	副总经理	制造业	专用设备制造业	1037.70
62	000100	TCL科技	李东生	董事长，首席执行官	制造业	计算机、通信和其他电子设备制造业	1037.41
63	603799	华友钴业	陈红良	董事，总经理	制造业	有色金属冶炼和压延加工业	1035.82

续　表

序号	证券代码	证券简称	姓名	职务	行业	所属行业二级行业	报告期薪酬总额（万元）
64	600570	恒生电子	刘曙峰	董事长，总经理	信息传输、软件和信息技术服务业	软件和信息技术服务业	1032.03
65	300999	金龙鱼	牛余新	董事，常务副总裁	制造业	农副食品加工业	1012.00
66	000009	中国宝安	贺雪琴	副总裁	综合	娱乐业	1011.97
67	688503	聚和材料	敖毅伟	董事，副总经理，核心技术人员	制造业	专用设备制造业	1007.90
68	601899	紫金矿业	邹来昌	副董事长，总经理	采矿业	有色金属矿采选业	1007.70
69	603259	药明康德	陈民章	执行董事，联席首席执行官	科学研究和技术服务业	研究和试验发展	996.49
70	688213	思特威	徐辰	董事长，总经理	制造业	专用设备制造业	988.12
71	000063	中兴通讯	谢峻石	执行副总裁	制造业	计算机、通信和其他电子设备制造业	976.50
72	600584	长电科技	Choon Heung Lee	首席技术长	制造业	计算机、通信和其他电子设备制造业	974.44
73	000063	中兴通讯	李莹	执行副总裁，财务总监	制造业	计算机、通信和其他电子设备制造业	972.90
74	603986	兆易创新	程泰毅	董事，副总经理	制造业	计算机、通信和其他电子设备制造业	971.31
75	603606	东方电缆	乐君杰	董事，副总经理，董事会秘书	制造业	电气机械和器材制造业	969.67

续 表

序号	证券代码	证券简称	姓名	职务	行业	所属行业二级行业	报告期薪酬总额（万元）
76	600196	复星医药	包勤贵	高级副总裁，副总裁	制造业	医药制造业	969.53
77	300244	迪安诊断	黄柏兴	董事，总经理	卫生和社会工作业	教育	969.28
78	000063	中兴通讯	顾军营	非独立董事，执行副总裁	制造业	计算机、通信和其他电子设备制造业	961.90
79	002594	比亚迪	李柯	执行副总裁	制造业	汽车制造业	960.20
80	300274	阳光电源	顾亦磊	非独立董事，副总经理	制造业	电气机械和器材制造业	960.00
81	000333	美的集团	殷必彤	董事，副总裁	制造业	电气机械和器材制造业	957.18
82	603606	东方电缆	阮武	副总经理	制造业	电气机械和器材制造业	956.98
83	603606	东方电缆	柯军	董事，副总经理，财务总监	制造业	电气机械和器材制造业	956.31
84	000100	TCL科技	金旴植	董事，高级副总裁	制造业	计算机、通信和其他电子设备制造业	950.59
85	300639	凯普生物	管秩生	董事，常务副总经理	制造业	医药制造业	938.84
86	000981	山子股份	王德银	总裁	制造业	汽车制造业	933.30
87	603833	欧派家居	谭钦兴	副董事长，副总裁	制造业	家具制造业	929.65
88	000009	中国宝安	陈政立	董事局主席，董事，总裁	综合	娱乐业	929.58
89	835185	贝特瑞	任建国	董事，总经理	制造业	非金属矿物制品业	924.58
90	688180	君实生物	李宁（Ning LI）	执行董事，总经理	制造业	医药制造业	915.67

续　表

序号	证券代码	证券简称	姓名	职务	行业	所属行业二级行业	报告期薪酬总额（万元）
91	600887	伊利股份	赵成霞	董事，副总裁，财务负责人	制造业	食品制造业	915.32
92	000725	京东方A	刘晓东	副董事长，执行委员会委员	制造业	计算机、通信和其他电子设备制造业	913.92
93	603986	兆易创新	舒清明	副董事长，董事，副总经理	制造业	计算机、通信和其他电子设备制造业	912.30
94	002032	苏泊尔	张国华	总经理	制造业	金属制品业	911.61
95	600315	上海家化	潘秋生	董事长，首席执行官，总经理	制造业	化学原料和化学制品制造业	907.90
96	000333	美的集团	管金伟	副总裁	制造业	电气机械和器材制造业	907.46
97	002821	凯莱英	HAO HONG	董事长，首席执行官（CEO）	制造业	医药制造业	905.45
98	688008	澜起科技	杨崇和	董事长，首席执行官	制造业	计算机、通信和其他电子设备制造业	902.78
99	688008	澜起科技	Stephen Kuong-Io Tai	职工董事，总经理	制造业	计算机、通信和其他电子设备制造业	902.08
100	000700	模塑科技	曹克波	董事长，董事，总经理	制造业	汽车制造业	900.78

数据来源：根据国泰安CSMAR数据库整理计算。

如表7–1所示，在样本数据2022年高管薪酬前百名排行榜中，第一名是通威股份副总裁李斌，薪酬是8652.91万元。通威股份有限公司由通威集团控股，是绿色农业和绿色能源高效协同发展的大型民营科技型上市公司。公司现拥有遍布全国及海外的200余家分、子公司，员工4万余人，年饲料生产能力超过1000万吨；高纯晶硅年产能42万吨；太阳能电池年产能超90GW；组件产能55GW；以"渔光一体"为主的光伏电站累计装机并网规模达到3.7GW。[①]副总裁李斌，男，1966年出生，重庆大学矿业机械专业毕业，香港财经大学工商管理硕士，中共党员，机械高级工程师。乐山市优秀高层次人才，曾获得中国专利优秀奖、四川省科学技术进步奖等奖项荣誉。现任通威股份副总裁、四川永祥股份有限公司董事长兼总经理、永祥新能源有限公司总经理。[②]

薪酬排行榜排在第二名和第三名的是三一重能的李强和周福贵，2022年薪酬分别为5497.89万元和4235.61万元（从公司获得的税前报酬总额口径为计入当期损益的薪酬，包含期权计划及员工持股计划的股权激励费用）。三一重能股份有限公司成立于2008年，是"全球新能源500强企业"，并被工信部认定为"智能制造标杆企业"；近年来市场占有率持续提升，成为全球综合排名前十、中国前五的风电整机商。[③]李强2008年9月至2012年1月，就职于通用电气（中国）全球研究开发中心有限公司，任研发工程师；2012年4月至2018年6月，就职于国电联合动力技术有限公司，任技术中心总工程师；2018年9月至2020年9月，任三一重能有限研究院院长、总工程师；2020年9月至2022年8月，任三一重能董事、副总经理、总工程师、研究院院长；

① 通威股份官网，https://www.tongwei.com.cn。

② 通威股份2022年年报。

③ 三一重能官网，https://www.sanyre.com.cn/。

2022年8月至今，任三一重能董事、总经理、总工程师、研究院院长。周福贵1983年至1985年，就职于昆明电缆厂，任助理工程师；1988年至1991年，就职于涟源特种焊接材料厂，历任供应科科长、副厂长；1991年至1994年，就职于深圳中侨表面技术有限公司；1994年至1998年，任三一重工董事、副总裁；1998年至2009年，任三一重工董事、副总裁、三一美国总经理；2009年至2016年，任三一集团董事、三一重型机器有限公司董事长；2016年至2018年3月，任三一集团董事；2018年3月至2018年4月，任三一集团董事、三一重能执行董事；2018年4月至2020年9月，任三一集团董事、三一重能执行董事、经理；2020年9月至2022年8月，任三一重能董事长、总经理、三一集团董事；2022年8月至今，任三一重能董事长、三一集团董事。①

从高管薪酬前百名行业分布情况来看（见图7-1），占比最多的行业为制造业，占比为86.00%。其次为金融业，占比为3.00%，科学研究和技术服务业，占比为3.00%。

制造业的高管薪酬前百名占比最多，可能与近些年来我国制造业振兴及发展举措有关。2022年9月17日国家统计局发布的党的十八大以来经济社会发展成就系列报告显示，据世界银行数据，2010年我国制造业增加值首次超过美国，之后连续多年稳居世界第一；2020年我国制造业增加值占世界的份额达28.5%，较2012年提升6.2个百分点，在全球工业经济增长中的驱动作用进一步增强。根据报告显示，我国工业企业效益稳步改善，工业经济展现强大韧性。2021年，全国规模以上工业企业实现营业收入128万亿元，比2012年增长37.7%，年均

① 三一重能2022年年报。

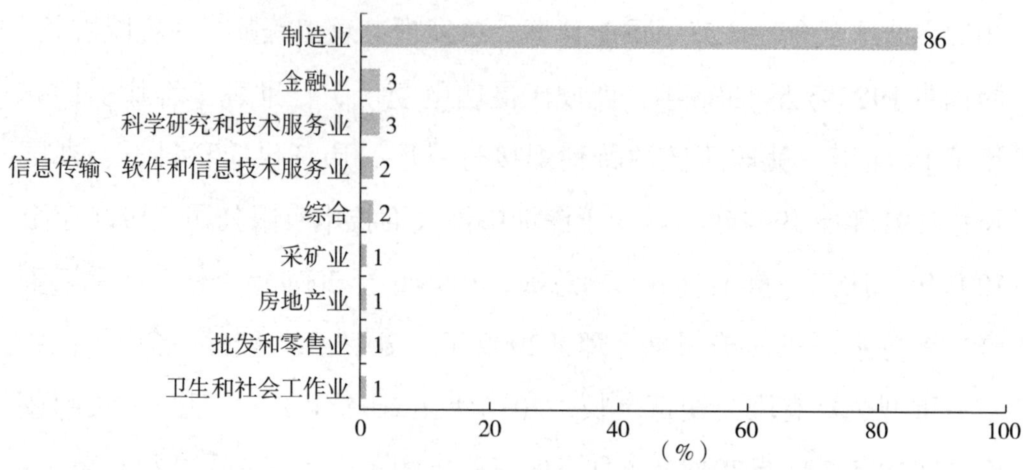

图7-1　2022年高管薪酬前百名行业分布情况

数据来源：根据国泰安CSMAR数据库整理计算。

增长3.6%；实现利润总额8.7万亿元，比2012年增长40.7%，年均增长3.9%。工业结构不断优化，发展模式持续转变。2013年至2021年，装备制造业和高技术制造业增加值年均分别增长9.2%和11.6%，增速分别高于规模以上工业2.4个和4.8个百分点。利润增长结构进一步优化。2021年，装备制造业实现利润占全部规模以上工业企业实现利润总额的比重为32.1%，比2012年上升1.2个百分点；高技术制造业实现利润占比为20.8%，比2012年上升10.7个百分点。工业新兴产品快速增长。2021年，工业机器人产量达到36.6万台，比上年增长67.9%。居民消费升级为新兴产品带来广阔市场和光明前景。2021年，新能源汽车产量达368万辆，比上年增长145.6%。①

受益于政策支持、国际环境改变和我国产业结构转型升级的历史机遇，我国高端制造业上市公司数量持续增加。尤其是2018年以来，

① 报告显示我国制造业增加值连续多年稳居世界第一[EB/OL]. [2022-09-17]. https://www.gov.cn/xinwen/2022-09/17/content_5710435.htm。

随着自主可控的加速推进，半导体、高端机械制造迎来爆发；受双碳目标、国际能源短缺、电能替代等驱动，风电、光伏、储能、新能源智能汽车、交通装备电气化等高速发展。相关行业上市公司数量快速增长，截至2022年10月底，我国高端制造相关上市公司数量达到2121家，相比于2017年年底的1250家增长了69.7%。①

从高管薪酬前百名在制造业二级行业分布情况（见图7-2）来看，占比最多的为计算机、通信和其他电子设备制造业，占比为23.26%；其次为电气机械和器材制造业，占比为22.09%；第三为医药制造业，占比为16.28%。

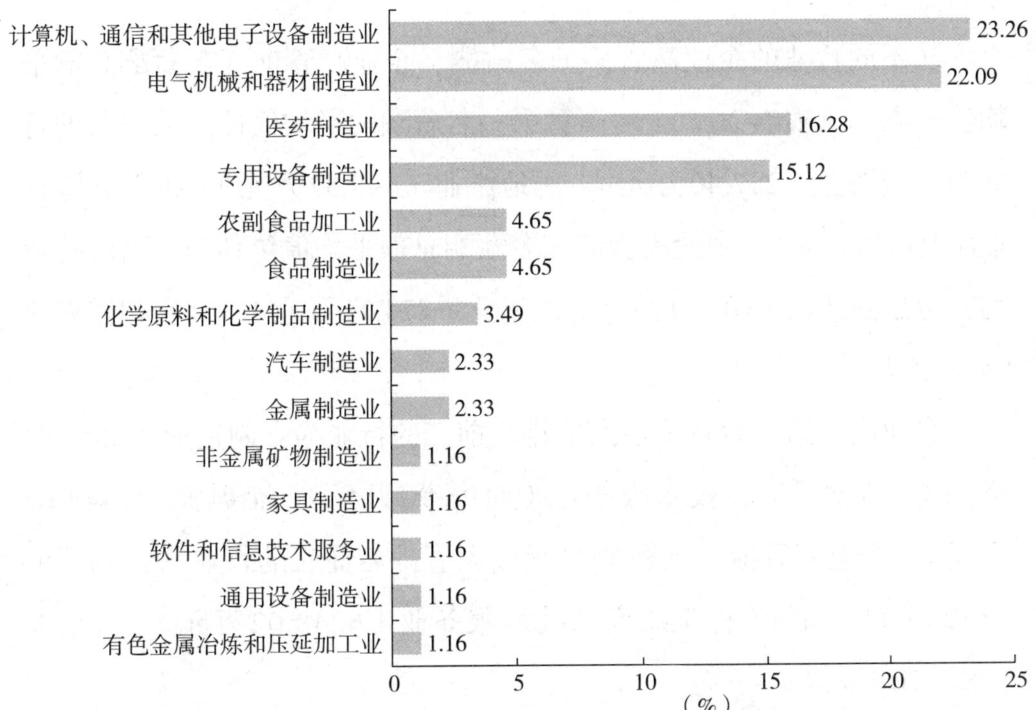

图7-2　2022年高管薪酬前百名在制造业二级行业分布情况

数据来源：根据国泰安CSMAR数据库整理计算。

① 2022中国高端制造业上市公司白皮书。

二、高管薪酬行业分布情况

本章研究的行业划分依据证监会《上市公司行业分类指引》，共计19个行业。鉴于部分行业高管的样本数较少会不具有代表性，故研究所选样本为上市公司总数超过60家企业的行业，主要包括采矿业，制造业，电力、热力、燃气及水的生产和供应业，建筑业，批发和零售业，交通运输、仓储和邮政业，信息传输、软件和信息技术服务业，金融业，房地产业，租赁和商务服务业，科学研究和技术服务业，水利、环境和公共设施管理业，文化体育娱乐业等13个行业。

从不同行业的企业高管第一名薪酬、企业高管前三名薪酬总额平均值来看（见表7–2），企业高管第一名薪酬的平均值位列前三名的行业为：金融业（237.40万元）、房地产业（198.52万元）、批发和零售业（180.38万元）。企业高管前三名薪酬总额平均值位列前三名的行业为：金融业（606.10万元）、房地产业（474.71万元）、批发和零售业（413.35万元）。

企业高管第一名薪酬最大值排名前三的行业为：制造业（8652.91万元）、科学研究和技术服务业（4196.90万元）、金融业（1444.68万元）。企业高管前三名薪酬总额最大值排名前三的行业为：制造业（11750.87万元）、科学研究和技术服务业（6248.02万元）、金融业（3847.76万元）。

表7-2　2022年企业高管第一名薪酬和企业高管前三名薪酬总额行业分布情况

行业	企业数量（家）	企业高管第一名薪酬			企业高管前三名薪酬总额		
		最小值（万元）	最大值（万元）	平均值（万元）	最小值（万元）	最大值（万元）	平均值（万元）
采矿业	79	31.87	1007.70	159.38	83.61	2441.78	387.66
制造业	3403	7.70	8652.91	164.14	19.29	11750.87	372.71
电力、热力、燃气及水的生产和供应业	131	35.68	400.00	108.11	68.60	1000.00	277.36
建筑业	109	22.30	472.73	118.38	58.60	1334.14	297.55
批发和零售业	193	23.47	1246.22	180.38	23.47	2208.99	413.35
交通运输、仓储和邮政业	113	28.91	820.66	142.45	65.13	1627.55	340.64
信息传输、软件和信息技术服务业	425	21.50	1230.86	144.41	22.00	2312.93	341.45
金融业	127	13.00	1444.68	237.40	22.17	3847.76	606.10
房地产业	113	35.00	1115.00	198.52	71.37	1882.00	474.71
租赁和商务服务业	66	32.67	753.61	176.32	78.93	1978.83	406.10
科学研究和技术服务业	110	37.87	4196.90	169.07	72.93	6248.02	378.84
水利、环境和公共设施管理业	99	24.85	236.25	100.60	65.30	584.96	245.10
文化、体育和娱乐业	63	30.85	513.33	128.80	87.43	1443.33	308.99

数据来源：根据国泰安CSMAR数据库整理计算。

备注：企业高管第一名薪酬指某企业薪酬最高的高管的薪酬。

企业高管前三名薪酬总额是指某企业薪酬按从低到高排列，排名最高的前三位高管的薪酬总和。

样本行业上市公司高管人员的薪酬分位值分布情况如表7-3所示，供不同行业的企业对标职业经理人薪酬。分位值表示被调查群体中有n%的数据小于某数值。其中，n的大小反映市场的不同水平，通常使用P25、P50、P75等来表示市场的不同水平。其中，25分位值：表示有25%的数据小于此数值，通常反映市场的较低端水平；50分位值（中位值）：表示有50%的数据小于此数值，通常反映市场的中等水平；75分位值：表示有75%的数据小于此数值，通常反映市场的较高端水平。

表7-3　　2022年企业高管第一名薪酬分位值行业分布情况

行业	企业数量（家）	25分位值（万元）	50分位值（万元）	75分位值（万元）
采矿业	79	79.17	113.95	158.98
制造业	3403	72.44	105.07	174.87
电力、热力、燃气及水的生产和供应业	131	66.19	86.63	120.33
建筑业	109	70.09	105.03	150.00
批发和零售业	193	81.86	135.06	206.55
交通运输、仓储和邮政业	113	70.93	97.46	150.00
信息传输、软件和信息技术服务业	425	74.64	108.69	168.11
金融业	127	136.95	200.84	296.50
房地产业	113	95.11	142.90	250.80
租赁和商务服务业	66	74.90	113.01	258.00
科学研究和技术服务业	110	84.21	115.58	165.00
水利、环境和公共设施管理业	99	60.12	88.93	127.97
文化、体育和娱乐业	63	73.14	100.08	130.07

数据来源：根据国泰安CSMAR数据库整理计算。

备注：企业高管第一名薪酬指某企业薪酬最高的高管的薪酬。

以上数据研究表明，高管薪酬行业差距还是比较大的。但是以往高管薪酬非常高的行业如金融业、房地产业与其他的行业高管的薪酬差距在缩小，而以前薪酬水平一般的制造业在本次研究中呈现两极分化的特征。制造业不同二级行业之间的差异也比较明显，部分制造业个别企业的高管薪酬达到了非常高的水平，在高管薪酬前百名排行榜中占据大多席位。

行业薪酬差距必将导致优秀的高管流动，尤其是一些通用型职位的高管，如投融资职位的高管、信息化职位的高管流动会更明显。在这样的背景下，股票期权等长期激励机制可能会成为薪酬整体偏低行业留住优秀的高管人才的重要手段。

第八章　高管薪酬数据地区分布情况

处于不同地区的企业的环境条件、竞争状态、人员生活成本、人工成本、产品的价格等会有所不同，会使得高管的薪酬水平存在较大的差异。因此，研究不同地区企业高管的差异对研究高管薪酬所呈现的特征是非常必要的。

由于样本数据所限，本章所涉及的省、自治区、直辖市和所在城市均为企业的办公地所属的地区。一个上市公司可能有几个办公地，以年报披露的办公地作为其所在的省、自治区、直辖市及所在的城市进行研究，可能会存在不够精准的情况，如存在某高管所在的企业为某个上市公司的二级企业，与上市公司并不在同一个地区办公的情况，特此说明。

一、高管薪酬在省、自治区和直辖市的分布情况

在研究不同地区上市公司高管人员薪酬水平情况的过程中，为使数据具有代表性，选取上市公司企业数量达60家以上的地区。经过

筛选，选取广东省、浙江省、江苏省、北京市、上海市、山东省、四川省、福建省、安徽省、湖北省、湖南省、河南省、辽宁省、陕西省、河北省、江西省、重庆市17个省、自治区和直辖市作为样本进行研究（见表8-1）。

表8-1　　2022年高管薪酬省、自治区和直辖市分布情况

省、自治区和直辖市	企业数量（家）	企业高管第一名薪酬			企业高管前三名薪酬总额		
		最小值（万元）	最大值（万元）	平均值（万元）	最小值（万元）	最大值（万元）	平均值（万元）
广东省	867	7.70	2790.76	192.16	19.29	4829.29	436.93
浙江省	647	20.43	2581.33	148.96	53.34	3524.14	341.35
江苏省	642	22.57	1669.50	141.40	40.00	3488.56	328.84
北京市	566	22.00	5497.89	186.57	22.00	10940.34	443.69
上海市	484	22.30	4196.90	206.14	58.60	6248.02	472.15
山东省	286	17.10	2654.31	147.00	49.20	5891.59	333.73
四川省	171	26.53	8652.91	181.85	67.00	11750.87	382.10
福建省	168	32.09	1007.70	151.11	87.46	2441.78	360.17
安徽省	156	37.59	1246.22	132.01	57.89	2208.99	308.20
湖北省	128	18.00	1097.12	129.69	50.00	2379.23	299.53
湖南省	127	27.65	513.33	113.23	72.49	1443.33	278.35
河南省	106	16.90	1362.55	136.28	43.40	2365.88	304.31
辽宁省	74	16.90	600.00	135.94	40.90	1314.23	303.56
陕西省	74	29.33	1073.84	112.36	81.60	2382.01	280.38
河北省	71	30.00	2282.00	155.51	56.76	4891.00	353.85

续 表

省、自治区和直辖市	企业数量（家）	企业高管第一名薪酬			企业高管前三名薪酬总额		
		最小值（万元）	最大值（万元）	平均值（万元）	最小值（万元）	最大值（万元）	平均值（万元）
江西省	68	13.00	514.79	136.66	22.17	1147.06	316.86
重庆市	65	36.46	519.20	142.02	96.36	1192.28	338.71

数据来源：根据国泰安CSMAR数据库整理计算。

备注：按照所在省、自治区和直辖市上市公司企业数进行排序。

企业高管第一名薪酬指某企业薪酬最高的高管的薪酬。

企业高管前三名薪酬总额是指某企业薪酬按从高到低排列，排名前三位的高管薪酬总和。

从不同省、自治区和直辖市的企业高管第一名薪酬、企业高管前三名薪酬总额情况来看（见表8-1），企业高管第一名薪酬平均值排名前三的省、自治区和直辖市为：上海市（206.14万元）、广东省（192.16万元）和北京市（186.57万元）。企业高管前三名薪酬总额平均值排名前三的省、自治区和直辖市为：上海市（472.15万元）、北京市（443.69万元）和广东省（436.93万元）。

企业高管第一名薪酬的最大值排名前三的省、自治区和直辖市为：四川省（8652.91万元）、北京市（5497.89万元）和上海市（4196.90万元）。企业高管前三名薪酬总额最大值排名前三的省、自治区和直辖市为：四川省（11750.87万元）、北京市（10940.34万元）和上海市（6248.02万元）。

各省、自治区和直辖市上市公司高管人员的薪酬分位值分布情况如表8-2所示，供不同省、自治区和直辖市的企业对标职业经理人薪酬。

表8-2　2022年企业高管第一名薪酬分位值省、自治区和直辖市分布情况

省、自治区和直辖市	企业数量（家）	25分位值（万元）	50分位值（万元）	75分位值（万元）
广东省	867	82.91	124.94	214.16
浙江省	647	74.27	103.07	165.51
江苏省	642	71.33	103.00	156.10
北京市	566	89.98	132.58	201.05
上海市	484	89.08	134.47	228.32
山东省	286	69.13	100.00	170.42
四川省	171	71.80	92.94	140.89
福建省	168	73.62	107.33	183.72
安徽省	156	62.13	91.13	150.02
湖北省	128	60.15	93.52	139.73
湖南省	127	59.87	85.93	134.35
河南省	106	51.84	78.90	132.64
辽宁省	74	61.19	104.06	163.30
陕西省	74	60.23	84.13	107.82
河北省	71	58.85	92.03	144.22
江西省	68	65.67	104.07	169.15
重庆市	65	71.89	95.26	172.06

数据来源：根据国泰安CSMAR数据库整理计算。

备注：按照所在省、自治区和直辖市上市公司企业数进行排序。

企业高管第一名薪酬指某企业薪酬最高的高管的薪酬。

综合以上数据分析，可以看出不同地区高管薪酬差异还是非常明显的。《中国高端制造业上市公司白皮书2022》提出高端制造业上市公司主要分布在京津冀、长三角和珠三角地区。其中，京津冀地区主要包括了半导体、能源和医疗设备等行业；长三角地区主要包括新能源、

电子、医疗、半导体和机械制造等行业；珠三角地区主要包括电子、新能源、医疗设备和机械制造等行业。[①]可见高管的薪酬与所在地产业布局有关，产业布局相对集中、竞争激烈的地区高管的薪酬可能要相对高一些。

二、高管薪酬在部分城市分布情况

为使数据样本具有代表性，选取上市公司企业数量达60家以上的城市。经过筛选，选取18个城市作为样本进行研究。

如表8-3所示，从以上城市上市公司企业高管第一名薪酬、企业高管前三名薪酬总额情况来看，企业高管第一名薪酬平均值排名前三的城市为：上海市（206.14万元）、深圳市（204.34万元）和成都市（202.74万元）。企业高管前三名薪酬总额平均值排名前三的城市为：上海市（472.15万元）、深圳市（466.44万元）和北京市（443.69万元）。

表8-3　　2022年上市公司高管薪酬部分城市分布情况

城市	企业数量（家）	企业高管第一名薪酬			企业高管前三名薪酬总额		
		最小值（万元）	最大值（万元）	平均值（万元）	最小值（万元）	最大值（万元）	平均值（万元）
北京市	566	22.00	5497.89	186.57	22.00	10940.34	443.69
上海市	484	22.30	4196.90	206.14	58.60	6248.02	472.15
深圳市	422	7.70	2790.76	204.34	19.29	4829.29	466.44
杭州市	235	30.94	1032.03	151.62	62.01	2206.24	355.56

① 2022中国高端制造业上市公司白皮书。

续　表

城市	企业数量（家）	企业高管第一名薪酬			企业高管前三名薪酬总额		
		最小值（万元）	最大值（万元）	平均值（万元）	最小值（万元）	最大值（万元）	平均值（万元）
广州市	164	35.68	929.65	165.89	96.63	1664.22	398.54
苏州市	133	25.04	690.92	138.53	65.41	1023.63	325.98
成都市	126	36.83	8652.91	202.74	93.82	11800.00	415.00
南京市	125	30.00	825.21	139.52	62.00	2076.04	332.63
宁波市	89	30.99	1597.49	193.44	69.65	3524.14	432.63
合肥市	80	38.61	1246.22	138.87	90.37	2208.99	327.36
长沙市	77	30.36	513.33	120.36	75.18	1443.33	302.14
武汉市	77	30.52	790.12	135.19	68.60	1254.39	309.98
厦门市	67	45.77	730.00	161.73	98.16	2060.00	402.48
无锡市	66	35.01	1340.66	145.83	94.32	2423.09	338.71
重庆市	65	36.46	519.20	142.02	97.67	2295.67	601.21
西安市	63	29.33	1073.84	117.01	81.60	2382.01	291.15
常州市	61	37.87	1669.50	152.35	40.00	2855.59	328.84
东莞市	61	46.92	1128.57	173.69	87.74	1989.21	378.97

数据来源：根据国泰安CSMAR数据库整理计算。

备注：按照所在城市企业数进行排序。

企业高管第一名薪酬指某企业薪酬最高的高管的薪酬。

企业高管前三名薪酬总额是指某企业薪酬按从高到低排列，排名前三位的高管薪酬总和。

企业高管第一名薪酬最大值排名前三的城市为：成都市（8652.91万元）、北京市（5497.89万元）和上海市（4196.90万元）。企业高管前三名薪酬总额最大值排名前三的城市为：成都市（11800.00万元）、北京市（10940.34万元）和上海市（6248.02万元）。

通过数据分析显示高管薪酬较高的城市与一些人才吸引力城市排行榜所涉及的城市有较大重合。比如，智联招聘发布《中国城市人才吸引力排名：2023》显示，2022年中国人才吸引力10强城市分别是：北京、上海、深圳、广州、杭州、南京、成都、苏州、武汉、无锡，[①]而且这些城市也是经济发展非常出色的城市。这说明城市经济发展对人才的吸引力是非常大的，同时城市经济的发展也会使高管的薪酬水平处于较高位，更增加了人才尤其是高管人才的吸引力。上市公司中，高端制造业注册地在广东的最多，江苏、浙江、上海、北京紧随其后。[②]在本次数据研究中，成都市2022年上市公司企业高管第一名薪酬的排名比较突出，平均值也非常高，这与成都市近些年来对高新技术企业提供相关政策支持可能存在一定的联系。相关报道显示2023年成都市科技创新暨成果转化工作推进会成都晒出科创“成绩单”：高新技术企业突破1万家，登记技术合同成交金额突破1400亿元。成都新增国家级科技创新平台9个；国家高新技术企业净增3489家，总数增至1.14万家，较2021年增长近44%；科创板上市企业总数达17家，居全国第6；技术合同登记成交金额突破1400亿元。此外，成都科研团队主持和参与的3项科研成果入选2022年中国十大科技进展；城市创新指数较去年提升10位，排名全球第29位。在深入推进科技成果转化方面，成都市科技局牵头起草了《成都市进一步推动科技成果转化有力有效的若干政策措施》（征求意见稿），聚焦成果转移转化痛点难点，提出系列政策措施，着力打通成果转化“最后一公里”，进一步提高科

① 中国城市人才吸引力排名出炉，北上深广继续领跑 [EB/OL]. [2023-05-30]. https://baijiahao.baidu.com.

② 中国高端制造业上市公司白皮书2022。

技成果转化和产业化水平。①

部分城市上市公司高管人员的薪酬分位值分布情况如表8-4所示，供不同城市的企业对标职业经理人薪酬。

表8-4　2022年上市公司高管第一名薪酬分位值部分城市分布情况

城市	企业数量（家）	25分位值（万元）	50分位值（万元）	75分位值（万元）
北京市	566	89.98	132.58	201.05
上海市	484	89.08	134.47	228.32
深圳市	422	84.61	130.49	221.39
杭州市	235	76.36	114.31	180.00
广州市	164	87.84	122.3	198.75
苏州市	133	84.00	114.57	163.89
成都市	126	73.43	94.64	137.98
南京市	125	76.00	102.58	165.00
宁波市	89	85.28	120.15	193.60
合肥市	80	64.42	93.18	150.02
长沙市	77	70.26	87.00	149.74
武汉市	77	72.13	99.01	140.93
厦门市	67	82.32	133.26	211.62
无锡市	66	80.00	104.40	152.68
重庆市	65	71.89	95.26	172.06
西安市	63	63.83	87.05	111.98

① 中国新闻网.成都晒科创“成绩单”：高新技术企业突破1万家 [EB/OL]. [2023-02-13]. https://www.chinanews.com.cn/gn/2023/02-13/9952749.shtml.

续 表

城市	企业数量（家）	25分位值（万元）	50分位值（万元）	75分位值（万元）
常州市	61	76.37	103.24	150.00
东莞市	61	81.83	121.36	182.75

数据来源：根据国泰安CSMAR数据库整理计算。

备注：按照所在城市企业数进行排序。

企业高管第一名薪酬指某企业薪酬最高的高管的薪酬。

以上数据分析表明，无论从省、自治区和直辖市还是部分城市来说，高管薪酬的地区差距还是比较大的，且地区内的不同企业分布差异也是比较大的。当然，这种差距与地区行业分布有着非常大的关系，不能一概而论是地区的差异。但是地区存在薪酬差异的现象势必对高级管理人才流动产生重要影响。造成地区差距的原因与经济战略发展布局有关，也与人才政策有关。但也有研究认为地区在争夺高管人才的过程中仅靠不断升级的人才政策不够，还要切实提升区域经济、增加劳动者收入，才能更好地发挥人才政策的效能。围绕高新技术产业发展、市场主体培育等不断完善人才发展生态，也是吸聚人才的重要途径。处于弱势地区的企业在吸引优秀的高级管理人员，突破高管人才的短缺状况时可参考以上研究结论。

企业实践篇

本篇以实体经济企业和资本投资公司的职业经理人制度建设实践为主要内容，编委会赴北京市、上海市、天津市、湖北省武汉市等地对当地国资监管机构和不同行业的多家企业进行了深入调研，并选取若干实行职业经理人制度企业的实践案例。通过实地调研、职业经理人的访谈和案例分析，深入了解企业在实行职业经理人制度、推进经理层任期制契约化管理等方面的举措和经验。

第九章　全面加强党的领导，实体经济企业实行职业经理人制度实践

实体经济是国家经济的立身之本，是国家强盛的重要支柱。十年来，我国实体经济实现了量的稳步增长和质的显著提升，为全面建设社会主义现代化国家奠定了坚实基础。制造业是实体经济的基础。我国持续多年保持世界第一制造大国地位，规模以上工业企业达到40万户，培育了4万多家“专精特新”中小企业、800多家制造业单项冠军企业。

实体经济是国家强盛的重要支柱，党的二十大报告提出，坚持把发展经济的着力点放在实体经济上，推进新型工业化，加快建设制造强国、质量强国、航天强国、交通强国、网络强国、数字中国。实体经济是我国经济发展、在国际经济竞争中赢得主动的根基。我国具有全球最完整的工业体系、强大的生产能力、完善的配套能力。习近平总书记强调，“要深刻把握发展的阶段性新特征新要求，坚持把做实做强做优实体经济作为主攻方向，一手抓传统产业转型升级，一手抓战略性新兴产业发展壮大”。当前，新一轮科技革命和产业变革深入发展，科学技术和经济社会发展加速渗透融合。壮大实体经济，必须全

面提升产业体系现代化水平，以创新集聚发展新动能、打造竞争新优势。从实施技术改造行动、推动传统产业提质增效，到巩固提升全产业链优势、引导优势产业做大做强，再到聚焦前沿领域、助力新兴产业发展壮大，坚持创新驱动，推动产业高端化、智能化、绿色化转型，才能推动产业体系转型升级、促进实体经济健康发展。实体经济企业的创新发展、提质增效离不开人才的驱动，而职业经理人作为重要的人才资源，必将发挥重要作用。

本章以中央和地方实体经济企业的典型案例和编委会调研的多家实体经济企业为例，介绍并探讨实体经济企业在人才管理机制创新、职业经理人制度建设等方面的实践经验。

一、中国中车集团有限公司

中国中车集团有限公司（以下简称“中车集团”）聚焦企业和产业链高质量发展，有效应对全球疫情冲击和市场环境急剧变化，奋力推动创建世界一流示范企业工作在重点领域和关键环节取得重大突破。2022年，中车集团营业收入规模稳居全球行业第一位，净资产较2018年增长33.3%，净利润增长45.8%，连续四年在《财富》的“最受赞赏的中国公司”中名列前茅。中车集团聚焦主责主业，准确把握轨道交通是国民经济大动脉、国家重要基础设施和大众化交通运输工具的功能定位，持续推出轨道交通装备卓越产品。干线铁路装备方面，“复兴号”全面进入智能化时代，有效支撑交通强国、制造强国战略。目前我国铁路营业总里程突破15.5万千米，居世界第二；高铁运营总里程突破4.2万千米，居世界第一。城市轨道交通方面，构建中国标准地铁列车等产品技术平台，加速推动城市轨道交通产业现代化，提升产业链供应链的韧性和安全水平；大力推动“产品+”“系统+”新业务模式，全面提升智慧城轨全生命周期服务和系统解决方案能力，不断推动智能交通、智慧城市和绿色低碳发展。国际化经营方面，产品与服务覆盖全球116个国家和地区，中老铁路、雅万高铁、中欧班列等已成为沟通世界、开放合作、互利共赢、文化融合的重要纽带。

作为首批原创技术策源地、现代产业链链长和交通强国建设试点单位，中车集团聚焦高水平科技自立自强，坚持“四个面向”，加快核心技术攻关，成功攻克一批“卡脖子”技术，确保我国轨道交通装备供应链产业链自主安全可控。“复兴号”实现时速160千米到350千米全覆盖，自主化率超过97%。中车集团不断深化科技体制改革，强化创新激励，连续四年科技投入比超过6%。按照“三可一要”要求，确定“优、平、简、去、活”顶层设计思路，梯次部署并推进国企改革三年行动和深化市场化经营机制改革，立足“三激三效三能力”，即激活机制、激增动力和激发活力，提升经营效率、企业效益和治理效能，提高应对市场变化的能力、增强市场的竞争能力和推进企业的高质量发展能力，目标化清单化推进，制造类一级子公司减少43.6%，全级次企业管理机构精简29.17%、制造单元精简32.99%，培育了一批单项冠军、隐形冠军和行业冠军。子公司入选“双百”“科改”“混改”试点企业数量位居央企前列。国企改革三年行动实现高质量收官，成为国企改革“学先进、抓落实、促改革”专项工作典型。扎实开展对标世界一流管理提升活动，3家企业、1个项目和1个模式入选国资委“三个标杆”。统筹集团公司与专业领军“双示范”创建、管理提升、价值创造、品牌引领“四大行动”，研究制定《关于加快建设世界一流中车的实施方案》，3家子公司入选专业领军示范企业。[①]

（一）全面推进任期制与契约化管理，把握“五个结合”

中车集团深入贯彻落实深化国有企业改革重大决策部署，以全面推进各类领导人员任期制与契约化管理为关键抓手，注重把握这一管理机制与任职方式、公司治理、竞争上岗、综合考评、授权放权的“五个结合”，支撑企业制度更加成熟定型，为加快培育具有全球竞争力的世界一流企业提供了坚强保证，成为激发“关键少数”队伍活力、推动企业做强做优做大的重要法宝。[②]

第一方面，中车集团实行分类和差异化管理，对经理层成员和经营管理类中层管理人员实行聘任制，明确聘期三年，签订《聘任协议书》和《年度目标责任书》。对党委领导人员、董事会成员以及党群管理类中层管理人员实行任用制（选任制、委任制的合称），明确任期三年，签订《任职承诺书》和《年度目标责任书》；其中，对实行选任制的领导职务，任期期限以任期综合考核评价周期形式具体体现。

中车集团全面组织签订契约，2020年，中车集团组织二级企业222名经理层成员、94名党委领导人员和董事会成员以及集团总部140

① 国务院国有资产监督管理委员会.中国中车集团：战略引领谋发展 改革创新求突破 加快建成具有全球竞争力的世界一流高端装备制造商[EB/OL]. [2023-05-31].http://www.sasac.gov.cn/n4470048/n13461446/n15390485/n15769618/c28016640/content.html.

② 国务院国有资产监督管理委员会.中国中车集团：以“五个结合”推进任期制和契约化管理支撑企业制度成熟定型[EB/OL]. [2021-08-12]. http://www.sasac.gov.cn/n2588025/n2588124/c20167100/content.html.

名部门内设机构负责人以上人员，应用信息化方式全部在线签订契约化管理文本。在此基础上，要求全级次子公司中层以上管理人员同步全面推行任期制和契约化管理。通过对聘任制、任用制两类人员全面严格执行契约化管理，以契约形式约定任职期限与目标，落实清单化权责，实行以业绩和价值为导向的考评激励机制，有力促进实现各类领导人员职务能上能下、薪酬能增能减。

第二方面，中车集团实现依法治企，统筹规范任期起止时间。中车集团规定子公司领导班子任期以及领导人员整体任期（或任期综合考核评价周期）一般为三个完整自然年度，其中，对设立董事会的全资子公司，通过修改公司章程等方式逐步实现董事会、经理层任期起止时间与领导班子任期保持一致；对股权多元化的子公司，按照董事会、经理层任期起止时间确定领导班子任期。对新提拔或交流任职的领导人员任期，要求一般与本届领导班子任期保持一致；新提拔人员试用期内（或交流人员任职一年内）领导班子任期届满的，试用期（或年度）考评合格后，任期延续至领导班子新一个任期届满。依法依规分类明确契约关系。中车集团授权子公司董事长代表董事会与经理层成员签订《聘任协议书》，授权总经理与经理层副职签订《年度目标责任书》；授权子公司党委书记与党委副书记，集团公司纪委书记、子公司党委书记与纪委书记，分别签订《年度目标责任书》。同时担任多个职务的，分别履行相应的签订程序。任期内职务调整的，根据实际情况重新签订有关契约化管理文本；仅是分工调整的，签订变更协议。各类契约化管理文本签订前，均需履行党委会前置审议程序。通过将任期制与契约化管理和公司治理相结合，有力提升了法治央企建设水平，促进完善了中国特色现代企业制度。

第三方面，中车集团优化全体竞争上岗程序，坚持严格标准、公开公正、精准科学原则，规范工作程序，推动方法创新，严格实施任期届满“先起立、再坐下”的全体竞争上岗。对实行聘任制的人员，组织开展全体竞聘；对实行任用制的人员，组织开展述职评价。在此基础上，推进实施具有中车特色的领导人员竞争上岗“六化”模式，即推荐考察前置化、演讲答辩结构化、评委组成多元化、综合测评信息化、竞聘成绩公开化、否决项点严格化。竞争上岗“六化”模式的探索实施，有效解决了“会考会说不会干”的人胜出问题，有效提升了选人用人精准度、公信度、满意度。中车集团促进形成“赛马订约”机制，要求实行聘任制的领导人员在全体竞聘演讲答辩时，自行提出本人下一个任期的绩效目标，在竞聘成功、履行程序继续聘任后，以其提出的绩效目标为基础，经组织研究、双方协商一致，将任期绩效目标写入《聘任协议书》和《年度目标责任书》，从而以“赛马机制”倒逼实现高目标引领。

同时，中车集团切实加大“下”的力度，中车集团重组成立5年多来，已经在集团总部中层管理人员和各二级企业中高管理人员范围内全面推行任期届满述职评价或全体竞争上岗，近年来“下”的比例超过3%。仅在2020年，40家二级企业中有7家通过推行任期届满全体竞争上岗，中层管理人员“下”的比例超过5%，其中大连公司一次性“下”73名中层管理人员，占比达24%。通过将任期制、契约化管理与竞争上岗相结合，有效加强了管理人员干事创业的外在压力并激发内生动力。

第四方面，中车集团形成末等控薪调整新机制，通过“六个强化”

做到“六个实现”。中车集团坚持事业为上、注重实绩，推动形成“个人业绩与目标对标、管理团队内部对标、集团内或同行业对标”的多维度对标、综合考评模式。强化常态机制，实现“多点考评”；强化市场导向，实现“信息畅通”；强化多维测评，实现“参与面广”；强化正态分布，实现“抓准两头”；强化契约管理，实现“权责对等”；强化结果应用，实现“奖惩分明”。重点建立实施末等控薪调整机制。中车集团对正职领导人员年度综合考评在全集团排名后5%、副职领导人员在本企业排名末位的进行提醒谈话，连续两次提醒谈话的予以调整岗位。规定副职领导人员年度综合考评在本企业排名后30%的，年度薪酬水平不得超过正职的75%；年度综合考评为基本称职或不称职的，不得领取绩效年薪（已经预发的，予以追回）。2020年，二级企业负责人最高、最低年度总工资收入比达到4∶1。通过将任期制、契约化管理与综合考评相结合，提供充分有效的数据和信息，从而分清楚领导人员孰优孰劣，实现职务上下、薪酬高低用实绩说话。

第五方面，中车集团“探索三层递进改革新模式，加快推行职业经理人制度”的内容，是央企在二级公司推行职业经理人制度可资借鉴的经验，下文单独重点论述。

鉴于经验，下文单独重点论述。

（二）探索三层递进改革新模式，加快推行职业经理人制度

在全面推进实施各类领导人员任期制和契约化管理的基础上，中车集团坚持因企制宜、试点推进，探索形成“任期制与契约化管理全覆盖、深入落实董事会选人用人权、积极推行职业经理人制度”三层

递进市场化改革新路子。

中车集团依法落实董事会选人用人权和总经理“组阁权”，加强子企业规范董事会建设，建立实施专职外部董事制度，50%以上的二级、三级企业实现外部董事占多数。选择中车株洲所、中车产投公司等二级企业进行试点，深入落实董事会选人用人权和总经理对经理层副职的“组阁权”，深度实施对标化考核评价、差异化薪酬管理。

为全面深化干部人事制度改革，中车集团加快推行职业经理人制度，落实董事会选人用人权，开展职业经理人公开招聘工作，选择中车环境科技有限公司、中车时代电动汽车股份有限公司、中车信息技术有限公司、中车株洲电力机车研究所有限公司等多家市场化程度高的企业进行试点，一方面将现有经理层成员身份置换，解除原有无固定期限劳动合同，转为真正市场化的职业经理人。另一方面发布公开招聘公告，市场化选聘职业经理人。按照市场化职业经理人制度进行聘任和管理，与相应单位订立劳动合同，同步签订聘任协议书、任期与年度目标责任书，建立实施相配套的绩效评价和薪酬激励制度，按照绩效评价制度进行年度与任期考核，按照薪酬激励制度确定薪酬水平和兑现方式。以科学有效的市场化选人用人机制驱动企业健康快速发展。通过将任期制与契约化管理和落实董事会职权、深化人事制度改革相结合，促进形成简政放权、放管结合、活力迸发的新局面。①

① 国务院国有资产监督管理委员会．中国中车集团：以“五个结合”推进任期制和契约化管理支撑企业制度成熟定型[EB/OL]. [2021-08-12]. http://www.sasac.gov.cn/n2588025/n2588124/c20167100/content.html.

二、百联集团有限公司

上海市属大型国有商贸流通产业集团百联集团有限公司成立于2003年4月。集团由原上海一百（集团）有限公司、华联（集团）有限公司、友谊（集团）有限公司、物资（集团）总公司合并重组而成，是市委、市政府站在上海建设“五个中心”，打造卓越的全球城市和社会主义现代化国际大都市国家战略的高度，应对我国全面开放零售业市场和服务贸易领域带来的严峻挑战，增强大型国有企业的活力和竞争力的重大举措。百联集团积极把握国家战略机遇，聚焦零售主业经营增效，加速产融业务发展融入，全面数字化转型升级，积极布局“一核三柱”产业体系。百联集团“十四五”战略规划重点围绕集团产业整体转型，打造以商业零售（百货、商超、大健康、专业专卖、百联科技、汽车零售、商业物流）为核心，以商业金融、商业资产、商业投资为支柱的“一核三柱”商业产业集团。百联集团业务主要涵盖主题百货、购物中心、奥特莱斯，大型卖场、标准超市、便利店、专业专卖等零售业态，经营涉及汽车贸易、电子商务、仓储物流、消费服务、电子信息等领域，形成以上海为中心，连接长三角，辐射全国200余座城市约4000家门店的市场布局。百联集团控股百联股份、联华超市、上海物贸和第一医药4家境内外上市公司。2021年百联集团经上海市国资委批准在完成新增注册资本实缴后成为上海证券控股股东，持股比例50%，上海证券正式成为百联集团控股子公司。[①]

① 百联集团有限公司官网。

（一）实施职业经理人先行试点，为全面实施契约化管理蓄势蓄能

百联股份于2018年开始实施职业经理人试点工作方案，并明确了下一步组织架构调整及薪酬、绩效改革方案。百联股份积极探索推进市场化、契约化经理人制度，将对公司未来发展产生重要影响，为公司在市场竞争中建立核心能力和可持续发展创造更好的内生活力与动力。同时调整确立了百货事业部、购物中心事业部、奥莱事业部三大事业部的组织体系，并成立战略品牌发展部、新零售营运部等管理部门，将形成更加高效、专业的组织运营体系，为促进公司战略目标的实现奠定坚实的组织保障。此次调整顺应了百联战略发展的新要求，围绕战略目标，制定新的组织架构，配齐、配强班子，将为实现百联新一轮发展发挥重要作用，同时也意味着百联股份踏上了再创业、再出发的新征程。百联股份作为百联集团率先开展职业经理人试点的企业，不断积累经验，为集团其他下属企业推进职业经理人选聘工作提供有效借鉴。

2019年9月12日，百联股份召开股份公司职业经理人契约制度宣贯会之后，人力资源部与各事业部密切配合，自上而下将各个战略目标、KPI指标、GS目标进行层层分解，并自下而上听取事业部意见，确定各岗位的职级、薪级，确保指标与薪级的对应，既体现按劳分配的激励原则，也兼顾薪酬的内部公平性与外部合理性。2019年，百联股份召开事业部员工契约制实施启动会。百联股份党委书记、总经理与事业部副总经理、执行副总监签订契约文本。百联股份副总经理、百货事业部总经理，百联股份副总经理、购物中心事业部总经

理，百联股份副总经理、奥莱事业部总经理分别与各事业部总监签订契约制文本。

百联股份对实施契约制的事业部员工提出三点要求：一是理解契约意义，转换管理思维。国有企业的改革应以市场化为取向，按照市场经济的规律求生存、谋发展、践创新，而契约化管理是目前企业走向市场、融入市场的必然选择。二是匹配收益风险，推动制度到位。实行契约化管理，意味着职业经理人要承担更高的责任和风险，也要求企业在制度建设上进行同步调整和加强，通过健全以市场和业绩为导向的经理人选聘管理、考核管理、薪酬管理等制度，为经营者搭建施展抱负的平台，让经理人能够充分利用经营资源、发挥个人才智，从而实现双方的互利共赢。三是配合工作执行，推进计划落地。实施契约化是双向选择，签约即是契约，要有担当作为精神，对企业和对个人负责。

通过契约制给员工指明奋斗方向，明确企业战略目标和KPI指标以及个人目标达成紧密相连，激发员工内生动力，鼓励想做事、能做事的员工去努力奋斗。事业部员工契约制作为百联股份实施职业经理人的第一步，也是企业以实际行动践行上海市委市政府以及国资党委对国有企业进一步深化改革，促进发展的重要举措，企业领导班子契约制也相继展开，进一步创造具有活力、创造力、竞争力、影响力和抗风险能力的企业形象，促进企业的健康和可持续发展，在价值和效益上实现个人与企业的双赢。企业在新的体制机制的激励下，焕发出更强动力，以实现长远目标。①

① 百联集团有限公司官网。

（二）党委把关定向，完善配套制度，为职业经理人制度改革夯实基础

2019年，百联集团针对市场化选聘职业经理人工作存在的不足进行了完善。将市场化职业经理人选聘方案列入“三重一大”重要人事任免事项。修订百联集团《市场化选聘职业经理人工作管理办法》《职业经理人制度试点工作方案》，进一步明确集团党委应在确定标准、规范程序、参与考察、推荐人选等方面把好关。把“政治素质或者政治倾向”方面的要求作为职业经理人选聘的基本任职条件之一，并在岗位说明书中进一步明确细化。百联集团组织干部部门对选聘职业经理人进行组织考察，通过适当方式进行背景调查，全面了解职业经理人政治素质或者政治倾向，形成政治素质、政治表现、职业操守和廉洁从业等方面的专项报告。建立职业经理人工作档案，认真核实出生时间、学历学位、履职经历等基本信息，了解其政治倾向、专业能力、工作业绩、职业操守和廉洁从业等情况，同时加强档案管理，对在职的境外身份职业经理人也建立了工作档案。集团党委会审议通过《2020年市场化职业经理人选聘计划》。同时，百联集团对二级公司“三重一大”制度执行情况开展了专项督查，要求完善制度并报备集团党委。

百联集团进一步加强党委对市场化选聘工作的统筹谋划，开展集团干部人才队伍的全面盘点，编制集团《2021—2025年人力资源规划》，已完成《2021—2025年人力资源规划——干部篇》，确定了集团干部素质模型、选拔标准、来源方式和培养路径，制定评价考核、任期管理和退出等相关配套管理机制办法。根据企业业务发展和岗位

需求，每年制定市场化选聘职业经理人计划，百联集团党委会讨论审议通过之后实施。在市场化选聘的职业经理人担任行政主要领导的企业，配强党委书记，切实发挥党委领导作用。

2021年5月，百联集团举行2021—2023年任期职业经理人签约暨2021年度业绩目标责任书下达仪式，进一步明确新任期的目标和责任。集团领导分别代表企业董事会，与联华股份、百联股份、全渠道、第一医药、三联公司、物贸股份、财务公司的经营团队签订《2021—2023年任期目标责任书》《2021年度目标责任书》，并颁发聘书。百联集团下联华股份、百联股份、全渠道、物贸股份、第一医药、财务公司、三联公司7家二级企业已实施职业经理人目标化、契约化管理，为全面推进职业经理人制度，全面实施契约化管理做足功课。“十三五”期间，百联集团贯彻上海国资国企改革要求，坚持党管干部原则与发挥市场机制作用有机结合，围绕集团“十三五”战略规划、SBP滚动战略规划，聚焦传统业态转型与新兴业态打造所需要的核心能力，通过构建匹配战略的组织架构，完善制度流程体系，加强企业领导班子建设，提升组织能力；加大核心专业队伍建设，建立契合战略的考核与薪酬制度，攻破体制机制瓶颈，改革增强企业活力动力，畅通人才梯队“选用育留”渠道，加大人才储备等举措，提升企业市场核心竞争能力。“十四五”期间，百联集团将聚焦深化改革增长创新发展，重点围绕产业的整体转型，将百联集团打造成以商业零售为核心，以商业金融、商业资产、商业投资为支柱的“一核三柱”的商业产业集团。作为五大战略规划保障体系之一的组织人才体系建设是“十四五”战略目标和举措实施的根本保障，强有力的领军人物与领导班子是能做事、做成事的关键，专业人才与高绩效团队是获取竞争差异化优势的核心，年轻干部的培养与使用是可持续发展的重要支撑。坚持党管干部的政治导向、人才配置的市场导向，健全完善选贤任能制度，深化实施职业经理人，营造主动拥抱创新、善于创新的文化氛围，营造干事创业的良好环境，提升领军人物和关键核心专业技术人才在改革增长创新发展中的引领作用，才能形成数量充足、素质优良、结构合理、富有活力的高级管理人员队伍，为实现“一核三柱”集团发展战略提供组织保障和关键核心人才供应链体系。[①]

根据职业经理人实施方案，百联集团党委从企业党组织健全，能够发挥把方向、管大局、保落实作用，法人治理结构完善、运转有序；企业发展战略与目标清晰，主业符合集团发展战略和创新转型方向；企业经理层成员配备齐全，职业经理人岗位职责及任职资格有明确要求，能够通过竞争性选拔等市场化方式选聘职业经理人，对职业经理人实行契约化管理，建立严格的职业经理人制度和退出机制等方面进行综合衡量。百联集团《职业经理人任期经营业绩考核办法》明确了职业经理人任期契约目标、激励及退出条件，各子公司要参照百联集团《职业经理人实施方案》《职业经理人任期经营业绩考核办法》制订相关实施细则，并根据本企业的“十四五”战略规划、核心能力建设的需要，内部选拔与外部选聘相结合吸纳核心关键专业管理人才，优化人员结构，同步制订下属企业经营团队、核心关键管理岗位的契约化管理方案以及员工超额利润分享计划等相关配套制度和办法，为深化职业经理人制度奠定坚实的基础。

① 百联集团有限公司官网。

三、天津港（集团）有限公司

天津港是国家重要的战略资源，是京津冀及“三北”地区的海上门户、雄安新区主要出海口，是“一带一路”的海陆交会点、新亚欧大陆桥经济走廊的重要节点和服务全面对外开放的国际枢纽港，连续多年跻身世界港口前十强。天津港是我国重要的现代化综合性港口、世界人工深水大港，码头等级达30万吨级，航道水深22米，拥有各类泊位213个，万吨级以上泊位133个，主要由北疆、东疆、南疆、大沽口、高沙岭、大港六个港区组成。天津港对外对内服务辐射能力强，拥有集装箱航线140条，每月航班550余班，同世界上180多个国家和地区的500多个港口保持贸易往来；辐射京津冀及中西部地区的14个省、市、自治区，腹地面积近500万平方千米，占全国总面积的52%；70%左右的货物吞吐量和50%以上的口岸进出口货值来自天津以外的各省、市、自治区。

作为国家重要战略核心资源天津港的经营主体，天津港（集团）有限公司（以下简称“天津港集团”）目前资产总额超过1400亿元，在香港联交所和上海证券交易所拥有两家上市公司。2019年1月17日，习近平总书记亲临天津港视察时指出，“经济要发展，国家要强大，交通特别是海运首先要强起来。要志在万里，努力打造世界一流的智慧港口、绿色港口，更好服务京津冀协同发展和共建‘一带一路’”，并留下“把天津港建设好”的殷切嘱托。在2020年新年贺词中，习近平总书记点赞“天津港蓬勃兴盛”，更是对天津港的充分肯定和有力鞭策。[①]2022年，天津港集团完成货物吞吐量4.71亿吨，集装箱吞吐量突

① 天津港（集团）有限公司官网。

破2100万标箱，近四年年均增长率超7%，稳居全球港口前列。海铁联运突破120万标箱，同比增长超20%，位居全国第三，中欧（中亚）班列运量规模稳居沿海港口首位；全球首创传统集装箱码头全流程自动化升级改造项目全面竣工，建成运营全球首个智慧零碳码头。“5G+智慧港口”项目荣获2022世界移动通信大会全球移动大奖GLOMO奖项，成为全球首个荣获该奖项的港口项目；全球首次实现25台无人驾驶电动集卡实船作业，成为全球首个获批建设的港口自动驾驶示范区；巩固提升“天下港口、津通世界”国际枢纽港地位，做强“海上高速-FAST”、环渤海内支线“天天班”服务，“津港效率”位居全球主要港口前列，“津港四千、天天为你”服务深入千家万户，四千品牌成为全国港口行业唯一入选的国务院国资委品牌建设典型案例。

近年来，天津港集团把握实施国企改革三年行动有利契机，提出“一二三四”强港兴企新战略，坚持问题导向和结果导向，以强烈的历史主动精神积极服务国家战略，着力破解创新力不强、绿色度不足、布局结构不优、产业能级不高等问题，全力推进世界一流港口营运集团建设，用改革推动企业的升级发展。国企改革三年行动以来，天津港集团效益持续稳健增长，集装箱业务年均增长率位居世界十大港口前列，集装箱在泊船时效率多次打破世界纪录，探索出一条世界一流智慧绿色港口的高质量发展之路。[①]天津港集团深化经理层选聘模式改革，实现任期制与契约化管理高质量覆盖，为集团公司发展注入了生机活力。

① 国务院国资委改革办，国务院国资委新闻中心. 引领示范：国企改革三年行动综合典型案例集[M]. 北京：机械工业出版社，2023.

（一）党的领导与公司治理融合互促，重大决策把关定向

天津港集团在完善公司治理中加强党的领导，集团公司及所属100余家独立法人企业全部完成党建工作要求写入公司章程，完善“双向进入、交叉任职”领导体制，实行党委书记和董事长“一肩挑”，2名职业经理人进入董事会，2名职业经理人进入党委班子，职业经理人总经理担任党委副书记并进入集团公司董事会，全面实现“党建入章程、程序进制度、责任到岗位”。健全公司治理制度体系，落实国企改革三年行动要求，完善以集团章程为“1”，以集团公司党委议事规则、董事会议事规则、经理层议事规则为“3”的基本制度，编制《法人治理主体“1+3”权责表》，梳理人事权、财权、事权三类共154条事项，形成系统的公司治理制度体系，推动集团形成“上下贯通、纵深推进”的治理体系新局面，持续把制度优势转化为公司治理效能，为职业经理人团队履职尽责奠定制度基础。

坚持党委前置研究讨论机制。充分发挥党组织领导作用，规范党组织对“三重一大”决策和重点改革事项的前置研究，明确“三重一大”前置事项清单，在流程设计、运作机制等方面全面规范，在制度机制上将党的意志体现在企业改革发展的具体行为中，在执行层面把党的领导融入公司决策、执行、监督等各环节，确保党组织发挥作用的组织化、制度化、具体化，确保党组织在公司治理体系中不越位、不缺位、不错位。[①]实现党组织“把方向、管大局、保落实”、董事会“定战略、作决策、防风险”和经理层“谋经营、抓落实、强管理”的

① 国务院国资委改革办，国务院国资委新闻中心. 引领示范：国企改革三年行动综合典型案例集[M].北京：机械工业出版社，2023.

有机统一。

天津港集团坚持党管干部、党管人才原则和发挥市场机制作用有机结合，创新选人用人模式，在保证党对干部人事工作的领导权和对重要干部的管理权的前提下，建立健全市场化选人用人机制，五湖四海、任人唯贤选聘英才，保障职业经理人优势发挥，激发干部人才队伍活力。把组织配置的“严”和市场选择的“活”有机结合，让优秀人才“出得来”“用得活”“长得快”“留得住”。对中层领导人员实行职业经理人、目标化选聘、聘任制、委任制四种模式改革，建立市场化薪酬激励机制和任期制契约化管理；深入实施人才强港战略，启动实施青年马克思主义者培养工程，构建基础人才、青年储备人才、优秀年轻人才和领军人才的四级培养模式，遴选储备各级人才1500余名。

在推行职业经理人制度的过程中，天津港集团制定了职业经理人市场化选聘管理办法，明确了集团党委在确定标准、规范程序、参与考察、推荐人选等方面发挥领导和把关作用。突出选人用人的政治标准，以习近平总书记提出的新时代国有企业领导人员“20字”标准作为职业经理人选拔任用的总要求，把政治忠诚度作为衡量人才的第一标准。从职业操守、职业能力、业绩表现等维度分岗位、差异化设定职业经理人资格条件，并严格执行民主推荐和考察、外部引进人才的背景调查等程序。

2019年，天津港集团在全国沿海港口中率先实施职业经理人制度改革，面向全国范围公开选聘职业经理人总经理、副总经理，组建了一支职业经理人团队。天津港集团经理层班子6名成员均为职业经理人，其中2名职业经理人来自天津港内部，另外4名职业经理人来自青岛港、上海港和厦门港。总经理进入董事会，同时兼任党委副书记。在2022年开展了职业经理人任期考核，6名职业经理人中的2名考核为优秀，全部续聘。天津港集团二级企业中有21家推行了职业经理人制度，三级企业中有7家推行了职业经理人制度，总计约占企业总数的1/4。集团的二级、三级企业共计选聘职业经理人51名，其中10人来自企业外部。在所属企业中建立了一支政治过硬、素质优秀、年富力强的经理层队伍，干部队伍实现了年轻化、知识化和专业化，为集团公司发展注入新的生机活力。

天津港集团强化考核激励约束，发挥考核指挥棒作用，激励职业经理人履职尽责，制定“三书两办法”，突出“一岗一契约一考核”，强化指标约束。职业经理人业绩、薪酬与市场双对标，严格按照业绩责任书刚性兑现薪酬。压实企业经营责任，支持职业经理人团队实践推行目标管理考核等创新做法，为业绩目标的完成、企业中长期发展提供有力支撑。

（二）强化领导班子建设，全面加强职业经理人管理

天津港集团高度重视领导班子建设，不断提高领导班子政治能力和领导能力，努力打造具备现代企业治理能力的领导班子。班子主要负责人坚持统揽不包揽，带头抓好班子内部协同，处理好与职业经理人团队之间的关系，积极支持和指导职业经理人团队在职责范围内独立开展工作，确保步调一致、思路一致、目标一致。

天津港集团坚持严格管理，每半年组织职业经理人团队及个人专题汇报思想工作。同时，考虑到职业经理人团队大部分来自全国各地，

天津港集团建立了领导班子休假制度，明确容错免责机制，使职业经理人卸下思想包袱，为他们履职尽责提供良好环境。

近几年国内港口改革主要有两种形式：一种是整合，如辽宁港引入央企招商局集团；另一种是推行职业经理人制度，天津港集团是中国港口推行职业经理人制度改革中最成功的一个范例。天津港集团通过推行职业经理人制度改革，一方面提高了员工的市场化意识，另一方面激发了员工的干事创业激情，港口生产逆势增长。下一步，天津港集团将以服务国家战略为己任，完整、准确、全面贯彻新发展理念，深度服务新发展格局，充分发挥天津港战略资源和"硬核"优势，深化落实京津冀协同发展走深走实行动、港产城融合发展行动等"十项行动"。聚力智慧创新、数字转型，绿色低碳、生态优先，开放合作、枢纽联通，协调融合、服务大局，建设中国式现代化港口、世界一流绿色智慧枢纽港口和世界一流港口营运集团，更好地服务京津冀协同发展和共建"一带一路"。

四、陕西钢铁集团有限公司

陕西钢铁集团有限公司（以下简称"陕钢集团"）成立于2009年7月，是陕西省委、省政府为振兴钢铁产业而组建的大型钢铁企业集团，2011年12月重组加入世界500强企业陕煤集团，成为其控股子公司，属于陕西省国资委监管的重要子企业，是陕西省唯一国有大型钢铁企业。具备千万吨粗钢综合生产能力，是国内最大的单体建筑钢生产基地，2020年粗钢产量位居全国第18位，世界钢铁行业排名第31。2020

年年末，陕钢集团总资产416亿元，员工1.8万人。拥有西安集团总部和龙钢公司、汉钢公司、龙钢集团、西安分公司、韩城公司、产业创新研究院公司等主要子公司。其中龙钢公司、汉钢公司为钢铁主业生产企业；龙钢集团为非钢多元产业；经营党工委（韩城公司、西安分公司、物流中心、信息化中心）是大宗原燃料采购、钢材销售、物流运输及信息化等经营板块；产业创新研究院公司为科技创新和新产品研发平台。[①]

陕钢集团树立“发挥国企党建优势、学习民营经营机制”改革理念，深化市场化经营机制改革，全面实行任期制契约化制度，并在两主业公司实施职业经理人制度；建立“党建领航、班子引领，干部走在前列”工作机制；健全各级法人治理结构，深化三项制度改革。综合竞争力连续五年蝉联全国钢铁企业A类（特强）。陕钢集团三项制度改革入选国家“双百行动”，被国务院国资委评为A级，改革案例成功入选国务院改革样本企业案例集。

（一）完善党委议事规则，推行职业经理人制度，植入市场化机制

陕钢集团通过市场化引进外部职业经理人，实现主业单位扭亏为盈。2016年为主业单位龙钢公司（700万吨产能）引进了总经理和副总经理两位职业经理人，全面激发了龙钢公司生机活力，当年一举扭亏为盈，2018年实现利润30亿元。另一主业单位汉钢公司（300万吨

① 陕西钢铁集团有限公司官网。

钢铁产能）2018年引进总经理和副总经理两位职业经理人，当年汉钢公司实现利润6.9亿元，创造了历史最佳业绩。

第一方面，畅通内部职业经理人身份转换通道，从集团内部选聘职业经理人，增强内部职业经理人的职业动力和事业心。2018年5月对经营单位——韩城公司的经理层实行契约化管理，将总经理内部转化为职业经理人，并匹配市场化考核机制和市场化薪酬，使韩城公司迈上发展快车道，成为西部极具竞争力的钢铁产品和原燃料资源掌控与贸易平台。

第二方面，制定出台职业经理人系列管理制度，规范了职业经理人的进入和退出机制，统一实行三年任期。随后陕钢集团董事会、党委分别与子公司董事会、党委签订了契约化目标责任书，各子公司董事会、党委分别与总经理签订了《职业经理人目标责任书》和《任期制聘任协议》，夯实了职业经理人责权利。

第三方面，明晰了各子公司股东会、董事会、党委会、监事会、经理层权责清单，完善了议事规则，职业经理人进入公司董事会、党委会任职，担任董事、党委副书记职务，参与公司重大决策，充分赋予职业经理人经营自主权，使其放开手脚，改革管理机制，革除沉疴陋习，打破利益藩篱，激发管理活力。

第四方面，坚持业绩、薪酬与市场对标的双对标原则，对于超额完成利润目标的职业经理人，给予特别奖励，按照5∶3∶2比例分三年延期支付，总经理的年薪达到同级董事长的2倍，打破了按职务级别进行收入分配的僵化机制，落实了市场化薪酬。

第五方面，建立和完善了职业经理人考核体系，完善了安全环保、经营业绩、经营管理、党建文明、综合竞争力“五位一体”的业绩考核评价指标，要求党员职业经理人履行“一岗双责”，完成党建目标责任考核指标。形成了“目标确定基本薪酬、利润确定绩效薪酬、关键指标严格否决、发展质量确定去留”的考核导向。[①]

（二）积极推进经理层任期制与契约化管理改革

陕钢集团对集团本部及所属14家独立法人公司经理层成员实行任期制契约化管理，制定了集团总经理的经营目标和业绩考核指标，细化量化分解至所属14家公司总经理。即以14个子目标确保集团公司总目标的实现，做到目标体系一致、上下有机贯通。各单位总经理与经理层成员逐一签订了年度经营业绩责任书和任期经营业绩责任书，以契约形式约定经理层成员的工作任务和业绩责任，体现了一级对一级负责的精神，保障了各级经理层依法行权履职，推动各治理主体不缺位、不越位。

陕钢集团根据所属14家法人单位利润中心、成本费用中心、业务培育中心、研发费用中心四类企业功能分类，以及经理层成员岗位职责和分工等，按照“定量和定性相结合、以定量为主”的导向，逐人确定考核内容及指标，实现了83名各级经理层成员契约化量化（KPI）考核一人一表。通过考核“指挥棒”作用的发挥，促进各级经理层完成任期和年度目标，确保了陕钢集团战略落地和经营目标的实现。

在年度业绩责任书中对所有法人单位总经理都约定实施“黄牌、

① 国务院国有资产监督管理委员会.陕钢集团：以市场化经营机制改革为抓手 助推实现涅槃式新生[EB/OL]. [2021-08-23].http://www.sasac.gov.cn/n2588025/n2588119/c20304638/content.html.

红牌”机制。其中，出现发3种黄牌情形的，法人单位总经理向董事会进行述职，总经理对班子提名1名相关副职报请党委会、董事会进行调整；出现发5种红牌情形的，各级公司董事会、党委会同上级党委组织部门启动对总经理及经理班子岗位效能达标评价调查，不达标者解除总经理及相关经理层成员岗位聘任协议，做到用成效看担当，以实绩定去留。2021年11月，按照经理层任期制契约化管理要求，陕钢集团对下属龙钢公司总经理岗位面向全集团进行公开竞聘；2022年9月又对下属汉钢公司总经理岗位面向集团内外公开竞聘，坚决贯彻“揭榜挂帅，谁能干就让谁干”选聘机制，彻底解决了干部能上不能下的问题。

陕钢集团及所属14家独立法人公司建立起了上下贯通的工资总额备案制，与经理层任期制契约化无缝衔接，将14家法人单位业绩同经理层工资刚性挂钩，用利润和利润总额行业排名衡量经营业绩，用业绩评判经理层工作成果，用工作成果跟踪问效。同时积极鼓励各级经理层不断“摸高”，跳起来摘桃子，分享超额利润，做到了“业绩与市场对标，薪酬与业绩跟跑，激励凭贡献说话”，是一次以效益定收入、以绩效论英雄的分配机制的根本性变革。2022年一季度，陕钢集团累计利润总额在行业排名第29，较36位年度目标上升7位次，同比排名提升超过了20位，取得了实行经理层任期制契约化管理以来最好的经营业绩。

陕钢集团每月对管理权限内的经理层成员进行业绩考核与综合评价，考核得分实行强制分布，每月每季度对干部履职、人岗匹配度情况提交分析报告，并按规定提出干部奖惩调整意见，分别对排名前后20%的干部履职情况进行绩效奖惩、红黄牌警告、职务调整等问责问效。2022年以来，根据月度及上半年经营目标完成情况，陕钢集团已经对相关责任人进行诫勉谈话3人次，提醒谈话5人次，调整子公司主要领导1人次，向4个单位发出了红牌警告，打破了经理层人员“铁交椅、铁饭碗、铁工资”现象。

陕钢集团在实行职业经理人制度方面，通过引进外部职业经理人，植入市场化机制；内部选聘职业经理人，激活内部人才市场；规范任期制管理，夯实契约化目标责任；健全法人治理结构，赋予经营自主权；建立了双对标的市场化薪酬机制。在推进任期制契约化管理方面，实现了14家独立法人公司经理层全覆盖，分类分层与定性定量考核相结合，建立经理层能上能下的评价机制，将绩效与工资总额备案制相挂钩，突出经理层经营业绩刚性考核，落实“强激励，硬约束”。国企改革三年行动实施以来，陕钢集团以入选国务院国企改革“双百行动”为契机，转变选人用人机制，破除“能上不能下”深层次矛盾，构建市场化人才管理体系，有力地促进了企业经营效益的提升和竞争力的提高。①

五、北京红星股份有限公司

北京红星股份有限公司（以下简称“红星股份”）是北京一轻控股有限责任公司（以下简称“一轻控股”）所属企业，是著名中华老字号企业，建厂至今已有70多年历史，“红星”商标是中国驰名商标。

① 国务院国有资产监督管理委员会．陕钢集团：以市场化经营机制改革为抓手 助推实现涅槃式新生[EB/OL]. [2021-08-23] http://www.sasac.gov.cn/n2588025/n2588119/c20304638/content.html

红星股份的前身系始建于1949年5月的华北酒业专卖公司实验厂，其后收编源升号等十二家老酒坊，全面继承了北京二锅头传统酿造技艺。作为北京地区第一家国营酿酒厂，酿制出第一批红星牌二锅头酒，向新中国的诞生献礼。1958年对“红星牌二锅头酒”进行商标全注册。1965年对19家郊县酒厂进行归口管理，并倾心传授二锅头技艺，使二锅头品类从一枝独秀到百花齐放；1997年红星56度“大二”被国家技术监督局认定为二锅头酒国家实物标准样，成为品质标杆。之后先后更名为东郊酿造厂、国营北京酿酒厂、北京北控酿酒总厂、北京红星酿酒集团有限公司。2000年8月进行改制重组成立了股份制公司，目前由北京一轻资产经营管理有限公司、北京北控京泰投资管理中心和北京鸿运置业有限公司三家股东构成，全部为国有资产。主营“红星”“古钟”“六曲香”品牌白酒，年自主生产能力10万吨。红星股份全面继承了北京二锅头传统酿制技艺，被认定为北京二锅头传统酿制技艺的正宗传承人。

根据首都功能定位和北京城市发展规划要求，红星股份构建起“1+1+N”的生产经营格局。第一个“1”是指北京品牌和研发中心，由北京总部负责产品开发、酿造研发和品牌推广；第二个“1”是指红星二锅头酿造基地，在山西清香型白酒核心产区打造千亩优质原酒酿造产业园；“N”是指在北京、天津、山西等多个智能化灌装生产基地。红星股份坚持党建引领，完善营销模式，坚持“一高一低”双品牌策略，持续改善原酒品质，强化产品升级及开发，全面展开信息化工作，企业管理水平不断提升，持续保持高质量发展。①

① 北京红星股份有限公司官网。

（一）坚持“两个一以贯之”，引进集团首位职业经理人，强化科学管理

红星股份始终坚持以习近平新时代中国特色社会主义思想为指导，深入推进国企改革，引进一轻控股首位职业经理人，出任公司总经理。职业经理人将先进管理方法与红星股份发展战略相结合，带领红星股份创造了科学的管理模式，打破了国企传统管理模式，按照“规模提升、管理提升、人才提升、品牌提升、产品提升、酿造提升”总体思路，激发了国企发展新活力，创造了良好的经济效益。国企改革三年行动工作开展以来，红星股份总资产增长20%，销售收入增长36%，经营性利润增长37%。

红星股份坚持“两个一以贯之”，在推进党建进章程、履行党委会前置研究讨论程序的基础上，将党建工作嵌入内控管理体系，列入公司授权审批流程，实现了制度化和流程化。落实“双向进入、交叉任职”的领导体制，党委成员主动与其他领导干部就如何推进企业发展谈想法、提建议，非党员领导干部主动支持基层党建工作。按照职责分离的原则重新设定组织架构，审计部门对公司各项业务均行使审计监督权。市场部、销售支持部对各种销售行为进行检查和监督。通过架构调整，保障了红星股份的可持续健康发展。

（二）职业经理人打破传统，将先进管理理念融入企业战略

职业经理人以先进的经营理念、坚定的战略定力、敏锐的市场洞

察力和高度的敬业精神，将世界500强企业先进管理方法与红星股份发展战略相结合，打破国企传统管理模式，构筑了一套科学、严谨、高效的管理体系和工作机制。在职业经理人带领下，红星股份全体干部职工团结奋斗，通过改革创新走上持续高质量发展之路，实现了经营效益的大幅增长、品牌价值的大幅提升，并推动了“二锅头”品类白酒品质升级，巩固了“红星北京二锅头始创者”的行业地位，重塑了“红星二锅头”在消费者心中的形象和认知，让作为北京特产、北京名片之一的“红星二锅头”再次誉满天下、走进千家万户，为一轻控股和北京白酒行业发展作出了突出贡献。一是品牌价值连年增长。2022年“华樽杯”中国酒类品牌价值评选红星股份品牌价值达533.23亿元。二是销售收入和利润稳步上升。2014年至2022年，红星股份营业收入平均年增长率在10%以上。三是企业核心竞争力着力提高。根据首都功能定位和北京城市发展规划要求，推进现代化、智能化工厂建设，构建“1+1+N”生产经营新格局。2022年，红星股份在一轻控股和资产公司的领导和大力支持以及全体干部职工的共同努力下，消化了成本上涨带来的压力，克服了疫情等诸多不利因素造成的困难，营业收入同比增长11.7%，利润总额同比增长20.1%，实现了收入、利润双增长，创历史新高。

红星股份在推行职业经理人制度的过程中进行了几点改革经验总结：一是体现党委对职业经理人制度建设的领导和把关作用，加强思想政治教育和能力素质培养，提升职业经理人的战略思维能力和科学决策能力。二是积极发挥职业经理人视野开阔、意识超前、思路创新的优势，推进国有企业体制机制改革，将管理理念与企业实际相结合，不断磨合、推进融合，形成工作合力、推进工作落实，进一步激发企业发展活动。三是推进契约化管理职业经理人的合同体系，董事会与职业经理人签订经营业绩目标责任书，明确职业经理人权利及义务清单，约定责任追究机制，科学考核经营业绩，引导职业经理人更加关注企业长期发展。

六、北方华创科技集团股份有限公司

北方华创科技集团股份有限公司（以下简称“北方华创”）是北京市国资委一级企业北京电子控股有限责任公司（以下简称“北京电控”）所属的国有控股上市公司，由北京电控于2016年将旗下的北京七星华创电子股份有限公司和北京北方微电子基地设备工艺研究中心有限责任公司战略重组而成。[①]北方华创是目前国内集成电路工艺装备的龙头企业，专业从事半导体装备、真空及锂电装备和精密电子元器件等的研发、生产、销售和技术服务，主要产品包括刻蚀、物理气相沉积、化学气相沉积、原子层沉积、外延生长、立式炉和清洗机等集成电路工艺装备。

（一）加强党的领导，完善中国特色现代企业制度，打造科学高效的经营决策机制

自2018年8月入选“双百行动”综合改革试点企业以来，北京市委市政府、市国资委及北京电控高度重视北方华创“双百行动”综合

① 北方华创科技集团股份有限公司官网。

改革发展工作，市主要领导多次实地调研，推动北方华创建立和完善市场化、国际化的经营机制，以适应集成电路装备全球化、高度垄断竞争、高科技的产业特征。在“五突破、一加强”总体改革目标的指引下，北方华创结合企业经营实际，着重围绕构建中国特色现代企业制度、健全市场化经营机制等方面全力推进综合改革工作。

北方华创完善中国特色现代企业制度，加强党的领导，实现党建与经营的深度融合，打造科学高效的经营决策机制。一是优化公司董事会结构。北方华创于2019年12月完成了改革后新一届董事会、监事会的换届选举工作，保持了外部董事占多数席位的结构设置，内部董事共5名，其中2名为执行董事；外部董事共6名，由1名行业专家、3名领域专家及2名非控股股东派出董事组成。新一届董事会下设执行委员会，负责公司日常经营和管理工作，并被赋予了一定的重大投资、资产处置等决策权限，在保障企业科学决策的同时，提高了企业运营效率。二是加强重大事项决策机制建设，强化党委领导作用。在本次“双百行动”综合改革过程中，北方华创实现了党委书记、董事长由一人担任，并签订党委书记考核激励契约书。同时修订了党建相关制度和“三重一大”管理制度，完善了党组织前置研究讨论企业重大经营决策的方式方法，充分体现党组织“把方向、管大局、保落实”的作用。三是进一步夯实决策支撑能力。新一届董事会选举了执行董事担任董事长，将企业经营与决策紧密连接，董事会下设的各专门委员会增加了外部董事人数，使专门委员会构成更加合理，在支持董事会决策及公司运营方面的作用也更加科学全面。①

① 国务院国有资产监督管理委员会.北方华创：筑牢根基促发展改革创新赢未来[EB/OL]. [2020-11-03]. http://www.sasac.gov.cn/n2588025/n2588129/c15855863/content.html.

（二）全面推行职业经理人制度，健全企业中长期激励约束机制

北方华创全面推行任期制和契约化管理，有效运用股权激励计划长效激励工具，进一步健全市场化经营机制。一是全面推行职业经理人制度。2018年，北方华创下属北京北方华创微电子装备有限公司先行试点职业经理人制度，8名高管通过选聘成为职业经理人，其中有2名具有集成电路领域国际一流企业超过20年从业经历的专家进入管理层。在此基础上，2019年北方华创以市场化的方式完成集团高管层10名职业经理人的选聘工作，集团全部高管取消行政级别，人事档案实现市场化管理。

二是董事长和职业经理人全部实施任期制和契约化管理。北方华创董事长由控股股东进行考核，签订任期和年度考核激励契约书。北方华创制定了一套完整的职业经理人工作方案和激励约束机制，包括《职业经理人契约化考核激励管理办法》、年度和任期的《考核激励契约书》《市场化薪酬对标方案》《聘任合同书》等，形成了激励与约束相结合的契约化管理体系。按照薪酬与业绩“双对标”方式确定董事长和职业经理人的总体薪酬水平，同时设定了高固浮比的薪酬结构，董事长和集团所有职业经理人的绩效薪酬占比达到70%，并采用分档插值连续赋分法设计绩效系数，上有封顶，下不保底，充分体现绩效薪酬“挣出来”的导向。

三是开展股权激励计划试点，健全企业中长期激励约束机制。北方华创于2018年成为北京市首家国有控股上市公司实施股权激励的试点企业，同年7月以“2年锁定期+3年行权期”的机制完成了首批核

心人员至少5年的稳定和激励。在此基础上，2019年北方华创以同样的机制实施了二期股权激励，并通过股票期权和限制性股票组合激励方式突出了对受激励人员的针对性和差异化，将集团高管团队及所属子公司高管、业务负责人纳入激励范围，实现更具针对性和更强绑定的长效激励。通过两期股权激励共完成了近800名核心骨干和管理团队的激励，核心人员主动离职率由15%以上降到2%以下。同时，北方华创还进一步完善了企业职级管理体系，并以此为基础推进员工绩效管理、薪酬市场化和股权激励等改革工作，形成了较为完善的激励约束机制。①

七、天津长芦海晶集团有限公司

天津长芦海晶集团有限公司（以下简称“海晶集团”）是国家大型海盐生产重点骨干企业。公司东临渤海，毗邻天津港、天津港保税区、天津经济技术开发区、天津自贸区，处于天津滨海新区中心位置，占地面积172平方千米。公司前身丰财场，始建于元朝至元二年（1265年），海盐生产历史悠久，是长芦盐的重要产地之一，以“海晶牌”工业盐蜚声中外，年产优质工业盐200万吨以上（含精制盐）。1995年通过了长城（天津）质量保证中心ISO 9001质量体系认证，2015年通过了北京中化联能源管理体系认证，成为质量、能源双体系贯标认证企业；药用氯化钠、钾、钙、镁相继通过了国家药监局GMP

① 国务院国有资产监督管理委员会. 北方华创：筑牢根基促发展改革创新赢未来[EB/OL]. [2020-11-03]. http://www.sasac.gov.cn/n2588025/n2588129/c15855863/content.html.

认证；海盐和化工产品的生产工艺和技术装备居国家先进水平，是我国最大的海盐生产基地之一和天津市药用盐中试基地。[①]

在盐田面积逐年减少的情况下，海晶集团审时度势，科学主动应变，不断加快技术创新和产品结构调整，优化产业结构布局，现已形成了以传统制盐及盐化工、化学制药、锦纶化纤及新材料、塑料制品、环卫服务、仓储物流、房地产开发多业态经营、多元化发展的新格局。海晶集团在盐及盐化工方面积极推动传统盐产品升级，研发了药用盐、食用盐、功能盐等30多种C端产品并投放市场。2015年在山东肥城建成年产120万吨的精制盐生产基地，使海盐及精制盐年产能达240万吨，自主研发生产的药用盐系列产品年产量达2.5万吨以上，投资建成的年产1.2万吨药用碳酸氢钠项目具备了完整的透析原料药供应能力，成为国内透析原料药品种最为齐全的企业。海晶集团致力于制盐废液综合利用，构建了海水化学资源综合利用绿色产业链，其钾、溴、镁等系列产品产量、质量均位居全国前列。溴素生产自动化控制国内领先，广泛用于医药、农药、消防、阻燃等行业。

（一）三项制度改革赋能，经济效益实现新提升

海晶集团践行新发展理念，落实双碳战略，秉承发挥资源优势，加快转型发展的企业方针，积极融入工程建设和全新擘画发展大局，加大产业结构优化升级力度，以传统制盐业为基础，大力发展海水养殖、阳光互补、光伏发电、电解水制漆业、特色旅游等盐田资源综合

① 天津长芦海晶集团有限公司官网。

开发利用项目，着力推进盐、渔、光、储、流产业一体化发展，构建第一、第二、第三产业深度融合的特色产业体系，努力建设绿色多元的现代化企业。

海晶集团作为天津市国资系统二级企业率先推进市场化经营机制改革试点企业，全力推进三项制度改革，在薪酬分配、人事管理、劳动用工和中长期激励机制等方面推陈出新，大胆创新实践，成功走出一条以职业经理人制度改革为龙头，以构建“三能”机制为重点，风险共担、成果共享的改革之路，为天津市深化国企改革提供了可借鉴的经验。

按照天津市委市政府及国资委深化国企改革总体要求，海晶集团以职业经理人制度改革为突破口，深化三项制度改革，树立起“有为才有位”的鲜明用人导向，打破“铁饭碗”，激发了公司创新发展活力，特别是2019—2022年，克服新冠疫情不利影响，主要经济指标逆势增长，连创历史新高。2018年公司实现国有及国有控股企业营业收入45.82亿元、利润1.7亿元；至2022年，实现国有及国有控股企业营业收入71.27亿元，增加25.45亿元，年均增长13.89%；实现利润3.17亿元，增加1.47亿元，年均增长21.62%。同时，人均利润率等指标大幅提升，2022年相比2018年，人均利润指标提升98.71%，人均营业收入指标提升78.55%，全员劳动生产率指标提升64.47%，人工成本利润率指标提升48.06%，人事费用率指标降低38.02%，进一步优化了公司资源配置，达到了以改革促发展的目的，为公司创新发展不断注入新的动力。

海晶集团始终坚持与职工共享改革成果，在转变内部分配机制上大胆探索，打破“工资+奖金”传统分配模式，通过奖金转绩效，建立“岗位+绩效”的薪酬分配体系，结合不同岗位特点，细化设定薪酬结构。一是本着“一适应两挂钩”的原则，在一线岗位搞活二次分配，加大绩效薪酬所占比重，绩效考核部分达到工资总额的55%以上，形成了工资总额、个人收入与企业效益联动机制。二是强化科研团队、销售人员等重要群体激励，单独设计了研发技术类薪酬增长通道，2022年公司研发人员最高收入超出所在单位主要负责人8.6%；对营销人员，在合理确定销售业绩指标的基础上，采取底薪+提成分配模式，超出部分的净利润在30%以内给予提成，上不封顶，有效激发了营销人员积极性。三是结合部室部门管理特点，在公司本部设定了8级72档宽带薪酬体系，建立了以关键绩效指标（KPI）、计划绩效指标（PPI）、行为绩效指标（BPI）三大指标为核心的绩效考核体系。四是按照任期制契约化管理要求，在中高级管理人员中建立基本年薪+绩效年薪+任期激励+超额利润奖励的薪酬结构。通过薪酬改革实现职工收入与公司经济效益同向增长，2018年公司在岗职工人均收入8.79万元，至2022年增长到11.61万元，增加2.82万元，累计增长32.08%，年均增长8.02%。其中科技人员、营销人员人均收入累计增长40%以上，公司级正职职业经理人收入由2018年的60万元增长到2022年的120万元，年均增长25%，充分体现了收入向关键岗位倾斜，岗位靠竞争、收入靠贡献的分配原则，增强了职工的获得感。

（二）健全职业经理人制度建设，完善激励约束机制，深化劳动用工改革

作为天津市国资系统二级单位首家职业经理人改革试点企业，公

司厘清董事会、党委会及经理层责任边界，制定两级职业经理人制度改革相关文件和实施方案，2019年6月总经理班子率先在市国资系统完成职业经理人身份转换，并结合所属企业不同特点，完善“四书两办法”等改革配套制度文件，采取公开市场化竞聘和“揭榜式”选聘相结合的方式，对所属14个单位44个岗位和行政部室25个岗位实行职业经理人制度和任期制、契约化管理，压减中级管理岗位11个，通过竞岗3人降职使用。同时，对塑料公司总经理等岗位进行社会公开招聘，截至2022年，社会化选聘基层单位职业经理人5人，公司级职业经理人1人，市场化退出3人，先后对7名内部职业化选聘不合格职业经理人及时调整，占比7.53%。

有效利用政府有关政策，积极探索中长期激励渠道。在重点项目建设上，建立项目跟投机制，推行项目保证金制，设定“三保一控”考核指标，未完成的相应扣减保证金，完成的给予加倍奖励。在骨干持股上，对天津海晶惟鑫新材料科技有限公司等三家小创公司进行增资扩股，科技人员持股比例达到49%，充分体现了科技、资本等要素参与分配的原则。在利润分成上，落实“双百”企业要求，在天津海光药业股份有限公司（以下简称“海光公司”）实行岗位分红激励，经营团队及骨干参与公司利润分红，使员工和企业形成利益、事业、命运共同体。2022年海光公司被评为全国国企改革“双百企业”优秀企业。

在全面推行岗位竞聘制的基础上，以完善高技能人才培养机制为劳动用工改革的重点，建立公司专业人员应知应会综合考试平台，实行全员竞聘上岗，通过轮岗实训、定向培养、外部引进等方式，搭建人才成长、职务晋升“双通道”，先后选聘首席专家4名、专业技术带头人20名、技能大师10名，搭建起以高技能人才为核心的人才梯队，现有专业技术人员603人；中高级职称418人，其中正高级6人，并建有博士后工作站1个，劳模和技能大师创新工作室4个。同时，加大科技研发投入，加强“三所五中心”创新体系建设，提升了公司自主创新能力。四年来累计科技投入3.52亿元，先后取得有效授权专利313项，其中发明专利62项，全氟聚醚、氢氟醚技术达到了国际领先、国际一流水平。目前，公司及所属单位共有国家高新技术企业5家、天津市科技领军企业1家、石化联合会技术创新示范企业1家、省部级专精特新企业3家、国家科技型中小企业7家、天津市雏鹰企业4家、省部级创新型中小企业4家。

八、武汉林业集团有限公司

武汉林业集团有限公司（以下简称“公司”）成立于2009年5月，是一家集“花卉园艺、园林工程、特色种苗、生态旅游”四大产业于一体的大型林业综合企业。目前，集团下属共有10家公司，其中全资公司5家，控股公司2家，参股公司3家。拥有武湖、柏泉、安山、汉南、巴山五大基地总面积4500亩，共建有温室总面积25万平方米。

公司先后被评为全国优秀花木种植企业、国家林业重点龙头企业、湖北省林业重点龙头企业，并获得了第四届“中国林业产业突出贡献奖”“全国林业系统先进集体”“武汉五一劳动奖状”等多项荣誉。其中，集团培育灌木品种“金禾女贞”在中国花卉报举办的2018年度

“美丽中国·最美金叶”评选中获得“最佳工程应用奖”。[①]

2020年9月经武汉市委市政府批准，整合重组林业集团原武汉农业集团有限公司、武汉林业发展有限责任公司和武汉农村综合产权交易所有限公司等四家公司组建市级一级大型国有企业武汉农业集团有限公司，业务涵盖农业金融、园林绿化、水产畜牧、新农村建设、资本运营、农业文旅六大业务板块。武汉林业集团有限公司现为武汉农业集团所属的二级企业。

（一）坚持党管干部原则，积极探索职业经理人制度改革，机制创新激发企业活力

公司根据国企改革三年行动方案的部署和武汉农业集团在下属武汉林调院、蔚林公司积极探索职业经理人制度改革，着力构建“市场化选聘、契约化管理、差异化薪酬、市场化退出”机制，以机制创新激发企业活力。截至2022年年底，武汉林调院、蔚林公司的营业收入、利润总额相较于2020年度（合并到农业集团），增长均在50%以上，实现了超常规、跨越式发展。

在推进职业经理人制度改革上，公司在坚持党管干部原则基础上，兼顾市场化导向和企业管理实际，制定并不断优化职业经理人制度，推动职业经理人制度变革。一是规范法人治理结构，结合国企改革专项行动，及时完成公司章程修订，制定党组织“三重一大”决策事项清单和董事会、总经理办公会议事规则，明晰董事会授权经理层事项

① 武汉林业集团有限公司官网。

清单，明确了董事会、党委会、经理层的管理权限，确保职业经理人制度改革沿着正确轨道推进，职业经理人在党组织领导下正确履职。二是突出选聘政治标准，把习近平总书记关于新时代国有企业领导人员“对党忠诚、勇于创新、治企有方、兴企有为、清正廉洁”的20字标准作为职业经理人选拔任用的总要求，在选聘武汉林调院、蔚林公司总经理中，把政治忠诚度作为衡量人才的第一标准，从政治坚定、驾驭能力强、熟悉业务的经营管理人才中择优选拔产生。三是巩固加强党的领导，坚持党管干部原则与董事会依法选择经营管理者相结合，把职业经理人选聘作为干部工作重要内容，组织人事部门全程参与选聘工作，牵头开展人员政治审查、背景调查、干部考察等工作，实现源头把关、过程参与、结果落实。

（二）坚持人岗相适、市场导向原则，优化干事创业环境

坚持人岗相适原则。一是先行先试逐步推广，根据企业发展实际，坚持“三步走”原则，即市场竞争类企业先行试点并全面推广、公益类岗位逐步推进，最终实现职业经理人全覆盖。如所属蔚林公司为市场竞争类企业，对其经营层全部实行市场化聘任职业经理人，2021年9月选聘1名总经理，2022年3月完成2名副总经理的市场化选聘工作，后续将在其他下属企业全面推开，不断增强发展的活力。二是科学精准描述岗位，在岗位条件设置上，根据所处行业发展态势、战略规划及不同企业高管素质能力要求，从职业操守、职业能力、业绩表现等维度，分企业、分岗位、差异化设定职业经理人资格条件。如武汉林调院职业经理人岗位设置注重调查与勘察设计工作、蔚林公司职业经

理人岗位设置突出现场管理、市场经营工作。三是多类机制选聘人才，根据企业人才队伍情况和岗位特点，差异化采取内部选拔、竞争性选聘、外部人才引进等方式，选聘职业经理人，同时畅通身份转换通道，鼓励并支持体制内干部转换为职业经理人。例如，选聘的武汉林调院总经理原为武汉农业集团下属水产公司副总经理。

坚持市场导向原则。一是完善进入评价机制，职业经理人核心能力是实践能力。在选聘方面，公司建立了一套完整的进入评价体系。以衡量实践能力为首要，对以往业绩、面谈、笔试三方面开展综合考核，业绩、面试、笔试三部分各占1/3，打破唯学历论、唯论文论，让评价体系做到实用客观。二是建立制度配套机制，探索制定了职业经理人改革管理的系列文件，包括职业经理人选聘制度、年度及任期考核办法、薪酬管理办法等，做到有章可循、照章办事，确保职业经理人制度有效落地，可实施、可操作。三是优化激励约束机制，建立契约机制。坚持劳动用工合同、聘用合同“双管齐下”，明确双方的权利和义务，通过契约将职业经理人与公司结合成一个整体，职业经理人通过契约授权范围管理他人、调动资源、进行决策。细化考核机制，实行经济指标和工作指标量化分类管理，对标行业市场化薪酬标准，实行“基本年薪+绩效年薪+超额利润奖+任期激励”的差异化薪酬体系，基本年薪不超过年度薪酬总额的40%；绩效年薪根据经营业绩考核结果予以兑现；设置超额利润奖，按照超额净利润的30%奖励给职业经理人；任期激励收入，考核结果称职以上的，按照任期内年薪总水平的5%~20%兑现，真正体现市场化导向。完善退出机制，采取以业绩为导向的市场化考核机制，建立负面清单制度，对连续两年经营业绩考核结果为不称职、任期经营业绩考核结果为不称职或任期综合考核评价不称职的，实行解聘、辞退等市场化的退出机制，有效提升职业经理人的主动性和积极性，推进企业可持续发展。

坚持人文关怀。公司在推行职业经理人制度改革体系改革等硬件基础上，更加注重软件搭建。在选聘阶段，充分考虑与现行领导班子风格的匹配程度，形成团队优势互补，产生“1+1＞2”的合力能量，避免不必要的内耗，提高决策的效率和质量。在使用阶段，按照人岗相适和人尽其才的原则，将职业经理人纳入干部培训工作体系，定期组织开展专业培训，同时让职业经理人走上讲台、贴近同事，营造和谐工作氛围。在考核阶段，建立有效的考核分配机制，明确“给多少”，解决“如何给”，并根据实际实施任期激励，完善约束机制，做到不让“老实人”吃亏，奖罚分明，让职业经理人明明白白做事、按劳按绩取酬。

公司始终坚持“党管干部”与市场化机制相结合，逐步扩大职业经理人比重，推动国企政治优势与职业经理人市场灵活机制相互融合，加快推进高质量转型发展。

第十章　坚持党管干部原则，资本投资公司职业经理人制度实践

资本投资公司，尤其是国有资本投资公司，作为投资平台，代替国资监管机构作为国有企业的直接出资人，持有国有企业股份。国有资本投资公司是以服务国家战略、优化国有资本布局、提升产业竞争力为目标，通过引导产业投资、实施产业整合、重塑产业结构，发挥投资引导和结构调整作用，推动产业集聚和转型升级。从国企改革的角度看，组建国有资本投资公司有助于加大授权放权力度，加快推进混合所有制改革，激发国有企业活力，促进国有企业高质量发展，助推实体产业转型升级。

本章以中央和地方资本投资公司的典型案例和编委会调研的地方资本运营公司为例，介绍探讨实体经济企业在坚持党管干部原则，创新人才管理机制、推行职业经理人制度等方面的实践经验。

一、华润（集团）有限公司

华润的前身是于1938年在香港成立的“联和行”。1948年联和进

出口公司改组更名为华润公司。1983年改组成立华润（集团）有限公司（以下简称“华润集团”）。2003年归属国务院国资委直接监管，被列为国有重点骨干企业。2022年，华润集团总资产规模突破2.3万亿元人民币，较年初增长16.6%；实现营业收入8187亿元，同比增长6.1%；净利润642亿元，同比增长6.8%。自国资委对中央企业实施经营业绩考核以来，华润集团第16次获得年度考核A级。在2022年《财富》杂志公布的全球500强排名中，华润集团位列第70位。[①]

2018年年底，华润集团获批成为国有资本投资公司试点企业，通过四年的探索实践，经国务院国资委对国有资本投资公司试点改革情况的全面评估，华润集团正式转为国有资本投资公司。在国企改革三年行动中，华润集团进一步完善公司治理模式，优化组织架构和管控模式，推进国有资本布局优化和产业结构调整，推动科技创新，健全市场化经营机制，提升资本运作效率，推进混合所有制改革和世界一流企业对标提升工作，打造具有华润特色的国有资本投资公司。

（一）建立开放包容发展的文化土壤，实行市场化管理

华润集团业务涵盖大消费、综合能源、城市建设运营、大健康、产业金融、科技及新兴产业六大领域，拥有雪花、怡宝、华润万家、万象城、999、双鹤、东阿阿胶、江中、华润置地等多个知名品牌。企业多元化发展且市场化程度高，正需要借助职业经理人的专业管理经验来提高企业经营效率，推动转型创新，实现在高度市场竞争环境下

① 华润（集团）有限公司官网。

的持续业务增长。

华润集团在探索职业经理人制度时，着重宣贯华润红色文化和契约精神，强调家国情怀，积极营造开放、包容、发展的文化氛围，使得无论内部培养还是外部引进的职业经理人，在进入华润集团后都要做到爱国爱企，认同华润文化价值观，破除“行政身份”意识，接受华润管理规则的约束。

作为处于完全竞争市场领域的商业一类央企，担负国有资产保值增值任务，华润集团要求职业经理人用业绩说话，不以政治素质掩盖职业素质、不以行政机制掩盖市场机制、不以党建目标掩盖利润目标。强化对职业经理人业绩考核与结果应用，要求职业经理人参与市场竞争，创造高质量业绩，推动国有资产保值增值。同时，华润集团弘扬企业家精神，要求职业经理人具有创新意识，不断寻求商业模式、技术、管理、产品服务的创新突破。注重引导职业经理人树立职业意识、尊重市场规律、强化商业思维，持续推动组织能力提升，在推动华润高质量发展的过程中，持续为社会创造价值。

华润集团内部各级企业高级管理人员的职务全部实行聘任制，职务名称与市场化接轨，没有行政级别。对职业经理人根据业绩完成情况，决定薪酬水平和进退留转，实现市场化管理，确保管理的科学性和公平性。经过几十年的发展，华润在战略管理、人力资源、财务管理等各方面都建立了比较完备的制度体系，如6S战略管理体系、5C财务价值管理体系、TOP人力资源管理体系等，现代企业管理制度体系更加成熟定型。①

① 华润（集团）有限公司. 华润特色职业经理人制度建设实践 [J]. 创新世界周刊，2023（1）.

（二）坚持党管干部原则，实施职业经理人全周期、全环节管理

华润集团对职业经理人进行职业全发展周期和选取留用退全环节管理，形成包含选聘、管理、激励、约束等相互衔接、环环相扣的实施路径。

华润集团坚持党管干部原则，注重发挥市场机制作用，既立足于内部培养，也通过外部市场引进，扩大选人视野，将各方面优秀人才集聚华润旗下干事创业。坚持“人岗相适、人事相宜”的原则，健全完善公开、平等、竞争、择优的市场化选聘机制，建立公开透明的招聘流程，落实领导干部近亲属入职回避和面试官回避等要求，严格执行社会招聘各项制度和流程，确保公平公正。

遵循国企领导人员20字标准，围绕高素质和专业化的要求，构建华润职业经理人能力素质模型，包括“政治素质过硬、引领价值导向、塑造组织能力、具备专业水准、持续创造价值”五大一级维度和20项二级维度。华润集团把职业经理人能力素质模型作为选聘的基本标准，并自主研发、设计配套了网络测评工具，在职业经理人考察过程中开展能力素质360度测评，有效解决选聘标准不清晰、不精准、难评价等问题，使选聘更加科学和客观，形成鲜明的用人导向。

通过综合考虑岗位胜任资格条件、专业稀缺性、团队互补性、内部队伍现状等因素，灵活使用内部培养、公开竞聘、外部引进、交流轮岗等四种选聘方式，拓宽职业经理人选聘渠道。近年来先后有6家业务单元通过竞聘产生新的管理团队，32人走上新的管理岗位。2016年以来，旗下医药、金融、银行、资本等17家业务单元市场化选聘班

子成员30余人。基于人才培养、业务协同、文化融合的需要，倡导和推动职业经理人交流轮岗，促进人力资本优化配置。制度层面，修订完善职业经理人交流轮岗适用情形、年限要求等规定，推动职业经理人跨业态、跨单位、跨职能交流轮岗，培养打造复合型职业经理人队伍。

华润集团由董事会授权董事长与经理层成员签订岗位聘任协议。明确职业经理人任职的责权利，约定职业经理人担任职务期间的工作目标、奖惩措施等多方面内容，逐步建立和完善党建/文化评价、业绩评价和综合评价有机统一的职业经理人评价体系。强化战略引导，将战略目标逐层分解，保证年度和任期考核适当区分、有效衔接；重点围绕经营业绩设置清晰可衡量的考核指标体系，以量化指标为主，跑赢市场、优于同行，强化高挑战性。2021年以来，华润集团以任期制和契约化管理改革为契机，出台实施意见，定期开展战略评价与年度业绩评价，统筹兼顾短期和中长期评价，坚决打破按身份、按级别的旧观念，建立按岗位、按贡献的新观念，为推行职业经理人营造更好环境。此外，常态化开展综合考评，为全面深化契约兑现提供抓手。突出政治标准，自主开发管理团队效能、干部能力素质等测评工具，与组织绩效考核、党建责任制考核有机衔接，每年定期对班子运作和职业经理人履职进行检视。严格组织程序，集团党委书记担任考评领导小组组长、党委委员担任组员，各级领导干部、员工代表广泛参与，坚持定性评价与定量考核相结合，综合运用360度测评、民主评议、分析研判等方法工具，将深度访谈贯穿考评始终，确保考准考实。

通过完善“强激励、硬约束”的市场化激励机制，强化职业经理人的责任意识和风险意识，将职业经理人的收入水平与承担的责任、经营的风险相挂钩，做到业绩薪酬“双对标”，建立起与企业利益共享、风险共担的激励机制。

坚持“业绩与薪酬双对标”，建立激励约束机制。职业经理人薪酬由基本工资、年度绩效奖金与战略激励构成，每年年底通过业绩与薪酬双对标考核，调整职业经理人浮动薪酬（年度绩效奖金、战略激励），一岗一薪、易岗易薪，实现收入能增能减。一是聚焦行业一流企业，开展业绩对标。选择行业一流上市公司作为业绩对标组，例如华润置地选取万科、保利、中海、融创等十几家行业领先企业作为业绩对标组，华润水泥选取海螺水泥、中国建材、金隅股份、台泥等行业标杆作为业绩对标组。在考核指标的选取上，从规模、利润、运营、成长四个维度各选取1~2个关键业绩指标，根据指标重要程度赋予不同的对标考核权重，每年年底根据企业在行业对标组的综合业绩排名确定业绩对标考核结果。

强化“双对标”结果运用，严肃考核，刚性兑付。明确“行业业绩对标分位值高于行业薪酬对标分位值5~20个分位为合理区间”作为评价规则。对薪酬分位值高于业绩分位值20个以上分位的，总薪酬水平坚决下调；薪酬分位值低于合理区间20个分位以上的，通过浮动薪酬适度上调；未完成业绩合同目标值的，所在单位职业经理人奖金全部为零。每年均有业务单元职业经理人上调、下调或奖金作零发放处理，确保业绩考核与激励水平相匹配。通过“双对标”，引导职业经理人密切关注行业主要竞争者的发展水平与趋势，形成比学赶超、争创一流的竞争机制。

因企施策，开展多元化激励。建立中长期激励机制，引导职业经理人与企业长期发展相绑定。一是积极推动上市公司股权激励，引导职业经理人关注企业长期价值，做强做优做大国有资本。2021年，华润微电子、三九、江中、双鹤四家上市公司限制性股票方案获国务院国资委批准，涉及职业经理人与技术核心骨干1946人。二是开展混合所有制改革企业员工持股、拟上市公司鼓励员工参与战略配售，建立收益共享、风险共担的激励约束机制。2021年，组织华润生物医药开展混合所有制改革，并同步开展骨干员工持股，29名核心骨干参与认购；组织华润万象生活、化学材料对职业经理人与骨干员工实施上市时的战略配售，极大提振资本市场对企业未来发展信心，华润万象生活上市仅3个月，就被列为香港恒生指数成分股。三是积极推动产业与基金业务开展跟投，降低投资决策风险。旗下华润微电子矽磐项目、华润数科工业互联网项目开展骨干员工参与跟投，推动业务快速发展。四是鼓励探索超额利润分享机制，对市场竞争激烈的华润万家实施超额利润分享机制，有效激发企业活力和竞争力。

通过聘任协议、业绩合同约定职业经理人退出条件，将业绩考核不合格、出现违法违规行为等作为退出必备条款，明确退出规则、加强考核评价力度、强化退出刚性执行，构建符合企业用人实际、行之有效的退出机制。既合理善用人才资源，防止一些可用人才直接流向市场，避免退出“一刀切”；也坚持优进劣退，畅通职业经理人退出渠道，维护职业经理人队伍正常的新陈代谢。

华润集团修订了职业经理人退出管理办法，进一步明确不胜任工作的具体情况，新增职业经理人强制退出8种情形，让退出标准清晰化，实现正常退出、提前退出、强制退出等15种不同方式的系统集成。同时，强化退出制度刚性执行，对违纪违法、经营不善、不胜任现职务、不担当不作为的职业经理人，根据具体情节进行免职、调整或降职，触发解除劳动合同条件的，及时启动离职解聘程序，使能上能下、能进能出成为常态。

另外，华润集团加强对考评结果的刚性运用。2021年，华润集团面向37家二级单位及集团直管职业经理人，组织开展任期综合考评，其中占考评总数11%的直管职业经理人被给予退出集团直管序列、调整岗位、设置3个月观察期、提醒谈话等处理；对考评排名靠前、表现突出的职业经理人结合班子调配加强使用。各二级企业也不断探索实践，旗下华润燃气结合行业特点和管理“痛点”，逐步健全完善具有自身特色的人才盘点工作机制，通过多角度盘点评价矩阵、现场访谈、人才盘点会议等形式，对结果强制排序，刚性应用到职业经理人职务调整和奖金评定，近3年直管职业经理人累计降职或退出接近百人。①

二、国家开发投资集团有限公司

国家开发投资集团有限公司（以下简称“国投集团”）成立于1995年，在承接原国家六大投资公司股权资产基础上组建而成，是中央企业中最早的综合性投资控股公司。2014年被国务院国资委确定为首批国有资本投资公司改革试点，2022年6月正式转为国有资本投资公司。国投注册资本338亿元，截至2022年年末，集团资产总额7950亿元，员工约5万人。2022年集团实现营业总收入2114亿元，利润总

① 华润（集团）有限公司. 华润特色职业经理人制度建设实践 [J]. 创新世界周刊，2023（1）.

额233亿元。国投集团坚持服务国家战略、优化国有资本布局、提升产业竞争力的功能定位，坚持实业为主、产融结合，坚持引领产业发展、推动产业升级、优化布局结构、促进科技创新，资产集中在基础产业、战略性新兴产业、金融及服务业等关系国家安全、国民经济命脉和国计民生的重要行业和关键领域。国投集团聚焦投资公司使命责任，在我国投资体制改革、国有资产监管体制改革，以及国有资本投资公司的功能作用、经营管理、运行机制、管控模式等方面，率先做出了一系列探索实战，有效发挥了先行先试、示范引领作用，走在了国企改革的前列。通过不断深化改革，国投集团实现了高速增长，连续18年在国务院国资委年度业绩考核中获评A级，连续六个任期获得业绩优秀企业。国企改革三年行动以来，国投集团牢牢把握改革的正确方向，把改革作为完善公司治理体系、破解体制机制束缚、激发活力提高效率的重要抓手，聚焦重点领域和关键环节发力攻坚，加快打造世界一流资本投资公司。①

（一）坚持党管干部原则，“试点先行、由点到面、分步分类”推进职业经理人制度改革

国投集团在所属330家单位已全面推行经理层成员任期制和契约化管理的基础上，按照“试点先行、由点到面、分步分类”的思路，在实施了混合所有制改革的企业，特别是其中的改革专项工程试点企

① 国家开发投资集团有限公司官网。

业，推行职业经理人制度。[①]

自2016年，国投集团在具备条件的子公司率先推行职业经理人制度。国投集团以国投电力控股股份有限公司（以下简称“国投电力”）为试点推行职业经理人制度，经理层全部6个岗位面向国投集团内部公开招聘，同步建立职业经理人管理体系。2019年，国投电力经理层任期届满，面向社会公开选聘新一届经理层，其中一名职业经理人来自外部。

2016年，制定《公司推行职业经理人制度指导意见》，为常态化推行职业经理人制度提供了依据和指引。通过不断强化制度建设、完善制度体系，国投集团逐步形成了以《子公司职业经理人管理办法》为核心，对职业经理人选聘、管理、考核、薪酬、退出、培养等环节进行规范的“1+N”职业经理人制度框架。同时，在《子公司经理层成员任期制和契约化管理办法》《高级管理人员管理办法》《子公司负责人薪酬管理办法》等制度中对职业经理人的管理进行了补充，使职业经理人的“责权利”更加清晰和明确，对职业经理人的“选育管用”更加直接有力。

国投集团在2020年10月召开的集团干部人才工作会上，强调“持续完善市场化选人用人机制，进一步研究明确实施职业经理人制度的适用范围、条件等要求，对于具备条件的，要加快推动实施”。随后在印发的《公司深化改革三年行动实施方案》中提出“在开展股权多元化、混合所有制改革的企业，积极推行职业经理人制度”，将推行职业

① 国务院国有资产监督管理委员会. 国有资产管理：创新激发活力 改革赋能发展——国家开发投资集团有限公司改革创新系列探索实践 [EB/OL]. [2023-06-28] http://www.sasac.gov.cn/n2588025/n2588139/c27981761/content.html.

经理人制度作为重要举措。结合既往实践，国投集团在中国国投高新产业投资有限公司（以下简称“国投高新”）、中国电子工程设计院有限公司（以下简称“电子工程院”）、国投聚力投资管理有限公司、中国投融资担保股份有限公司、国投融资租赁有限公司、国投新疆罗布泊钾盐有限责任公司等子企业大力推行职业经理人制度，面向社会公开选聘了20多名职业经理人。自职业经理人制度改革实施以来，国投集团共有9家子企业的26名职业经理人因改革而退出经理层岗位，现有120多名职业经理人在49家子企业任职。①

（二）打造科学、长效的职业经理人创新管理模式

国投集团在职业经理人制度改革中，为了做好对职业经理人的“选、用、管”，打造出了一套科学系统、长效管用的“1+6+1”职业经理人管理模式。

坚定“一个方向”，即市场化改革方向，也就是推动职业经理人管理体制机制与现代企业制度、市场化经营机制接轨，突出选人用人的市场导向，强化考核、激励与市场同业对标，不断提高职业经理人市场化、专业化、职业化程度。

紧抓“六个环节”，一是市场化选聘环节，强化竞争择优原则，拓宽选人用人视野。国投集团主要通过面向社会公开招聘方式产生职业经理人。在选聘过程中，严格选聘资格条件，规范履行10项选聘工作程序。通过严把标准程序关，从市场中选聘一批具有过硬的政治能

① 国投集团人力资源部. 职业经理人制度改革的国投经验[EB/OL]. [2022-12-01] https://baijiahao.baidu.com/s?id=1750982444374341294&wfr=spider&for=pc.

力和专业素养、经营业绩突出的职业经理人。二是对职业经理人实行聘任制和契约化管理，签订“两个合同”，确立法律上的劳动关系；聘期届满，聘用关系自然解除，经考核合格的可以续聘。签订“两个合约”，是要形成压力层层传递、责任层层落实的经营目标责任体系，牢牢绑定职业经理人与企业的绩效契约。三是实施以业绩考核为主，进行年度考核、任期考核和不定期考核。科学选择对标标的，合理设置年度与任期考核指标、目标值；考核目标值的设定均具有一定挑战性，力争跑赢市场、优于同行。强化刚性考核、刚性兑现，将考核结果作为职业经理人薪酬支付、激励兑现、岗位续聘等的主要依据。四是实现市场化薪酬，按照“一企一策”“一人一策”，合理设定职业经理人薪酬水平，建立基本年薪和绩效年薪相结合、年度薪酬与中长期激励相结合的薪酬结构，薪酬总水平与企业功能定位、行业特点、经营业绩、竞争程度等相匹配，强化正向激励导向作用，引导职业经理人关注企业长远发展。五是实现市场化退出，坚持从市场中来，到市场中去，明确职业经理人“下”的依据和“下”的7种情形，让职业经理人“下”得心服口服。严格退出管理，对考核结果较差的，职务该“下”的“下”，合同该“解”的“解”。六是配合差异化监管，落实全面从严治党要求，建立健全有别于党管干部的职业经理人监督体系，发挥好党组织、董事会、监事会等治理主体，以及纪检监察、巡视、审计等部门作用，强化监督，规范职业经理人履职。

做好“一个结合”，就是党管干部原则与董事会依法选择经营管理者以及依法行使选人用人权有机结合。把党的领导贯穿到职业经理人工作各方面、各环节。国投集团党组发挥领导把关作用，实行“两审两考一备案制”，职业经理人选聘工作方案、拟参加能力测评的人选名单均需报集团党组审核把关，集团党组派员作为评委参与能力素质测评、党组组织部参加考察工作，所属企业董事会聘任职业经理人情况事后报国投备案，实现全程可追溯，提升程序规范性，严格把好政治关和能力关。企业党组织发挥具体领导和组织落实作用，负责对职业经理人管理工作的组织领导、跟进监督、校正纠偏，参与选拔和人选考察工作，对拟任人选集体研究提出意见和建议等。企业董事会依法选择和管理职业经理人，负责制订选聘方案和相关管理制度，组织开展选拔和人选考察工作，决定聘任或者解聘职业经理人，对其实施业绩考核并决定其薪酬事项。落实“双向进入、交叉任职”要求，推动党员职业经理人进入同级党组织，积极支持、主动参与党建工作。

在六年职业经理人制度改革中，国投集团在重要领域和关键环节上精准施策，“硬骨头”逐渐被啃下，“老大难”逐步被化解，改革红利不断释放。通过面向市场公开选聘人才，以市场化薪酬和管理机制吸引人才，破除了论资排辈、引才壁垒，有效整合汇集了集团内外部优秀人才资源，把一批专业化高素质人才充实到经营班子中，企业领导班子和干部队伍的来源、专业、年龄结构得到优化，盘活了内部人才市场，优化了干部成长路径。

国投高新从709名应聘人员中选出5位职业经理人，原经营班子成员全部落选，新经营班子全部为新人，平均年龄由57岁降至49岁。电子工程院下属重要投资企业的一位副总“连升三级”，竞聘为总经理；选聘的5名职业经理人全部是“70后”，仅有一位副总经理是原经营班子成员，给干部职工带来极大的震动和鼓舞。中投保选聘的4名职业经理人全部是“70后”“80后”，一半由部门中层（非公司总助级）竞聘进入经营班子。

内部深化改革引向深入，市场化经营机制更加健全。通过推行职业经理人制度，有针对性地解决好管理人员能上不能下、激励不足等问题，以“领导改”带动“员工改”，以上率下，推动加快解决“三能”问题、转换经营机制，形成一体化的激励约束体系。

国投电力控股股份有限公司（以下简称“国投电力”）推行职业经理人制度后，全面开展以激发活力为核心的人力资源管理改革，以推动“能上能下、能进能出”为重点，突出业绩导向，将年度目标层层分解为部门、个人考核指标，逐级签订绩效合约，2021年度，通过末等调整和不胜任退出管理人员14名，占管理人员总数的3.19%；通过竞聘上岗形式选拔管理人员30名，占管理人员总数的6.83%。国投高新“从经理层向下传导”，本部全部中层干部竞聘上岗，定契约、明任期，市场意识进一步增强；“从本部向下延伸”，在控股投资企业国投中鲁、亚普股份推行职业经理人制度改革，推动激发企业发展活力；建立本部、国投中鲁、亚普股份高管及基金管理公司负责人的薪酬对标体系，激励机制更加科学，创业热情有效激发，发展动力活力更加强劲。通过实行契约化管理、市场化薪酬、市场化退出，有效传导压力、激发活力，在一定程度上解决了干部担当作为不力、薪酬激励不足、队伍活力不够等问题，营造了活力迸发齐心谋发展的环境，为推动实现高质量新发展奠定了基础。国投电力自推行职业经理人制度以来，经理层压力更大、动力也更足，有力推动了产业结构升级、新能源业务布局和国际化发展，成功剥离6个火电项目，清洁能源装机占比达到68%，并储备了一定规模的新能源资源，经营业绩总体保持稳定增长态势。

在国投集团推行职业经理人制度改革的过程中，“四个注重”贯穿始终，在更加精准地出台改革方案、推动改革向更深层次挺进中，发挥着关键作用、体现着独特价值。注重落实“两个一以贯之”。实行“双向进入、交叉任职”，推行职业经理人的企业及时同步配备专职副书记、纪委书记，切实加强党的领导；完善公司治理机制，做实企业董事会，强化董事履职能力，打造积极股权董事队伍，推动建立权责对等、运转协调、有效制衡的决策监督执行机制。注重强激励与硬约束并举。严格任期制契约化，结合企业所处行业、发展战略、经营业绩等实际情况，突出考核和薪酬的市场“双对标”，业绩达到市场多少分位、薪酬水平就在多少分位，严格按考核结果支付薪酬、兑现激励；突出任中、届满适任性考核评价，不达标的坚决进行调整。注重整体推进与重点突破共进。经理层整体推进职业经理人制度，避免对一套经营班子实行两种管理模式；推动企业内部系统改革，自上而下逐级落实市场化经营机制，有效解决“三能”问题。注重充分发挥各级党组织作用。各级党组织牢牢坚持党管干部、党管人才的原则，将领导把关作用落实到职业经理人选聘、管理监督、考核评价等各领域各方面各环节。

三、云南省能源投资集团有限公司

云南省能源投资集团有限公司（以下简称“云南能投”）是以能源、现代物流、绿色能源新材料为三大主业的省属国有重要骨干企业，是云南省能源战略实施和能源产业改革创新发展的重要平台，是云南省打造世界一流“绿色能源牌”主力军和实施绿色能源战略国际化排头兵、现代物流产业龙头企业、数字经济产业一流企业、服务国家“一带一路”建设和面向南亚、东南亚辐射中心领军企业，注册资本金116.6亿元。截至2022年年末，云南能投资产总额2491亿元，实现营收1248亿元，利润总额40亿元，实现经营性净现流90亿元，累计贡献利税超过350亿元。云南能投权益装机近2040万千瓦、占全省电力总装机的20%，其中绿色电力装机占比超过80%。2022年位列中国企业500强第186位、中国能源企业500强第32位、中国物流企业50强第46位。云南省首家主体信用“AAA”评级企业，云南省唯一拥有惠誉“BBB-”和联合国际“A-”双重国际评级企业。云南能投自入选“双百行动”以来，以市场化改革为突破口，持续优化组织架构、完善市场化经营机制、提升激励约束水平，助推企业高质量发展，被国务院国资委评为“双百行动”标杆企业。

云南省新能源发展优势大、动力足。云南省是国内重要的大型清洁能源基地，电力装机以水电为主。根据《云南省国民经济和社会发展第十四个五年规划和二〇三五年远景目标纲要》，云南规划建设31个新能源基地，装机规模1090万千瓦。同时建设金沙江下游、澜沧江中下游、红河流域的“风光水储一体化”基地新能源装机1500万千瓦，合计预计新增2590万千瓦新能源基地项目。2021年10月，《云南省工业绿色发展“十四五”规划》发布，提出要将云南省打造为“世界光伏之都”。2022年3月，科技部等九部委发布《“十四五”东西部科技合作实施方案》，提出要支持云南省打造“世界光伏之都”。2022年4月，云南省能源局发布《云南省“十四五”规划新能源项目清单》，按照2022—2024年每年开工2000万千瓦新能源并留有裕度的原则。

（一）完善市场化经营机制，种好市场化改革“试验田”

近年来，云南能投不断完善市场化经营机制，持续建设和完善职业经理人管理制度体系，建立并修订完善《集团职业经理人管理办法》，按照市场化选聘、契约化管理、差异化薪酬、市场化退出的原则，坚持“业绩与薪酬双对标”原则，提供具有竞争力的市场化薪酬，实行严考核，真正实现契约化管理。选拔淬炼高质量职业经理人队伍，在金融、国际化和数字经济等市场化程度较高的板块加强职业经理人引进和培养力度，综合运用多种引才渠道和人才识别测评工具，提高人才识别精准度，从行政管控和治理管控出发，全面加强集团和各级所属公司董事会建设，建立完善法人治理结构和分层分类的管控体系，实现对职业经理人的规范管理。云南能投所属盐业公司45名营销端管理干部整体实现身份转换，与经营班子签订业绩考核责任书，实现“契约化”管理。云南能投全面推动所属公司经理层成员任职期和契约化管理，实施“1+16+11”经理层成员市场化改革重点工程，按照分层次、分类别、分步骤的原则推行集团所属公司经理层成员任期制和契约化管理，在金融投资、数字经济、上市公司、混合所有制公司等板块全面推行职业经理人制度，持续完善公司治理程序，按照协议严格考核、刚性兑现薪酬和退出管理。①

云南能投推进集团金融板块公司全员市场化改革落地，选择集团所属云能资本公司作为改革试点单位，通过改革实现公司员工整体绩效薪酬占比达到45%以上，年度工资总额增降幅由[-20%，20%]调整

① 国务院国有资产监督管理委员会. 云南能投：市场化与严监管兼具 重激励与硬约束并重 [EB/OL]. [2023-06-28] http://www.sasac.gov.cn/n4470048/n13461446/n15390485/n15769618/c20378396/content.html.

至[-30%，50%]。云南能投实行利润贡献奖励制度，所属公司超预算完成利润总额目标时，可以按照超额部分的10%以内计算利润贡献奖励额度，由集团根据各公司经营业绩完成情况统一进行二次调剂和分配。

（二）提升科学化激励水平，用好差异化考核“指挥棒”

云南能投始终坚持“重经营、比业绩、严考核、强激励”的绩效考核导向，持续优化集团总部与所属公司领导班子成员绩效考核和激励约束机制建设。建立“三挂钩”激励约束机制。集团整体工资总额增减与经营业绩完成情况挂钩，工资总额增幅不超过业绩增幅，建立工资总额周期管理制度，与三年任期保持一致，周期内工资总额增降幅度自主调控；集团总部中层管理人员与所属公司班子成员薪酬挂钩，集团总部中层正职年度薪酬标准为所属公司班子成员正职上年度平均薪酬的85%，集团总部中层副职为总部中层正职的80%；集团所属公司班子成员薪酬与集团人均工资挂钩，班子成员绩效年薪占比不低于60%，同层级最高年薪标准为最低工资的2.5倍以上。正职领导年薪不超过集团上年度人均工资的9.2倍，副职领导为正职领导的80%。

云南能投建立以效益为导向的综合考核机制，集团各所属公司年度考核指标以经营业绩考核为主（占比60%）、综合考核为辅（党建、党风廉政建设责任制、管理评价、综合民主测评各占比10%），年度考核结果为优秀的按照110%兑现绩效年薪，称职的按照100%兑现绩效年薪，基本称职的按照60%兑现绩效年薪。云南能投建立经营业绩考核挂牌督办制度，集团所属二级公司上半年考核累计利润完成率未达到预算进度70%的，列为黄牌督办对象；全年经营业绩考核未达到70分的或年度考核累计利润完成率未达到预算进度70%的，列为红牌督办对象，按照相关规定进行督办管理。云南能投全面建立以利润总额、净资产收益率、人工成本利润率为效益效率指标的工效挂钩工资总额决定机制，实现“效益增、工资增，效益降、工资降”。[①]

四、武汉产业投资控股集团有限公司

武汉产业投资控股集团有限公司是武汉市国有资本运作和战略投资专业化平台，整合各类政府引导基金。2022年12月底，武汉市委、市政府决定将武汉商贸集团和武汉产业投资发展集团整合重组为武汉产业投资控股集团有限公司（以下简称“武投控集团”），注册资本100亿元，并委托管理武汉市财政局履行金融资本出资人职责的武汉基金，定位为武汉市属唯一的国有资本投资运营公司。截至2022年年末，武投控集团纳入改革范围的84户各级企业均全面落实党建入章，35户应建立董事会企业均实现应建尽建，28户应达到外部董事占多数企业均已实现外部董事占多数全覆盖，动态授权机制初步建立，“管资本”为主的管控模式基本成型。截至2022年年底，武投控集团资产总额1249.03亿元，实现营业收入466.54亿元，实现利润总额11.58亿元。集团荣获第三届湖北改革奖并成功入选国务院国资委国企改革攻坚案例。

① 国务院国有资产监督管理委员会：云南能投：市场化与严监管兼具 重激励与硬约束并重 [EB/OL]. [2021-08-25] http://www.sasac.gov.cn/n4470048/n13461446/n15390485/n15769618/c20378396/content.html.

（一）加强党的领导，坚持职业经理人优选真退

武投控集团在职业经理人制度推行方面，一是完善相关制度，结合国企改革相关要求，修订《武汉商贸集团有限公司关于职业经理人管理的指导意见（试行）》，坚持优选、严管、实考和真退的原则，进一步明确职业经理人选聘、业绩、薪酬、退出等管理规范。二是指导权属企业推行职业经理人制度。指导资产公司、汉鹏地产、市井荟、融资担保、云计算、创新投、雷神公司共有7家权属企业开展13名职业经理人选聘和管理工作。全面梳理权属企业职业经理人选聘、考核以及薪酬管理情况，跟进了解职业经理人履职尽责表现，研究分析权属企业推行职业经理人管理中存在的问题，提出改进建议。

在建立现代企业制度、完善公司治理方面，武投控集团把党的领导融入公司治理各环节，一是制定《出资企业公司章程制定实施细则》，分类推进党建工作要求进章程，实现集团系统企业党建工作要求进章程全覆盖。二是规范完善前置研究讨论程序，集团本级和子企业全面建立党组织前置研究讨论事项清单制度。三是健全党的工作机构和工作体系。商贸集团完善领导班子分工、党组织参与重大问题决策、党建工作考核等12类88项制度，产投集团完善政治建设、思想建设、组织建设等4类27项制度，促进党的领导优势和现代企业治理优势的充分融合。加强董事会建设，落实董事会职权。制定《派出董事监事管理办法》及工作指引，组织权属企业完善《董事会议事规则》，健全董事会建设，选优配强专职外部董事队伍，全面实现外部董事占多数、全覆盖。设立战略与投资、薪酬与考核、审计预算与风险管理4个董事会专门委员会，充分发挥辅助决策作用。健全董事会对经理层的考核分配制度，制定《集团

公司领导班子副职负责人业绩考核和薪酬管理办法》，落实经理层任期制和契约化管理，根据考核结果，严格执行薪酬兑现。制定《落实权属企业董事会职权工作方案》，明确落实职权的重要子企业名单、授权内容、进度安排、督导考核等内容。集团4户重要子企业按要求落实了董事会六项职权。健全董事会授权制度，保障经理层依法行权履职。制定《集团董事会授权管理办法》，35户应建立董事会的企业均制定了董事会向经理层授权及总经理向董事会报告制度。将集团各治理主体决策权限、权属企业报请审批核准备案事项统一整合到一套清单，明确前置研究、审议决策各项权责边界。推行子企业差异化管控，对混合所有制企业按照“一级管一级”的原则，通过“一个章程、一份清单、一套制度”实行差异化分类管控，对武创投、国创资本、天华小贷等类金融企业及主营股权投资业务的企业实施动态授权，提升企业投资自主决策能力和决策效率。推进管理体系和管理能力现代化。深入开展对标一流管理提升行动，集团本级及二级子企业制定《对标国内一流管理提升行动工作实施方案》。加快信息化智能化建设，建成集团统一网络信息化平台。开展企业“总部机关化”专项整治，制定《关于开展“总部机关化”问题专项整改工作的实施方案》，集中整改13个方面的问题。优化集团管控模式，精简组织层级，通过授权委托方式调整武汉肉联食品集团有限公司公司治理机制，实现了集团管理层级均控制在四级以内的任务目标。

（二）建立健全市场化薪酬激励机制

在三项制度改革方面，武投控集团通过建立健全市场化薪酬激励机制，着力打破吃“大锅饭”现象，建立“以岗定薪、以绩取酬，岗变薪变、按绩浮动”常态化机制。一是突出差异化薪酬，坚持薪酬与岗位价值和责任相挂钩。集团副职负责人年薪分配需要综合考虑岗位职责、承担风险和工作贡献等因素，结合市委组织部对副职负责人考核结果、分管部室年度考核结果确定，副职负责人2021年度年薪分配系数最高为0.9、最低为0.84；集团总部员工实行岗位结构工资制，岗位工资根据岗位价值、责任大小和工作难易程度确定，绩效工资是体现员工工作绩效的薪酬，年终奖与集团经营业绩考核结果挂钩；权属企业负责人顺应市场化激励改革的需要，根据企业的性质、规模、盈利能力等相关情况，制定具有行业特点、企业特色、市场化特征的薪酬体系，集团权属企业负责人最高年薪标准与最低年薪标准相差7倍左右。二是突出薪酬与业绩联动，坚持薪酬与个人工作绩效和企业经营业绩挂钩。集团总部员工实行“浮动薪酬+宽带薪酬”，与个人年度考核挂钩的绩效薪酬占比超过50%，同一职级员工实际兑现绩效薪酬最高相差4.77万元；权属企业负责人绩效年薪占比超过60%，与企业负责人年度经营业绩考核结果挂钩，严格刚性兑现。经营业绩增长，绩效年薪基数上调；经营业绩下降，绩效年薪基数下调。三是突出中长期激励与约束，根据企业性质“一企一策”实施中长期激励。在权属上市公司推行股权激励和员工持股，使其管理团队和核心骨干员工与公司形成利益共同体。在具备条件的企业推行超额奖励的薪酬激励模式，上不封底、下不保底，最大限度地激发企业经营者的创新活力。在市场化程度较高的企业探索实施任期激励，按照任期增量业绩贡献决定薪酬分配，以任期目标完成情况兑现薪酬。四是强化工资总额闭环管理，实现预算、执行、调整和清算的全流程闭环式管理。首先按照制度规定核定工资总额预算。在集团工资总额预算额度内，根据企业实际情况“一企一策”

合理确定各企业工资总额预算额度。其次强化工资总额预算执行监督。通过逐级压实责任，指导企业持续完善内部人工成本动态监测预警机制，统筹做好工资发放，坚决杜绝超发、超提问题。最后严格执行工资总额清算。集团聘请中介机构进行专项审计，核查企业工资总额预算执行情况，确保企业工资总额清算控制在预算范围内。

五、北京能源国际控股有限公司

北京能源国际控股有限公司（以下简称“京能国际”）是北京能源集团有限责任公司（以下简称“京能集团”）重点打造的国际化、市场化清洁能源投资平台，公司于香港联交所主板上市。业务范围涵盖太阳能、风能、水能、氢能、储能、综合能源等领域，业务范围遍布全国20多个省市自治区，以及澳大利亚、越南等RCEP国家海外新能源市场。截至2022年年底，京能国际控制总装机容量约为589万千瓦，“控制+确权”总装机容量超过1200万千瓦，总资产603.28亿元。按照京能国际发展愿景，预计到“十四五”末总装机容量超过2200万千瓦，总资产规模超过1200亿元。京能国际已获得惠誉“A”和标普“BBB+”国际信用评级以及联合资信“AAA”国内信用评级。京能国际将把握国际能源产业大变革的历史机遇，秉承“聚焦主业、全国布局、全球发展”的发展理念，以高质量快速发展为核心，加快构筑绿色为主、多能互补、智慧协同的清洁能源产业生态体系，打造一流的国际化清洁能源生态投资运营商，努力实现公司价值、股东利益最大化。

自2020年2月18日重组以来，京能国际以价值创造为根本，树立国际化、市场化理念，加强顶层设计，完善公司治理架构，强化体制机制建设，不断增强发展动力，拓展业务规模，降本增效，持续提升发展效能。截至2022年年底，公司总资产为603.28亿元，同比2020年度增长342.4亿元，增长率131.2%；净资产为101.83亿元，同比2020年度增长45.28亿元，增长率80.1%；利润总额为6.23亿元，同比2020年度增长2.79亿元，增长率81.1%。作为全球新能源资源汇集平台，京能国际吸引了众多国内外大型机构投资者。京能集团、招商局集团有限公司及其一致行动人士（以下简称“招商局集团”）、青岛城市建设投资（集团）有限责任公司（以下简称“青岛城投”）、中国华融资产管理股份有限公司（以下简称“中国华融”）以及日本欧力士股份有限公司（以下简称“欧力士”）均为公司主要股东。优质股东的进驻，是对公司在新能源领域成就和企业自身经营管治的认可，同时也印证海内外大型金融机构对新能源行业良好前景及公司发展潜力的信心。[①]

（一）建立灵活高效的组织架构

2020年2月，作为国有资本投资公司改革试点和国企改革“双百企业”，京能集团依托改革契机，转型创新，基于对行业发展的超前预判，以及对标的资产的审慎评估，在北京市国资委的指导和支持下，毅然决定投资持股32%成为京能国际第一大股东，并将京能国际重点打造成为国际化投资平台和清洁能源产业生态体系投资的重要载体。同年5月，伴随《国企改革三年行动方案》的颁布实施，京能国际兼具境外主体、

① 北京能源国际控股有限公司官网。

跨境经营、混合所有制、国企相对控股、国有资本绝对控股等诸多典型特点，天然成为京能集团市场化体制机制创新的先行者和国企改革落地的试验田。京能国际在多元化股权、市场化运营的基础上，以“1+N”政策体系为指导，着力加强党组织建设，强化治理机制、用人机制、激励机制“三大机制”改革的纵深推进，促进市场化体制与国企体制优势互补，强化人才队伍建设与市场化选人用人机制的协调统一，激发和保持人才队伍活力，凝聚企业文化共识，全面推进各项改革举措，开启了京能国际建设一流的国际化清洁能源生态投资运营商新征程。

京能国际结合企业特点，通过建立健全现代企业制度，以资本为纽带、以产权为基础完善公司治理结构，根据股权结构合理设置股东（大）会、董事会，规范股东会、董事会、经理层和党组织的权责关系，明确“三重一大”决策制度及层级授权清单。按章程行权、依规则运行，形成定位清晰、权责对等、运转协调、制衡有效的法人治理结构。

组织架构方面，京能国际在历史形成的11级股权出资架构、200余个公司主体的基础上，提升管理视野维度，分别构建管理平台与投资平台，将人员归集于管理平台，将资产归集于投资平台，二者互不交叠，形成了“双平台”双向运营管理新模式。管理平台仅履行管理职能，明确公司总部“4+1”（战略推进中心、业务经营中心、利润创造中心、绩效优化中心、市场化改革试点中心）职能，以及分子公司“3+1”（成本控制中心、生产运行中心、安全管理中心、区域业务拓展中心）职能，将内部管理层级精简为两级，有效实现了压缩管理层级的目标，与京能集团三级分类管控体系形成契合，提高纵向层级的管理效率。投资平台仅履行投资主体职能，为公司在境内外各地的增量项目发展需要提供灵活路径，通过公司统筹向管理平台的委托、授权，实现“双平台”的双向运营，形成公司跨地域协同发展、分区域运营管理的高效经营发展模式，在市场竞争中展现优势。

加强上市公司规范化管理，创新构建“标准、内控、合规、风险、法务”五位一体管控体系，以《内部控制管理手册》《内部授权手册》《内控评价手册》为基础，梳理重构管理标准和流程体系，确保“双平台”运行工作机制规范高效，聚焦过程管理与“后评价”，降低内部沟通成本，整体管理效能显著提升。

（二）加强党的领导，完善职业经理人管理体系

职业经理人制度是激发国有企业管理层积极性、提高国有企业经营效率和竞争优势的有效手段。京能国际在“任期制与契约化”改革的基础上先行一步，以“两个指引”为参照，按照“市场化选聘、契约化管理、差异化薪酬、市场化退出”的实施要求，建立职业经理人制度，通过市场化选聘组建职业经理人团队，确定市场化身份，以三年为任期签订雇佣协议、明确退出条件，结合责任分工签订个性化目标责任书。在党委设置方面，按照坚持和完善“双向进入、交叉任职”领导体制的实施要求，公司党委、纪委书记、专职副书记由京能集团党委进行组织委派，保持“体制内”身份。经营层职业经理人中的党员按照组织程序担任企业党委副书记、委员等党内职务的，继续保持市场化身份，与契约化、任期制及市场化退出等制度相契合。通过构建完善相应的企业管理制度，逐步形成经营层职业经理人在公司党委选举进入，随劳动关系、聘任关系终止同步退出的模式。

在经营管理方面，京能国际遵循职业经理人制度的市场经济逻辑，

强化责权利统一协调，公司党委、董事会按照公司法人治理体系赋予职业经理人较为充分的经营管理权限，为其独立开展经营活动提供了空间。在薪酬方面，职业经理人采用与市场接轨的薪酬体制和激励模式，除基本年薪固定外，其他部分均与经营目标业绩、个人贡献绑定，依据考核评价进行幅宽达到 ±50% 的浮动。

京能国际建立和完善了职业经理人考核评价模型，科学动态的管理公司关键岗位。考核以服务公司战略目标和价值创造能力为核心评价维度，以经营业绩考核指标为主，实施年度和任期考核，根据岗位职责和工作分工，确定每位职业经理人的考核内容及指标，年度和任期经营业绩考核内容及指标适当区分、有效衔接。明确退出机制，将退出情形条件签入劳动合同，严格监督执行。2020年9月，2022年4月、6月，陆续完成了公司经理层7名（包括总裁1名、副总裁6名）职业经理人选聘工作，签订了雇佣协议、聘任合同（或聘书）、“1+3”年度及任期综合绩效考核责任书，京能国际顺利实现市场化选人用人机制与国企改革职业经理人机制的有效融合。

京能国际通过开展机构设置改革，重塑管理架构，建立职业经理人制度，充分发挥市场化体制优势，重新构建绩效激励等人才支撑体系，增强发展动能，持续提升各级团队的战斗力，京能国际《国有相对控股境外上市企业市场化人才管理》改革成果分别获得了中国企业联合会全国企业现代化管理创新二等奖，中国电力企业联合会电力科技创新二等奖。京能国际的改革试点，探索出了一条适合国有相对控股企业改革的有效路径，为促进京能集团在国有资本投资公司改革和“双百行动”的基础上，全面完成国企改革“三年行动”任务作出了突出贡献，为企业开启快速可持续发展新征程提供强有力的保障。

专题研究篇

本篇主要从历史沿革、素质能力和企业形态等角度对职业经理人制度的产生、发展和建设等方面进行探讨，收录了《国有企业职业经理人制度建设的历程进行了回顾》《对于国有资本运营公司如何推行职业经理人制度进行思考》《提升职业经理人创新能力的意义和思路》等几篇文章。

第十一章　国有企业职业经理人制度建设历程回顾

自2002年以来，职业经理人这一概念逐渐为公众所熟知，我国职业经理人制度建设已经走过了21年的历程。本章将回顾从职业经理人概念的提出，到我国国有企业管理制度的演变和国有企业推行职业经理人制度的历程。

国有经济是我国国民经济的主导力量，国有企业是推动我国经济高质量发展的“顶梁柱”。改革开放以来，国有企业改革始终是我国经济社会发展的重要主题，为了提升国有企业的经营效率和竞争活力，激发国有企业经理层积极性，使其能够充分运用专业知识和实践经验高效开展经营管理活动，40多年来，我国陆续出台多项政策措施，从厂长经理负责制到职业经理人制度的转变探索，尤其是进入21世纪后，极大地释放了国有企业的经理层活力。本章将从我国建立社会主义市场经济体制、国有企业管理体制改革入手，阐述国有企业职业经理人制度的形成过程。

伴随企业生产规模的不断扩大，企业经营管理的难度不断加大，使得所有权经营权分离，资产所有者雇佣专门人才替自己管理经营成为必要，由此催生了受雇于企业专门从事经营管理工作的职业经理人。职业经理人是社会化大生产中分工细化的产物，现代企业制度的产生和发展又进一步推动了职业经理人队伍的壮大。随着我国始于20世纪90年代社会主义市场经济体制改革的进行，尤其是1994年《中华人民共和国公司法》的施行，对经营管理人才的需求日益强烈，也在呼唤着中国的职业经理人。

一、我国现代企业制度的建立

改革开放前，我国传统的国营企业领导体制的弊端日益显露，严重约束和阻碍了企业的发展。1978年以后，我国经济体制经历了计划经济体制下贯彻计划经济为主、市场调节为辅，发展社会主义商品经济到建立和完善社会主义市场经济三个阶段。全民所有制企业也经历了国营工厂（商店等）、国营企业、国有企业、国有出资企业的四种组织形式。国有企业领导体制的改革大致经历了厂长负责制和现代公司制度两个阶段。

1984年10月，党的十二届三中全会通过了《中共中央关于经济体制改革的决定》，提出发展社会主义商品经济，按照所有权和经营权两权分离的理论，进行国有企业改革，将实行厂长负责制作为经济改革的重要内容，指出："企业在改革中只有实行厂长负责制，才能适应现代化大生产对经营管理提出的要求。""要使企业真正成为相对独立的经济实体，成为自主经营、自负盈亏的社会主义商品生产者和经营者，具有自我改造和自我发展是企业的法定代表。企业建立以厂长为首的生产经营管理系统。”十二届三中全会提出的所有权和经营权分离，国家不再直接经营企业，不参与企业的经营活动，而是对企业享有所有权，标志着国营企业向国有企业过渡。1988年4月，七届人大一次会议通过的《中华人民共和国全民所有制工业企业法》规定：企业实行厂长经理负责制。厂长依法行使职权，受法律保护。厂长是企业的法定代表。企业建立以厂长为首的生产经营管理系统。

1992年10月，党的十四大提出了建立社会主义市场经济的经济体制改革的目标。1993年11月，党的十四届三中全会作出了《中共中央关于建立社会主义市场经济体制若干问题的决定》，提出要逐步建立现代企业制度，开始推行现代企业制度的试点工作。1993年12月，八届全国人大常委会第五次会议通过了《中华人民共和国公司法》，标志着国营企业进入了公司制的国有企业改革新时期。

2002年11月，党的十六大《全面建设小康社会，开创中国特色社会主义事业新局面》报告中提出改革国有资产管理体制，建立中央政府和地方政府分别代表国家履行出资人职责，享有所有者权益，权利、义务和责任相统一，管资产和管人、管事相结合的国有资产管理体制。关系国民经济命脉和国家安全的大型国有企业、基础设施和重要自然资源等，由中央政府代表国家履行出资人职责。其他国有资产由地方政府代表国家履行出资人职责。进一步探索公有制特别是国有制的多种有效实现形式，大力推进公司的体制、技术和管理创新。除极少数必须由国家独资经营的企业外，积极推行股份制，发展混合所有制经济。实行投资主体多元化，重要的企业由国家控股。这就提出了混合所有制下的国有出资企业的概念。由此，进入完善社会主义市场经济阶段。国有资产管理体制也相应地改革为，由中央政府和地方政府设立代行国有资产监管职权的特设机构的各级国有资产管理委员会监管的模式。

2003年10月，党的十六届三中全会文件《中共中央关于完善社会主义市场经济体制若干问题的决定》中要求“按照现代企业制度要求，规范公司股东会、董事会、监事会和经营管理者的权责，完善企业领导人员的聘任制度。股东会决定董事会和监事会成员，董事会选择经营管理者，经营管理者行使用人权，并形成权力机构、决策机构、监督机构和经营管理者之间的制衡机制。”

从2003年开始，随着社会主义市场经济体制的逐步完善，国有企业现代企业制度走上了不断完善的轨道。职业经理人这一概念也更加频繁地进入公众视野。

二、职业经理人概念的产生

随着国有资产管理体制的改变，管理中央企业资产的国务院国资委和管理各省市国有资产的各省市国资委建立，我国进入全民所有制国营企业向国有企业转变的时代，公司制改革的不断推进和公司治理结构的不断完善，为国有企业在现代企业制度下聘任专门从事经营管理工作的职业经理人创造了条件。

对于职业经理人的认识，目前普遍认为这一概念最早产生于美国1841年马萨诸塞州的两列铁路客车迎头相撞事故。社会公众认为铁路企业的业主不具备管理好这种现代企业的能力，在州议会的推动下，改革了铁路企业的管理制度，要选择业主之外的、有管理能力的人来行使经营权、担任企业的经营管理者，也就是我们现在所称的职业经理人。1925年美国管理协会成立，60年代美国哈佛大学企业管理研究院的成立，到60年代末，企业也普遍实行了所有权与经营权的分离，大部分企业的经营管理权都由职业经理人掌握，标志着美国已经形成了成熟的职业经理人阶层，企业管理制度也完成了从近代公司制向现代企业制的过渡。

为满足企业规模不断扩大的管理和发展的需要，从外部聘请职业经理人的相应企业管理理论的研究也在深入。美国学者伯利和米恩斯于1932年出版的《现代公司与私有财产》一书，介绍了将企业所有权和经营权分离的理论，提出可以对企业拥有权益的职能、对企业拥有权力的职能，以及与此相关的对企业行使权力的职能的三种职能加以区分，最后一项职能可以由受雇的经营者来执行，而企业所有者则居于对企业拥有法律和实际权力的地位。

标志着现代企业理论正式开创的，是诺贝尔经济学奖得主罗纳德·哈里·科斯在1937年发表的《企业的本质》。而后以委托代理理论、产权理论、所有权结构模型等几个理论为基础的企业契约理论逐步成熟。委托代理理论研究的是，在非对称信息的情况下，怎样作出最优的契约设计和机制安排，以最大限度发挥委托人的作用。为了实现最优的经济效果，必须对缺乏经济效果的代理关系给予不断的改革。契约理论研究的是在对待企业代理人的问题上，如何在“所有与控制分离”的情况下，合理配置股东、董事会、管理层的权力，形成对管理层的有效监督与约束，激励管理层按照股东利益最大化管理公司的事务，解决公司治理的核心问题。

管理学大师级人物彼得·德鲁克、马克斯·韦伯、阿尔弗雷德·D.钱德勒等也关注着拥有剩余索取权的职业经理人。彼得·德鲁克认为，"职业经理人是能够发起变革、设计变革和组织变革的人，其特点是折旧快，是需要经常补充的一种企业中最昂贵的资源。"马克斯·韦伯、阿尔弗雷德·D.钱德勒等认为，管理者并不享有企业的所有权，只是被企业聘用，通过为企业服务而获得薪金等劳动报酬，他们必须通过考试才能获得任职资格，并通过培训教育才能上岗。

这些管理学理论研究为企业实行职业经理人制度奠定了学理基础。

20世纪90年代，《中华人民共和国公司法》颁布后，职业经理人概念开始逐步进入我国从事企业管理研究专家学者的视野。尤其是跨入21世纪后，随着公司治理理论研究的深入，职业经理人制度作为现代企业制度中公司法人治理的重要组成部分，对企业高质量发展具有越来越重要的意义逐渐成为共识。

目前，在我国流行的职业经理人概念，一种是由全国职业经理人考试测评标准化技术委员会发布的《职业经理人相关术语》（GB/T 26999—2021）中的职业经理人术语定义，"职业经理人（Professional Managers）：受聘于企业，担任不同层级的领导和管理职务，承担相应的义务和责任，从事经营管理活动，以此为职业的人"；另一种是企业管理学界经常引用的，"职业经理人是指在一个所有权、法人财产权和经营权分离的企业中承担法人财产的保值增值责任，全面负责企业经营管理，对法人财产拥有绝对经营权和管理权，由企业在职业经理人市场（包括社会职业经理人市场和企业内部职业经理人市场）中聘任，而其自身以受薪、股票期权等为获得报酬主要方式的职业化企业经营管理专家"。前一种概念外延较大，涵盖担任中高层级岗位职务的经营管理者；后一种概念内涵较为丰富，特指对企业负有重大管理责任的重要岗位的经营管理者，如我们经常称谓的总经理、总裁、首席执行官等。

三、国有企业建立职业经理人制度的政策演进

进入21世纪，社会主义市场经济体制初步建立后，我国《中华人民共和国国民经济和社会发展第十个五年计划纲要》发布。该纲要提出进一步深化国有大中型企业改革，基本完成产权清晰、权责明确、政企分开、管理科学的现代企业制度的建设。健全责权统一、运转协调、有效制衡的公司法人治理结构，对国有大中型企业进行规范的公司制改革。

为了做好我国加入世界贸易组织后的各项应对工作，实施“人才强国”战略，中共中央办公厅国务院办公厅于2002年6月下发关于印发《2002—2005年全国人才队伍建设规划纲要》的通知。该纲要要求努力建设高素质、职业化的企业经营管理人才队伍。明确要“建设一支职业经理人队伍。逐步实行职业资格制度，加紧研究制定资质认证标准和市场准入规则。参照国际惯例，探索建立符合中国企业实际的首席执行官制度”。

这是“职业经理人”一词首次在党中央、国务院的文件中出现。此后，党中央、国务院又在下发的与企业改革相关的系列政策文件中，对职业经理人制度建设不断提出新的具体要求。

2003年12月发布的《中共中央国务院关于进一步加强人才工作的决定》，在建立以能力和业绩为导向、科学的社会化的人才评价机制

问题上，提出“企业经营管理人才的评价重在市场和出资人认可。发展企业经营管理人才评价机构，探索社会化的职业经理人资质评价制度。完善反映经营业绩的财务指标和反映综合管理能力等非财务指标相结合的企业经营管理人才评价体系，积极开发适应不同类型企业经营管理人才的考核测评技术。”

2010年6月中共中央、国务院发布的《国家中长期人才发展规划纲要（2010—2020年）》，在推进企业经营管理人才队伍建设的发展目标中提出：“适应产业结构优化升级和实施‘走出去’战略的需要，以提高现代经营管理水平和企业国际竞争力为核心，以战略企业家和职业经理人为重点，加快推进企业经营管理人才职业化、市场化、专业化和国际化，培养造就一大批具有全球战略眼光、市场开拓精神、管理创新能力和社会责任感的优秀企业家和一支高水平的企业经营管理人才队伍。”在主要举措上提出：“依托知名跨国公司、国内外高水平大学和其他培训机构，加强企业经营管理人才培训，提高战略管理和跨文化经营管理能力。采取组织选拔与市场化选聘相结合的方式选拔国有企业领导人员。健全企业经营管理者聘任制、任期制和任期目标责任制，实行契约化管理。完善以市场和出资人认可为核心的企业经营管理人才评价体系，积极发展企业经营管理人才评价机构，建立社会化的职业经理人资质评价制度，加强规范化管理。”

2013年11月，党的十八届三中全会通过的《中共中央关于全面深化改革若干重大问题的决定》发布，该决定在推动国有企业完善现代企业制度中要求，“健全协调运转、有效制衡的公司法人治理结构。建立职业经理人制度，更好发挥企业家作用。深化企业内部管理人员能上能下、员工能进能出、收入能增能减的制度改革。”

这是党中央第一次作出决定，要在国有企业建立职业经理人制度。

2015年9月，中共中央、国务院印发的《关于深化国有企业改革的指导意见》，[①]提出“推行职业经理人制度，实行内部培养和外部引进相结合，畅通现有经营管理者与职业经理人身份转换通道，董事会按市场化方式选聘和管理职业经理人，合理增加市场化选聘比例”。为了贯彻落实中央改革要求，2019年11月，国务院国资委印发的《中央企业混合所有制改革操作指引》中就提出，建立市场化选人用人机制，实现管理人员能上能下。推动混合所有制企业在更大范围实行经理层成员任期制和契约化管理，具备条件的建立职业经理人制度，积极探索建立与市场接轨的经理层激励制度。

2020年2月，在系统总结梳理相关政策和企业实践经验的基础上，国务院国有企业改革领导小组办公室印发了《“双百企业”推行经理层成员任期制和契约化管理操作指引》和《“双百企业”推行职业经理人制度操作指引》[②]，为“双百企业”及其他国有企业推行经理层成员任期制和契约化管理以及建立职业经理人制度，提供了系统规范的操作指南。《“双百企业”推行职业经理人制度操作指引》明确，职业经理人是指按照“市场化选聘、契约化管理、差异化薪酬、市场化退出”原则选聘和管理的，在充分授权范围内依靠专业的管理知识、技能和经验，实现企业经营目标的高级管理人员。同时提出“双百企业”职业经理人可以采取竞聘上岗、公开招聘、委托推荐等方式产生。同时，明确了选聘标准、人选来源、选聘程序、契约签订、考核实施、薪酬

---

① 《关于深化国有企业改革的指导意见》（中发〔2015〕22号）。

② 《关于印发“双百企业”推行经理层成员任期制和契约化管理操作指引和“双百企业”推行职业经理人制度操作指引的通知》（国企改办发〔2020〕2号）。

水平、市场化退出等具体操作要点。对于履职监督和责任也明确了要求。在推行职业经理人制度过程中，需要重点关注的组织人事关系管理、出国（境）管理、保密管理等问题，该操作指引提出了规范性要求。

2020年6月，中央全面深化改革委员会审议通过《国企改革三年行动方案（2020—2022年）》，该方案在健全市场化经营机制方面提出，到2022年国有企业子企业全面推行执行经理层成员任期制和契约化。优先支持商业类子企业按照市场化选聘、契约化管理、差异化薪酬、市场化退出原则，加快推行职业经理人制度。

四、国有企业推行职业经理人制度的成就

中央企业及其下属公司和地方骨干企业的职业经理人制度建设和经理层成员市场化选聘目前以“双百行动”形式推行为主。“双百行动”是按照国务院国企改革领导小组的有关工作部署，由国务院国资委改革办直接推动组织的一次综合性国企改革示范行动。2018年8月，国务院国有企业改革领导小组决定选取百余户中央企业子企业和百余户地方国有骨干企业（“双百企业”），在2018—2020年实施国企改革“双百行动”。2019年年底，共有444家优质央企子企业和地方骨干国有企业入选“双百企业”名单。

国务院国有企业改革领导小组办公室在2019年7月的国企改革“双百行动”媒体通气会上表示，自2018年8月“双百行动”启动以来，“双百企业”在改革的重要领域和关键环节迈出实质性步伐，取得了显著成就。“双百企业”的企业法人治理结构更加完善。302户

“双百企业”（占比76.65%）设立了董事会，董事会获得授权放权事项2138项，主要涉及职工工资分配权、重大财务事项管理权、中长期发展决策权、经理层成员业薪酬管理权、经理层成员业绩考核权和经理层成员选聘权。167户“双百企业”（占比42.39%）在企业本级层面推行了经理层成员任期制和契约化管理。81户“双百企业”（占比20.56%）在企业本级层面开展了职业经理人选聘，共选聘职业经理人620人；137户“双百企业”（占比34.77%）在所属各级子企业层面开展了职业经理人选聘，共选聘职业经理人2162人，绝大多数“双百企业”已经建立了市场化用工机制。激励约束机制进一步优化。2018年，“双百企业”本级领导班子成员或建立职业经理人制度的管理层中，薪酬最高者与最低者的薪酬平均倍数为1.84倍；接近80%的“双百企业”领导班子中薪酬最高者与最低者的平均倍数超过1.2倍，真正拉开了差距。①

2020年4月，国务院国企改革领导小组办公室发布了截至2019年年末中央企业所属“双百企业”改革任务完成情况。截至2019年年末，中央企业所属“双百企业”累计改革任务完成率达到55.14%。82.49%的“双百企业”在本级层面设立了董事会，其中非执行董事过半数的占62.74%。“双百企业”董事会中长期发展决策权、经理层成员选聘权、业绩考核权、薪酬管理权、职工工资分配权、重大财务事项管理权等主要职权的落实力度明显加大，57.58%的“双百企业”董事会获授上述两项以上职权，26.07%的“双百企业”董事会获授上述全部六项职权。“双百企业”在本级层面和子企业层面推行经理层成员

① “双百行动”在央企和各地国资国企系统已产生明显“辐射”效应[EB/OL]. [2019-08-05]. http://www.sasac.gov.cn/n2588025/n2588119/c11905422/content.html.

任期制和契约化管理的比例分别达到45.91%和45.14%；“双百企业”在本级层面和子企业层面开展职业经理人选聘的比例分别达到22.18%和33.07%。“双百企业”基本全面实现了以合同管理为核心、以岗位管理为基础的市场化用工机制。“双百企业”在本级层面普遍拉开领导班子成员薪酬差距，同一领导班子成员中薪酬最高者与最低者的倍数平均达1.46倍。“双百企业”在完成国企改革重点工作任务方面的进展和成效普遍好于其他子企业，改革尖兵的引领示范作用初步显现。[①]

根据2022年1月国务院新闻办公室召开的国企改革三年行动专题推进会上发布的情况，2021年，中国特色现代企业制度和国资监管体制向更加成熟定型迈出实质性步伐，企业市场化经营机制改革在更大范围、更深层次破冰破局。国企改革三年行动形成了一批理论、实践和制度成果，有力促进了国资国企高质量发展，切实提升了广大职工改革获得感，形成了坚决深化改革、大力支持改革、积极参与改革的良好氛围。中国特色现代企业制度更加成熟定型。以董事会建设为例，通过印发中央企业董事会工作规则（试行）、董事会和董事评价办法等文件，国有企业董事会制度体系已基本形成。截至2021年年末，各级国有企业基本实现董事会应建尽建，中央企业和地方国有企业子企业层面完成外部董事占多数的比例分别达到99.3%、94.2%。公司制改革基本完成，中央党政机关和直属事业单位所管理企业中公司制企业占比97.7%，地方国有企业中公司制企业占比99.9%。经理层成员已签订契约的中央企业子企业和地方国有企业占比分别达到97.3%和94.7%，

① “双百行动”在央企和各地国资国企系统已产生明显“辐射”效应[EB/OL]. [2019-08-05]. http://www.sasac.gov.cn/n2588025/n2588119/c11905422/content.html.

基本建立了中国特色现代企业制度下的新型经营责任制。①

2022年3月国务院国企改革领导小组办公室召开完善公司治理机制、提升运转质量效能专题推进会上发布的情况显示，各中央企业、各地国资委和地方国有企业董事会建设和运行质量得到提升，董事会向经理层授权，加强统筹沟通、完善会议机制积极推进，党组织、董事会、经理层等各治理主体作用有效发挥，权责法定、权责透明、协调运转、有效制衡的公司治理机制不断完善；董事会实现应建尽建、落实董事会职权迈出实质性步伐。1.29万户中央企业子企业、2.63万户地方国有企业及子企业已设立董事会。1421户中央企业重要子企业中，95.2%制订了落实董事会职权具体实施方案，经理层行权履职机制不断完善，96.9%的中央企业集团公司、98.5%的地方一级企业建立了董事会向经理层授权的管理制度。国有企业各级子企业经理层成员实现任期制和契约化管理的占比超过96%，为董事会市场化选聘职业经理人创造了有利条件。②

总体来看，国企改革三年行动扩大了在国有企业建立职业经理人制度的推行范围，也加快了施行速度，形成了始于“双百行动”的以点带面的改革态势。不过，目前不少“双百企业”在完善法人治理结构、落实董事会职权、推进混合所有制改革、健全市场化经营机制等方面，仍存在改革推进力度不平衡、进展情况不平衡等问题，需要加大力度。

2022年，是国企改革三年行动的收官之年。深化国有企业改革，建立和推行职业经理人制度，对于完善国有企业市场化经营机制，增强国有经济竞争力、影响力和抗风险能力，具有重要的意义。

---

① 国务院国企改革领导小组办公室专题推进国企改革三年行动[EB/OL]. [2022-01-18]. https://baijiahao.baidu.com/sid=1722303691356461314&wfr=spider&for=Pc.

② 国务院国企改革领导小组办公室专题推进国企改革三年行动[EB/OL]. [2022-01-18]. https://baijiahao.baidu.com/sid=1722303691356461314&wfr=spider&for=Pc.

第十二章　关于国有资本运营公司推行职业经理人制度的几点思考

2013年《中共中央关于全面深化改革若干重大问题的决定》提出组建若干国有资本运营公司，是以管资本为主改革国有资本授权经营体制的重要举措。2015年8月，中共中央、国务院印发《关于深化国有企业改革的指导意见》提出，探索国有资本运营公司“有效的运营模式，通过开展投融资、产业培育、资本整合，推动产业聚集和转型升级，优化国有资本布局结构；通过股权运作、价值管理、有序进退，促进国有资本合理流动，实现国有资本保值增值。”2018年7月，国务院发布《关于推进国有资本投资、运营公司改革试点的实施意见》，明确国有资本运营公司的功能定位、授权机制、治理结构、运行模式、监督与约束机制等内容。可见，国有资本运营公司的战略路径越来越清晰，施工蓝图越来越具体。近年来，大力推进国有资本运营公司深化改革试点，有效发挥国有资本运营公司功能作用，坚持“一企一策、成熟一个推动一个、运行一个成功一个”，是深化以管资本为主、改革国有资本授权经营体制的重要任务。

自2014年以来，从中央到地方组建的国有资本运营公司如雨后春笋般涌现。除了央企层面已有的试点单位，地方层面积极改组组建或重新设立国有资本运营公司。截至2022年，省级试点运营类公司已超过50余家。尽管试点单位在过去几年的实践探索中已经取得了一定的成效，但在改革过程中仍存在一些问题和瓶颈，一定程度上制约了国有资本运营公司的持续健康发展，亟须在未来深化改革中予以解决。

国有资本运营的核心要素“资本”是否能够增值，相当程度上取决于运作主体即“人”的专业化操作。因此，建立一支与国有资本公司运营业务属性相适应、与公司运营模式相匹配的专业化高素质人才队伍至关重要。职业经理人制度是激活国有企业选人用人机制的关键一招，打造一支专业化、职业化、市场化和国际化的国有企业职业经理人队伍，有利于激发经理层活力，进一步完善现代企业制度，不断增强国有经济竞争力、创新力、控制力、影响力和抗风险能力。2019年《国务院关于印发改革国有资本授权经营体制方案的通知》提出“授权国有资本运营公司董事会负责经理层选聘、业绩考核和薪酬管理（不含中管企业），积极探索董事会通过差额方式选聘经理层成员，推行职业经理人制度，对市场化选聘的职业经理人实行市场化薪酬分配制度，完善中长期激励机制”。

本章将从国有资本运营公司增强经理层经营活力，构建和完善职业经理人制度的角度，总结提出以下几点建议，以期为国有资本运营公司更好地建设经营管理人才队伍提供参考。

一、建立市场化的职业经理人选聘机制

许多地方国有资本运营公司由产业集团公司或国有资产管理公司

改组组建而来，或者通过划转若干国有企业股权予以组建，由原来的产业经营或者资产管理业务向市场化的投融资、资本运营业务转化过程中存在挑战和风险，尤其对于企业转型升级所需的产业、管理、金融人才普遍不足，懂产业、通金融、善管理的领军人才和行业精英更是短缺。这时就亟须开展市场化选聘专业化、职业化的经营管理人才来改善这一局面，从而提升国有资本运营公司的资本运营能力。但部分国有资本运营公司在构建市场化选人用人机制的过程中，存在对职业经理人的身份定位不够清晰，市场化选聘不充分，职业经理人引入难等问题。

企业开展市场化选聘职业经理人，首先要明确企业的用人需求，建立岗位胜任力模型。国有资本运营公司作为国有资本市场化运作的专业平台，有着“隔离层、防火墙”的角色定位，其核心目的就是实现国有资本保值增值。为了高水平实现资本运营的增值目的，保证国有资本运作平台功能的优异表现，需要相应的资本运营业务或资本运作方式予以落实，而国有资本运营公司以财务性持股或财务性金融投资业务为主，结合其金融或类金融业务特点，决定了它要求职业经理人应拥有一流的开拓创新、资源整合和业务协同能力，能不断创新金融或类金融业务。同时，不同类型业务之间具有强互补性，要推动多元资本运营手段的协同合作，形成业务协同效应。对于国有资本运营集团而言，专业的资本运作能力是最重要的核心能力，既体现在对“股权运作、基金投资、培育孵化、价值管理、有序进退”等不同运作方式创新和应用的专业能力上，又反映在“融投管退”各个运作环节的专业性中。同时，国有资本运营公司金融或类金融的业务性质，也决定了风险管控能力是职业经理人开展国有资本运营业务的重要要求。

企业除了可参考以上国有资本运营公司职业经理人所需的通用能力要素外，更要结合实际需求进一步明确职业经理人人才画像。国有资本运营公司开展市场化选聘职业经理人之前，应充分考虑到企业的功能定位、发展阶段及战略规划、企业文化等因素，对经理层的岗位职责、人数、能力素质等方面的需求做好科学、系统的分析。

企业开展市场化选聘职业经理人需畅通企业内部身份转换通道，不必局限于外部引入。无论是从外部引进还是内部选聘职业经理人都不是绝对的，市场化选聘不充分反而会导致职业经理人引入难。一些国有资本运营公司试点还存在职业上升渠道不畅通，导致中层管理人员发展通道受阻等问题。因此，国有资本运营公司在开展市场化选聘时应坚持五湖四海、任人唯贤，不受企业内外、级别高低、资历深浅的限制。通过内部培养和外部招聘两种方式获取所需人才，无论何种获取方式，都要求国有资本运营公司建立与类金融公司特点相适应的人才管理模式，最大限度地发挥各类人才的专业能力和潜力。

二、探索差异化的职业经理人激励模式

国有资本运营公司应建立与国有资本市场化运作相适应的激励体制，针对不同层级、不同类别主体实行差异化的激励方式，探索形成市场化差异化的激励模式。2019年《国务院关于印发改革国有资本授权经营体制方案的通知》授权了“国有资本投资、运营公司董事会审批子企业股权激励方案，支持所出资企业依法合规采用股票期权、股票增值权、限制性股票、分红权、员工持股以及其他方式开展股权激

励，股权激励预期收益作为投资性收入，不与其薪酬总水平挂钩。支持国有创业投资企业、创业投资管理企业等新产业、新业态、新商业模式类企业的核心团队持股和跟投。”国有资本运营公司激励体系应与类金融企业特点相适应，否则薪酬体系和激励手段难以满足对市场化高层次专业人才引进的需要，许多企业职业经理人激励受到工资总额和企业经营状况限制，对重大项目参与的积极性产生消极影响。国有资本运营公司应针对自身的特殊性，建立专门的绩效考核评价机制，强化激励相容的薪酬激励约束，借鉴金融机构和其他类金融公司的薪酬模式，充分运用国有企业中长期激励的“政策包”和“工具箱”，构建强调业绩导向、突出专业能力、收益责任匹配、短期长期结合、在不同业务领域具有行业竞争力的薪酬体系，创新多元化激励手段，满足差异化需求，有效引导和激励国有资本运营公司职业经理人发挥作用。

部分企业把制定中长期激励制度作为完善公司治理结构的持续推进手段，以促进企业和员工共同利益的形成，期望为企业长期发展提供源源不断的内生动力。如中国国新控股有限责任公司，2021年年底具备条件开展中长期激励的子企业，已全部开展。尤其在基金投资板块通过推行以股权、跟投、超额收益递延、退出收益、运营费用为核心的“五捆绑”等强激励硬约束机制，建立利益共享和风险共担机制，实现3～4年所投项目复利翻一倍，成为央企国有资本运营公司基金市场化运作的标杆实践。

在地方层面，一些试点企业从构建与市场化国有资本运作专业平台相适应的体制机制要求出发，在激励约束机制方面也取得了改革创新的积极效果。比如，2022年4月，山西国有资本运营有限公司印发了《省属企业控股上市公司股权激励管理办法》，从微观操作层面细化对省属企业中长期激励的工作指导，规范上市公司拟订和实施股权激励计划，进一步促进上市公司股权激励工作规范有序开展，充分调动上市公司核心骨干人才的积极性、创造性，坚定长远战略目标，夯实企业发展根本，稳固资本市场预期，不断促进省属企业对标挖潜、提质增效。2022年8月，太原重工依照此办法发布公告拟实施股权激励计划，明确设置2023年至2025年公司归母净利润增长率、净资产收益率、年末资产负债率三个指标的业绩目标，对企业中高级管理人员和核心技术或业务骨干实行股权激励。企业设置的考核标准体现了股权激励计划为实现利润规模、提高盈利能力和降低财务风险的直接价值，建立企业与员工的利益共同体，同时设置预留股权向外部吸引优秀人才，增强企业竞争力。

三、实施针对性的监督管理机制

国有资本运营公司应建立配套的职业经理人监督管理机制，突出党内监督与出资人监督、审计等专业职能部门监督、职工民主监督相结合，形成有效的监督工作体系。由于国有资本运营公司肩负着国有资产保值增的重任，首先应确保国有资产的资产安全，防范重大风险，所以国有资本运营公司与普通企业的治理机制设计具有一定的差别。与此同时，国有资本运营公司的资本投资运营业务固有的风险不确定性高等特点使职业经理人承受很大的决策压力，在面临高风险项目时，不利于职业经理人的业务创新和潜力挖掘。从鼓励改革创新和勇于探索的角度出发，应建立符合国有资本运营特点的、更具针对性的容错纠错机制。首先，按照“三个区分开来”要求，落实公私分明、尽职合规的原则，合理界定容错界限，坚持事业为上、实事求是、依纪依法、合理容错、容纠并举，建立健全并细化相关适用情形和工作流程。其次，根据国有资本运营公司的运行规律和业务特点，结合市场大环境影响和市场化投资机构的平均成功率，分行业、分阶段、分周期合理设置失败容错率，形成容错机制评判标准，细化明确容错纠错条件和情形，确定不予容错的情形，建立完善可执行的免责规则。最后，可建立改革申诉机制和专业评判制度，强化容错纠错结果的应用，增强容错纠错的执行效果。

综上，国有资本运营公司应立足战略定位，进一步增强经理层的经营活力，创造有利的条件吸引并留住人才，激发人才活力和潜力。切实破除职业经理人“引入难、平衡难、留用难、追责难”问题，加快构建和完善职业经理人市场化选聘、人才发展、薪酬激励、业绩考核、监督追责等配套制度，进而打造一支与国有资本公司运营业务属性相适应、与公司运营模式相匹配的专业化高素质职业经理人队伍，切实推动国有资本运营公司高质量发展。

第十三章　提升职业经理人创新能力的意义和思路

什么是创新？有些人将创新等同于发明创造或者科技创新，有些人认为只有开启了一项全新的产业才叫创新。不同的学者对于创新的内涵有不同的界定。德鲁克认为，创新是推出一项新产品、新服务或新流程，满足客户未被满足的需求或潜在需求，创造出新的客户满意。德鲁克特别强调创新是企业家特有的工具，创新必须与市场紧密相连，以市场为中心，以市场为导向。迈克尔·波特说："企业通过创新活动获得竞争优势。它们在最广泛的意义上从事创新，既包括新技术，也包括新的做事方式。"这里提到的新的做事方式指的是管理创新。熊彼特定义的创新，是指把一种从来没有过的关于生产要素的新组合引入生产体系，包括引入新的产品或提高产品的质量、采用新的生产方法或工艺过程、开辟新的市场、利用新的原材料、采用新的组织形式等。本章提到的创新是一个宽泛的概念，是指捕捉机会，提出新设想，引入新的要素或要素组合，形成新方案，取得新成效的能力。从创新的方式和内容上说，既包括原始创新也包括集成创新和二次创新，既包括技术创新也包括管理创新。从职业经理人在创新活动中所发挥作用的角度看，既包括推动企业创新的创新管理，也包括发挥自身创造力的管理创新和技术创新。

一、提升职业经理人创新能力的意义

（一）政策导向

党的十八大报告提出“实施创新驱动发展战略”“加快建设国家创新体系，着力构建以企业为主体、市场为导向、产学研相结合的技术创新体系”“完善科技创新评价标准、激励机制、转化机制。实施知识产权战略，加强知识产权保护”“促进创新资源高效配置和综合集成，把全社会智慧和力量凝聚到创新发展上来”。党的十九大报告特别强调科学发展的理念，并将创新放在五大理念的首位：“发展是解决我国一切问题的基础和关键，发展必须是科学发展，必须坚定不移贯彻创新、协调、绿色、开放、共享的发展理念。”党的十九大报告在肯定企业在创新体系中的主体地位的同时，还提出“加强对中小企业创新的支持，促进科技成果转化”，以及“倡导创新文化，强化知识产权创造、保护、运用。培养造就一大批具有国际水平的战略科技人才、科技领军人才、青年科技人才和高水平创新团队。”《国家创新驱动发展战略纲要》指出，“发挥企业家在创新创业中的重要作用，大力倡导企业家精神，树立创新光荣、创新致富的社会导向，依法保护企业家的创新收益和财产权，培养造就一大批勇于创新、敢于冒险的创新型企业家，建设专业化、市场化、国际化的职业经理人队伍。”此外，国务院先后出台了一系列推动创新创业高质量发展的政策，并出台专门政策强化企业技术创新的主体地位，全面提升企业创新能力。

（二）企业与社会经济发展的需要

知识经济时代，企业处在快速变化的环境中，面对高度的不确定性，只有通过不断创新才能适应环境的挑战，提升企业的适应能力和竞争力，才能免于被淘汰，进而谋求进一步的发展。企业要拥抱互联网时代，不论是适应新的商业环境、进行市场开拓，还是要转型发展，都离不开创新。通过技术创新和管理创新，企业可以开辟新的业务领域，在一定程度上避开过度竞争，生产高附加值的产品或者提升服务质量，打造高端的品牌形象，为自身生存和发展打下良好基础。创新不仅可以使企业走向成功，获得盈利，也是增加就业机会、创造GDP，造就可持续发展和健康发展的宏观经济的举措。创新是引领发展的第一动力，是建设现代化经济体系的战略支撑，是促进我国现代化建设和发展的核心理念。企业是整个国家和社会创新体系中的主体，是创新的主力军。提升企业的创新能力是实现可持续增长、增强经济活力、改善民生和促进社会发展的关键因素。而职业经理人作为企业的带领者和管理者，是企业创新能力的决定因素。在一定意义上说，提升企业创新能力与提升企业经营管理能力是一体两面。企业创新能力的提升离不开职业经理人能力的提升，职业经理人创新能力的提升则会直接促进企业创新能力的提升。因此，提升职业经理人的创新能力具有至关重要的意义。

二、提升职业经理人创新能力的路径

（一）宏观调控层面

从宏观调控的层面，通过系统性的政策、制度建设，创造有利于企业和职业经理人创新的环境。①应坚持市场主导，充分发挥市场在资源配置中的决定性作用，保障公平的市场竞争环境，强化企业和劳动者的主体地位。②进一步简政放权，优化公共服务，最大限度减少政府对企业创业创新活动的干预，逐步建立符合创新规律的管理制度。③完善和落实支持企业技术创新的财税金融等管理办法，如企业研发费用税前加计扣除、研发设备加速折旧等政策。④改革人才引进、激励、发展和评价机制，激发人才创造潜能，为企业创新人才队伍建设提供有力支持。⑤强化知识产权保护，建立知识产权维权援助网点和快速维权通道，加强关键环节、重点领域的知识产权保护，构建有效的侵犯知识产权行为的惩戒机制。⑥推动科技资源开放共享，促进科技资源优化配置和高效利用，建立科技资源向社会开放的合理运行机制。

（二）教育培训层面

首先，在基础教育阶段，注重创造力的培养。基础教育决定国民的基本能力和素质水平，在一定程度上可以说，基础教育决定了职业经理人的创新基因。许多国家都在该阶段着重进行创新教育，例如，推行创新思维训练课程，问题探究课程，以及着眼于前瞻性问题的

“未来课程”等。有研究认为，创造力是在人的整体发展中培养出来的，所以在创造力的培养中要注重整体的教育，如新西兰在《国家课程》中应用了这个理念，在课程设置中包括了文化与传统、语言、创造力与审美观、数学、生活能力等八个方面。需要注意的一点是，在我们的传统教育中，美学教育是偏弱的，而美育与创造力是密切相关的。像乔布斯被书法的美所吸引，沉迷于书法和字体课程，而多年之后，他直接将这些经验应用在了电脑版面的设计中，才有了苹果电脑这种精美的产品。其次，在职业经理人的职业发展阶段，企业应该注重对于职业经理人创新意识和创新能力的培养，通过讲授式、研讨式、游戏式、模拟式、项目实践式等多种方式，运用现代新科技带来的便利，全面提升职业经理人的创新能力。

（三）企业层面

企业应该采用系统化的方式，建立创新机制和创新管理体系，形成创新文化，并在此根基之上，加强对经营管理人员创新能力的培养。应进行企业内、外部环境分析，把握市场需求，使创新的方向与内外部环境相匹配，并确保创新战略、方针和目标与企业战略协调一致。创新管理体系不仅包括战略，还有与之相匹配的组织结构和保障措施，包括资源、流程和相关制度，以及人员支持和创新文化支持，通过策划、运行、评价和改进的完整创新管理体系循环，不断完善产品、服务，并进行组织结构的调整和业务流程的优化以及商业模式的创新，以实现创新的目标。在实施组织创新管理体系要求的过程中，各级管理人员各自履行在其中的职责，发挥他们在创新方面的作用，通过在闭环的管理循环中不断总结经验、改进不足，在实践中提升创新能力，同时也在实践中通过创新的结果来评价和检验创新能力。

（四）个人层面

职业经理人个人承担着创新的责任，因此，提升个人的创新能力也是职责所在。第一，需要重视创新活动，解放思想，树立创新意识，并且做创新理念的传播者，宣传创新的重要性，参与、指导并支持员工为工作创新作出贡献。第二，职业经理人需要厘清自己在企业创新活动中的角色，从整体来看，职业经理人是创新的学习者、实践者，也是带领者、推动者和管理者，每一个企业经营管理者都需要根据自身职位找准在创新管理体系中的定位，为组织的创新工作作出贡献，并在这一过程中真正提升自身的创新能力或创新管理能力。第三，要积极参与学习与培训，持续扩大自己的知识领域，开拓视野、增长见识，勤于思考，不断总结经验和教训，以企业创新为己任，将提升创新能力作为职业生涯管理的核心目标。

三、几个需要注意的问题

（一）职业经理人应建立对于创新的正确认识

创造性是以知识为基础，是对知识的重新组合与转化，是一种可以通过训练来获得或提高的技能，这是职业经理人创新能力提升的前提基础。职业经理人必须打破对创新的神秘感，并改变将创造性看作部分人特有的天赋、不可学习和模仿的错误观念。

（二）职业经理人在创新管理过程中应重视文化和制度的作用

虽然职业经理人对于企业的创新起着至关重要的作用，但是企业创新工作不能依赖于个别人的作用，否则，一旦引领企业创新的核心领导者离开，企业就会失去创新的活力。必须将创新融入企业的制度和文化中，使“创新基因”可以传承下去，使企业成为“创新型组织”。

（三）需要对职业经理人的创新能力制定评价标准

职业经理人的创新工作可以分两个大的维度，一是通过发挥自身的创造力来完成或主导的技术创新和管理创新，二是通过发挥管理作用或辅助作用从而推动企业创新的创新管理。需要根据不同企业的实际状况厘清不同管理者在不同维度所起的实际作用，从而对其创新能力作出合理评价。此外，这两种维度对于企业最终创新成效的影响可能是不同的，未来可以加强相关研究，对于准确评价，从而更有效地培养和提升职业经理人的创新能力具有重要意义。

参考文献

[1] 李立宏，许春燕.在推行职业经理人制度中更好发挥国有企业党组织作用的建议［J］.现代国企研究，2023（6）：55-59.

[2] 德鲁克.创新与企业家精神［M］.蔡文燕，译.北京：机械工业出版社，2012.

[3] 德鲁克.大变革时代的管理［M］.赵干城，译. 上海：上海译文出版社，1999.

[4] 2025年核心产业增加值占GDP比重将达10%——加快释放数字经济强劲动能［EB/OL］.［2022-01-20］. https://www.gov.cn/xinwen/2022-01/20/content_5669415.htm.

[5] 全国职业经理人考试测评标准化技术委员会.职业经理人相关术语：GB/T 26999—2021［S］.北京：中国标准出版社，2021.

[6] Global Economic Prospects-Weakening Growth，Financial Risks［DB/OL］.［2023-07-28］. https://www.worldbank.org/en/publication/global-economic-prospects.

[7] World Economic Forum. Global Gender Gap Report 2022［DB/OL］.［2023-07-28］. https://www3.weforum.org/docs/WEF_GGGR_2022.pdf.

[8] 郭翠荣，李巍.上市公司高管薪酬行业差异的实证分析［J］.

浙江学刊，2011（1）:177-181.

［9］国务院. 国务院印发《关于推进国有资本投资、运营公司改革试点的实施意见》［EB/OL］.［2018-07-30］. https://www.gov.cn/zhengce/content/ 2018-07/30/content_5310497.htm.

［10］国务院. 国务院印发《国务院关于印发改革国有资本授权经营体制方案的通知》［EB/OL］.［2019-04-19］. https://www.gov.cn/zhengce/content/2019-04/28/content_5387112.htm.

［11］国务院. 国务院印发《中共中央国务院关于深化国有企业改革的指导意见》［EB/OL］.［2015-08-24］. https://www.gov.cn/zhengce/2015-09/13/content_2930440.htm.

［12］国务院新闻办公室. 国务院新闻办公室发布《中共中央关于全面深化改革若干重大问题的决定》［EB/OL］.［2013-11-19］. http://www.scio.gov.cn/ztk/qt/xxgcddsbjszqhjs/29508/Document/1350801/135080.htm.

［13］杨志军，周丽莎，阎向民. 国有资本运营公司实操与案例研究［M］. 北京：中国经济出版社，2020.

［14］中国国新控股有限责任公司编委会. 国有资本运营研究报告［M］. 北京：文化发展出版社，2020.

［15］简易，魏星，石明泽，等. 华润特色职业经理人制度建设实践［J］. 创新世界周刊，2023（1）:69-76.

［16］聚焦城市群：京津冀——中国城市群高质量发展的潜力股［DB/OL］.［2021-01-24］. https://www.thepaper.cn/newsDetail_forward_10925309.

［17］马双，汪怿. 人才政策对人才跨区域流动的影响——以长三角城市群为例［J］. 中国人口科学，2023（1）:101-113.

［18］美世：2019年粤港澳大湾区人力资源白皮书［DB/OL］.［2023-07-28］. https://www.sgpjbg.com/baogao/12433.html.

［19］王红军. 创新驱动下的高层次经营管理人才培养机制建设研究［J］. 价值工程. 2018（11）:44-46.

［20］项安波. 有效发挥国有资本投资、运营公司功能作用［N］. 经济参考报，2021-01-04（006）.

［21］肖红军. 国有资本运营公司改革进展与深化方向［J］. 改革，2021（11）:42-61.

［22］引领示范：国企改革三年行动综合典型案例集［M］. 北京：机械工业出版社，2023.

［23］袁东明. 地方国有资本投资运营公司试点的进展与建议［N］. 中国经济时报，2021-02-02（004）.

［24］粤港澳大湾区建设高质量推进［DB/OL］.［2022-06-19］. https://www.gov.cn/xinwen/2022-06/19/content_5696648.htm.

［25］长三角一体化《江苏实施方案》"60条"发布［DB/OL］.［2020-04-02］. http://www.jiangsu.gov.cn/art/2020/4/2/art_60095_9031149.html.

［26］全国职业经理人考试测评标准化技术委员会. 职业经理人相关术语［M］. 北京：中国标准出版社，2021.

［27］职业经理研究中心. 中国职业经理理论与实践［M］. 北京：中国工商出版社，2004.

［28］职业经理研究中心. 中国职业经理人年度报告2020［M］. 北京：中国财富出版社，2021.

［29］仲玉英，骆琤. 国外创新课程发展述评［J］. 上海师范大学学报（哲学社会科学·教育版），2002，31（1）:37-42.